Bibliothèque nationale de France

Direction des collections

Département Droit, Economie, Politique

FACULTÉ DE DROIT DE PARIS.

THÈSE

POUR LE DOCTORAT

PAR

ADRIEN DURAND

Né à Langres (Hte-Marne)

VERSAILLES

BEAU J⁰, IMPRIMEUR-ÉDITEUR

RUE DE L'ORANGERIE, 36.

1867

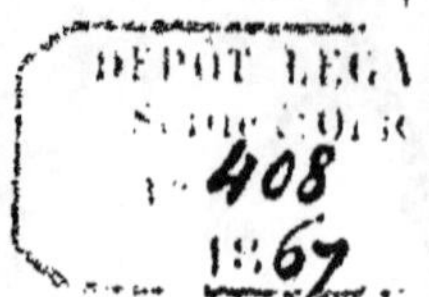

THÈSE
POUR LE DOCTORAT

SOUTENUE

Le jeudi 21 mars 1867, à une heure et demie,

En présence de M. l'Inspecteur général Ch. GIRAUD,

PAR

Adrien DURAND

Né à Langres (Haute-Marne).

———

Président : M. VUATRIN, Professeur.

SUFFRAGANTS : MM. DUVERGER,
COLMET DE SANTERRE, } Professeurs.
LABBÉ,
GÉRARDIN, Agrégé.

———

VERSAILLES

BEAU JEUNE, IMPRIMEUR-LIBRAIRE,
RUE DE L'ORANGERIE, N° 36.
—
1867

DU

RÉGIME MUNICIPAL CHEZ LES ROMAINS

DES

CONSEILS GÉNÉRAUX DE DÉPARTEMENTS

DROIT ROMAIN.

DU RÉGIME MUNICIPAL CHEZ LES ROMAINS

La vie municipale est la source de la vie publique, et c'est dans la commune que doit se faire l'apprentissage des droits et des devoirs politiques.

(M. Béchard.)

L'homme doué de la faculté d'aimer crée autour de lui une famille : une compagne, des enfants sont pour lui tout l'univers, le centre unique vers lequel gravite toute son activité. — Aux temps primitifs, il y a des familles et pas de peuples, des pères et pas de rois, l'homme mène cette vie nomade et capricieuse qui est la base première de toute civilisation. Un double mobile, ensuite, présida à l'organisation des sociétés : l'homme, être intelligent, cherche, par ses communications avec ses semblables, à augmenter les connaissances qu'il a pu acquérir par lui-même ; il s'éclaire de l'expérience de ceux qui l'ont précédé dans la vie ; aimant son bien être et surtout celui des êtres qui lui sont chers, il réunit ses efforts à ceux des autres hommes pour arriver, par cette somme d'efforts, à un résultat plus grand : « L'impuissance de la vie isolée force, dit Platon, les hommes à se rapprocher les uns des autres, à associer leurs forces et à s'aider mutuellement (1). » D'autre part l'égoïsme, ce ver rongeur des sociétés modernes, porte souvent l'homme à satisfaire ses désirs en sacrifiant ses semblables. Ici encore le besoin de l'association se fait sentir et les hommes s'unissent pour placer sous la protection de tous les intérêts de chacun. Aussi, peu à peu, l'enfance du monde se transforme, les familles se réunissent et deviennent tribus, les tribus deviennent la nation, l'instinct social succède à l'instinct nomade, le camp fait place à la cité.

Dans la cité, les familles eurent des rapports nécessaires, des charges, des intérêts communs, une participation commune à certains avantages, à certains bénéfices, une certaine responsabilité commune, qui durent être ordonnés, réglés, droits et devoirs qui impliquent l'intervention des habitants dans la gestion de l'affaire commune ; avec le droit municipal, le pouvoir municipal prit naissance.

Bien que le dernier dans la hiérarchie des pouvoirs, le pouvoir municipal est cependant le plus ancien de tous, puisqu'il n'y a pas de bourgade qui, sitôt formée, n'ait senti le besoin d'une administration intérieure et

---

(1) Républ., liv. II, p. 79.

d'une police locale. Cette administration, cette police, exigent les lumières et les soins d'hommes pris parmi les habitants les plus sages de la cité, officiers municipaux qui, aux différents âges et chez les différents peuples, furent connus sous différentes dénominations. — Enfin, lorsque plusieurs cités s'unirent pour former un corps de nation, au-dessus des municipalités particulières fut érigée une municipalité générale à laquelle on donna le nom de gouvernement.

L'homme est d'abord de sa famille, ensuite de sa cité, sans cesser d'être de son pays ; membre d'une famille, la cité, qui n'est qu'une fraction d'une famille plus considérable, l'État, il se trouve simultanément soumis à deux lois bien distinctes : la loi municipale et la loi politique. Comment arrivera-t-on à cette loi politique, cette loi de l'État? En conciliant autant que possible les intérêts et les prétentions des cités appelées à le former. Les officiers municipaux se réunissent, chacun d'eux expose le régime suivi dans sa cité, et le régime municipal le plus généralement adopté devient le type du nouveau gouvernement.

L'État est une association des cités, nées elles-mêmes de l'association des familles; aussi « la vie municipale est la source de la vie publique, et c'est dans la commune que doit se faire l'apprentissage des droits et des devoirs politiques (1). »

Puisque les cités ne sont que les membres d'un même corps, l'État, le pouvoir municipal, sa bonne direction intéresse au plus haut point le législateur; en effet, le pouvoir municipal est en contact immédiat avec tous les

____

(1) Béchard, *Dr. munic. dans l'antiq.*, 6, XIII.

citoyens, présent dans le moindre hameau, il agit toujours et partout; toujours le mieux et souvent le seul connu des classes inférieures, c'est par lui qu'elles jugent des autres pouvoirs. Elles aiment, elles bénissent le gouvernement, si l'administration municipale sauvegarde ses intérêts et respecte ses affections.

Mais il ne faut pas que cette direction du gouvernement paralyse la vie locale et arrête le jeu régulier des institutions municipales. L'unité politique, qui a des avantages incontestables, poussée à l'excès, a de graves dangers. Pour qu'un même corps jouisse d'une bonne santé et soit fort, il faut que chacun des membres dont il se compose soit sain et actif; si l'un vient à dépérir, si toute la vie abandonnant les extrémités se concentre sur un même point, le corps entier en souffre et ne tarde pas à périr. Ainsi du corps social, qui se verrait exposé à périr si une centralisation exagérée privait ses différents éléments de l'initiative qui seule peut leur donner le mouvement et la vie. Au contraire, groupés autour d'un même centre sans s'y assimiler, reliés entre eux par des instincts communs qui les unissent sans les confondre, ces éléments dont la réunion forme l'État, contribuent directement à sa prospérité, à sa grandeur, par l'exercice libre et spontané de leur activité propre.

On ne doit pas, pour prévenir l'abus des libertés civiles, courber la tête des cités sous une centralisation énervante : l'excès d'autonomie peut devenir aussi fatal que l'excès de concentration, il est vrai, ce fut lui qui perdit les républiques de la Grèce, leur instinct exagéré d'isolement municipal amena leur décadence et permit de les réduire plus facilement en servitude. Mais il est possible de trouver un juste milieu ; le législateur doit, dans la réglementation des droits des cités, donner un certain essor, laisser une certaine liberté au patriotisme local, plus ardent et mieux éclairé, parce que sa sphère est moins étendue; mais il doit en même temps le diriger et le contenir, de peur que l'esprit de localité, emporté et aveuglé par un étroit égoïsme, ne sacrifie l'intérêt général de l'État à l'intérêt local.

C'est ce juste milieu que les Romains ont si bien saisi, et c'est à son régime municipal que l'on peut attribuer, en partie, la puissance et la force de l'empire; ce qui le prouve bien, c'est qu'il ne survécut pas à la ruine de ses institutions municipales. Voilà pourquoi l'étude du droit municipal des Romains présente un si grand intérêt, c'est que les nations modernes peuvent y puiser non-seulement des leçons, mais aussi des modèles.

PREMIÈRE PARTIE.

INTRODUCTION HISTORIQUE.

Les peuples conquérants de l'antiquité dévastaient, ruinaient en passant les contrées dont ils s'étaient emparés, emportant avec eux les richesses des peuples vaincus; ou bien, ils s'établissaient sur la terre conquise réduisant ses premiers habitants à une servitude plus ou moins étroite. Autre fut la politique de Rome, à l'égard des peuples soumis par ses armes, et ce fut cette politique si habile, qui sut si bien se transformer aux différentes époques, s'approprier aux besoins, aux circonstances, qui contribua surtout à faire du peuple romain, ce peuple-roi dont la grandeur, aujourd'hui encore, nous étonne.

Quand Rome fut fondée, Romulus pour la peupler, dit la tradition, ouvrit ses portes à tout étranger qui voulait y chercher un refuge; la qualité de citoyen était donnée à quiconque venait chercher un asile dans les murs et le champ de Rome. — Les malfaiteurs, les débiteurs insolvables, les peuples vaincus même, étaient reçus à

Rome et obtenaient le titre et les priviléges de citoyen romain. — Cette politique de Romulus fut continuée par ses successeurs, et pendant quatre siècles Rome ouvrit ses portes et son territoire, prodiguant sans distinction ce droit de cité, dont elle devint si avare, quand sa politique y fut intéressée.

En effet, quand elle fut suffisamment peuplée, Rome ferma ses portes, et ce droit de cité, ce titre de citoyen romain, devint un titre qu'elle sut rendre enviable, par tous les priviléges et tous les avantages qu'elle y attacha et qu'elle accorda comme récompense du dévouement et des services rendus, continuant ainsi à s'assimiler les peuples qu'elle ne peut plus réunir matériellement dans son sein. — Le Sénat fit plus, il décomposa les droits civils et politiques dont jouissait un citoyen romain, et en faisant une série de degrés qu'il proposait aux peuples amis ou vaincus, il créa pour tous un encouragement à la fidélité et un intérêt au dévouement.

Les citoyens, d'après la définition de Cicéron, sont ceux qui sont régis par les mêmes lois, jugés par les mêmes juges, qui votent ensemble dans les mêmes comices et suivent les mêmes coutumes. — Le citoyen romain *optimo jure*, avait des droits politiques et des droits privés. Les principaux droits publics dont jouissait le citoyen romain étaient *jus libertatis, jus censûs, jus militiæ, jus suffragiorum, jus honorum;* au nombre des droits privés, particuliers au citoyen romain, on doit noter le *jus connubiorum, jus commercii, jus patrum, jus tutelarum.* Voilà quels étaient les principaux droits publics ou privés attachés à la qualité de citoyen, droits que Rome concéda peu à peu aux villes et aux peuples soumis par ses armes; mais comme elle ne les confia jamais tous à la fois, il en résulta une grande inégalité de condition entre ses sujets. — Les Romains distinguaient dans leurs relations avec les peuples soumis le Latium, l'Italie et les provinces ; on peut dire qu'un droit spécial correspondait à chacune de ces grandes divisions du territoire romain, et l'on distingue le *jus Latii*, le *jus italicum* et le *jus provinciale*.

I. — *Jus Latii.*

Les Latins étaient les habitants du Latium, alliés (1) des Romains et dotés du *jus Latii;* liés par des traités à Rome, leur condition était à peu près uniforme. Mais en 416, après le soulèvement des Latins et la conquête du Latium, comme la conduite des peuples pendant la guerre avait été différente, le régime après la conquête fut différent. On distinguait les Latins *fundi,* les *Latini veteres* et les *Latini colonarii.*

On appelait *populi fundi* les peuples, les villes qui adoptaient spontanément en tout ou en partie le droit romain. Cette adoption se faisait par un traité solennel ; elle ne conférait pas le droit de cité, mais elle était une condition première pour l'obtenir au moins dans toute sa latitude.

On désignait sous le nom de *Latini veteres* les latins restés fidèles à l'alliance romaine lors du soulèvement réprimé en 416. Dans leurs rapports avec les Romains, les Latins avaient une condition meilleure que celle des pérégrins. — Les Latins comme les pérégrins n'avaient le *connubium* qu'en vertu d'une concession particulière (2) ; ils ne jouissaient ni de la puissance pater-

----

(1) Béchard, *Hist. du dr. munic.*, p. 231.
(2) Ulpiani, *Regul.*, v. 1. — Gaius, *Comm.*, 1, 57.

nelle romaine, ni du droit de tester, ni du droit d'être institués héritiers par un citoyen romain; mais ils avaient le *commercium*, qui leur permettait d'acquérir et d'aliéner par des modes essentiellement romains : de plus, on avait établi au profit des Latins plusieurs dispositions qui leur facilitaient singulièrement l'acquisition du titre de citoyen romain. L'ensemble des concessions faites aux peuples du Latium, exprimé par le nom de *jus Latii* et dont le caractère saillant est d'être un acheminement à l'obtention du droit de cité romaine, devint un type de situation civile et politique destiné à passer des cités du Latium à d'autres peuples à mesure qu'ils étaient soumis. Les empereurs furent de plus en plus prodigues de ce *jus Latii*, et Vespasien l'accorda en bloc à toute l'Espagne.

Les *Latini colonarii* étaient les membres des fondations coloniales assimilées non pas à Rome, mais seulement aux villes du Latium. Suivant Niebuhr, le droit des colonies latines était appelé *minus Latium*, par opposition à celui des *Latini veteres*, qui était le *majus Latium* (1). Ces colonies sont composées principalement de Latins où d'autres peuples que les armes et la politique romaines établissent sur un territoire conquis ; leur condition est en général la même que celle des *Latini veteres*. A l'époque de la guerre d'Annibal, Rome comptait trente colonies latines en Italie.

II. — *Jus italicum*.

On appelait italiques les peuples alliés aux Romains,

—————

(1) Gaius, c. 1, 96.

qui habitaient l'Italie jusqu'au Rubicon, sauf le Latium. Les peuples de ces contrées furent successivement soumis par Rome, et chacun fit son traité particulier : les conditions de ces traités furent nécessairement différentes, suivant la position que les chances de la guerre firent aux différents peuples ; néanmoins, en général, la situation de chacun de ces peuples fut plus avantageuse que celle des provinces, et c'est ce droit, créé pour l'Italie, qui donna naissance au *jus italicum* (1). Ce droit était une prérogative accordée, non à des personnes, mais à des villes, à des territoires, prérogative qui peut, du reste, accessoirement présenter quelques avantages pour les habitants de la ville ou du territoire. Selon M. de Savigny, le *jus italicum* avait trois objets : le domaine quiritaire des immeubles, et par conséquent la capacité d'acquérir et d'aliéner d'après les modes du droit civil ; l'exemption de certains impôts et enfin certaines prérogatives personnelles, relatives à l'exemption de certaines charges, relatives à l'application de la loi *furia* sur les *sponsores*, et les *fidepromissores*. M. de Savigny signale un autre effet du *jus italicum* ; suivant lui, la ville à qui était accordé le *jus italicum* obtenait par là même une constitution municipale indépendante ; M. Demangeat rejette avec raison ce quatrième effet. M. de Savigny s'appuie sur deux arguments, il cite un texte d'Ulpien (2), ce texte énumère les colonies qui jouissent du droit italique et sont par conséquent exemptées d'impôts, mais ne dit nullement qu'une organisation municipale indépendante soit partie intégrante du *jus itali-*

---

(1) M. Migneret, *Hist. du dr. munic. des Romains*, p. 9.
(2) L. 1, § 2. D., l. 1, *de censibus*.

cum. Il remarque ensuite que sur les monnaies de plusieurs cités investies du *jus italicum* on trouve un Silène debout, figure qui, précisément, est le symbole de l'indépendance municipale. Cet argument n'est pas sérieux ; pour beaucoup de ces villes, il n'est pas certain qu'elles eussent le *jus italicum*, et pour d'autres, qui certainement avaient ce droit, leur monnaie ne porte pas la figure de Silène. Le *jus italicum* et la liberté municipale étaient deux concessions indépendantes, qui pouvaient exister séparément ou être réunies fortuitement dans la même cité. Le *jus civitatis*, qui est un droit attaché à la personne, peut être concédé là où n'existe point le *jus italicum*, aussi, même après la constitution de Caracalla, qui conféra le *jus civitatis* à tous les sujets de l'empire, le *jus italicum* a continué d'assurer à certaines villes une condition privilégiée. La condition des habitants des villes investies du *jus italicum* paraît avoir différé de la condition des Latins, en ce que ceux-ci avaient plus de facilité à acquérir le *jus civitatis*, et dans la participation à certains sacrifices auxquels les Italiens ne furent jamais admis (1).

III.

Enfin, au bas de l'échelle des sujets de Rome, étaient les habitants des provinces, sujets de par le droit de guerre. Ce sont, d'après Gaïus, des *peregrini dediti-tii* (1), peuples qui, ayant pris les armes contre Rome, succombèrent dans la lutte et se soumirent solennelle-

---

(1) M. Giraud, *Int. hist.*, p. 101.
(2) Gaïus, c. I, 14.

ment, au lieu de faire un traité avec elle. Tite-Live nous donne la formule usitée pour consacrer cet assujettissement. Le roi demandait aux peuples vaincus s'ils se donnaient au peuple romain, eux, leurs familles et tous leurs biens; ils répondaient *dedimus*, d'où leur nom de *dedititii*. La province est dans un état de subordination absolue; avec le sol, les habitants perdaient leurs lois, leurs franchises, leurs magistrats. La province était soumise à de nombreux impôts; l'État était le seul propriétaire du sol, *in eo solo dominium populi est, vel Cæsaris, nos autem, possessionem tantum et usumfructum habere videmur* (2). Cette rigueur dans la conséquence de la conquête reçut souvent des adoucissements; des priviléges, des immunités, furent accordés aux provinces, aux villes conquises; le *jus italicum*, même le *jus civitatis*, furent concédés à quelques-unes d'entre elles; des colonies latines, des colonies romaines y furent envoyées.

Outre cette inégalité de condition des sujets de Rome, qui, tout au moins, à l'origine coïncidait avec une certaine division territoriale, nous trouvons les préfectures, les colonies, les municipes, et, au-dessus, Rome qui jouit de la plénitude des droits civils et politiques.

IV. — *Des préfectures.*

La condition d'une *préfecture* différait peu de celle d'une province, en ce sens qu'on lui enlève son indépendance locale, le droit de s'administrer elle-même (1). En général, les préfectures conservent une sorte d'existence

----

(1) Gaius, c. II, 7.
(2) M. Demangeat, *Dr. romain*, p. 173.

communale, mais elles n'ont point de magistrats supérieurs à elle. Rome y envoie chaque année un préfet nommé par le préteur, qui l'administre et y rend la justice. Leur droit civil était tout entier dans l'édit des préteurs, leur droit public émanait du sénat romain, qui leur imposait à son gré les tributs, les impôts, les charges de la milice.

M. de Savigny soutient qu'une préfecture ressemblait en tout point à un municipe. La seule exception était, selon lui, la présence du préfet nommé à Rome, renouvelé tous les ans, administrant et rendant la justice à la place des duumvirs. La présence seule de ce magistrat, agent du pouvoir central, suffit pour justifier l'opinion de ceux qui refusent aux préfectures l'indépendance et la vie municipale. — En admettant même que les préfectures aient eu certains magistrats, certains conseils publics, il n'en est pas moins vrai que le préfet de Rome devait singulièrement paralyser l'action de ces institutions locales. Puis, on soumettait au régime des préfectures des villes injustes, ingrates envers le peuple romain, ou qui lui avaient manqué de foi, ou bien encore des villes troublées par des dissensions civiles, toutes circonstances qui font voir que la direction énergique et active du pouvoir central était nécessaire, et que l'agent de Rome devait laisser le moins d'initiative possible aux magistrats, aux conseils d'une ville, ou incapable de s'administrer elle-même, ou indigne de la générosité de Rome. Du reste, la condition des préfectures n'est point partout la même. Quelquefois cette condition se confond presque complétement avec celle d'un municipe; c'est ce qui explique pourquoi Cicéron, originaire d'Arpinum, qui était une préfecture, appelle cette ville un municipe, et comment, citoyen d'Arpinum, il a pu devenir consul du peuple romain. Arpinum avait obtenu en 451 la *civitas sine suffragio*, en 560 la *civitas cum suffragio* (1). Arpinum avait ses lois et ses assemblées municipales, seulement il ne lui était pas permis de nommer des duumvirs.

C'est une telle inégalité de condition qui a pu faire assimiler les préfectures aux municipes ; mais, en général, les préfectures ne doivent être placées, au point de vue de la liberté municipale, que dans un rang inférieur. Au reste, elles n'étaient qu'une exception au droit commun et avaient un caractère essentiellement transitoire. Les préfectures, pour la plupart, furent transformées par des colonies, ce puissant procédé d'assimilation ; les autres, surtout après la guerre sociale, devinrent peu à peu de véritables municipes (2).

V.

On appelle *fédérés* les peuples reçus dans l'amitié du peuple romain ; leur condition était réglée par le traité même constitutif de leur alliance. Les cités alliées étaient celles qui avaient conservé le plus leur ancienne indépendance ; elles devaient s'abstenir de toute alliance avec les ennemis de Rome et fournir des troupes auxiliaires ; mais elles étaient régies par leurs propres lois, par les magistrats institués par elles d'après les formes de leur constitution. La juridiction civile et criminelle, dans sa plus grande étendue, y était exercée par les magistrats de la cité, sans appel devant aucune autorité romaine (1).

---

(1) Tit. liv. X, 1. — XXXVIII, 36.
(2) M. Demangeat, p. 174.
(3) Pardessus, *Loi salique*, p. 512.

On voit déjà le caractère vrai et original de la politique extérieure de Rome. Rome ne pouvait longtemps s'incorporer les peuples vaincus en les transportant dans son sein ; elle mit rarement une ville sous le joug sévère d'un administrateur romain ; cette mesure de sûreté était contraire à sa politique, elle n'y recourait que quand les circonstances et les situations l'exigeaient. Rome avait un moyen bien plus sûr de consacrer ses conquêtes : les traités. Que voulait-elle ? Que l'on reconnût sa suprématie et qu'on s'inclinât devant sa puissance ; aussi, se contentant d'un acte de dépendance et de soumission, elle se gardait bien de blesser et d'irriter les peuples, en entrant dans les détails intimes de leur existence privée. Le résultat de cette politique si adroite fut de romaniser de plus en plus les peuples soumis, qui demandaient eux-mêmes une union plus étroite avec le peuple romain, soit en adoptant spontanément sa loi et en devenant *populi fundi*, soit en sollicitant la concession de ces droits, que Rome eut l'adresse de faire désirer comme une grâce et un bienfait. Rome a encore été fidèle à sa politique, bien que sous une autre forme, en fondant des colonies et créant des municipes.

VI. — *Des colonies.*

Après avoir attiré dans ses murs les peuples étrangers, Rome avait à son tour envoyé au dehors l'exubérance de sa population. Servius, le célèbre commentateur de Virgile, définit la *colonie* une réunion d'hommes amenée dans un lieu déterminé, et qui s'y établit en république, du consentement de la ville dont elle émane. — L'établissement d'une colonie avait deux buts : elle permettait d'attirer hors de Rome une partie des citoyens dont

la pauvreté était une charge et un danger pour la république; les nouveaux colons allaient porter dans les villes
nouvellement conquises l'esprit de Rome et ses institutions; ils continuaient et consolidaient par leur présence
et leurs exemples la conquête commencée par les armes.
— Mais, pour recruter un nombre suffisant de colons,
il fallait leur présenter quelques avantages, car les habitants des colonies romaines n'étaient point des déportés
que le bon plaisir du sénat pût reléguer malgré eux sur
un territoire étranger. Nul n'était inscrit sur les tablettes
de la colonie, s'il ne l'avait lui-même demandé, et quand
les avantages de l'émigration ne leur semblaient pas de
nature à en compenser les dangers, les plus pauvres citoyens ne se laissaient pas facilement expatrier. Il fallait donc une distribution de terres pour attirer les colons; puis il fallait créer des ressources à la colonie, afin
qu'elle pût se suffire; il lui fallait un territoire, pour
qu'aux yeux des populations elle prît le caractère d'une
institution stable et définitive; enfin, assigner des terres
aux colons, c'était un moyen de satisfaire la plèbe, qui
demandait toujours le partage des terres publiques. Plus
tard, ce fut un moyen pour les ambitieux de récompenser leurs soldats, leurs partisans, aux dépens de l'État et
des particuliers.

Quatre conditions étaient essentielles pour l'établissement d'une colonie (1) : un décret du sénat qui eût voté
la fondation et fixé le nombre des colons; la détermination exacte du lieu d'établissement par les pouvoirs publics; la mise de cet établissement en bon état de défense; enfin l'appropriation privée du sol en faveur des

---

(1) M. Chambellan, *Études sur l'hist. du dr. franç.*, p. 418.

colons régulièrement inscrits, appropriation effectuée par l'État qui, seul, pouvait partager les terres conquises comme en étant seul le propriétaire.

La marche suivie par les Romains établissant une colonie était la reproduction exacte des formes observées, suivant la tradition, par les fondateurs de Rome ; quand la colonie partait, le décret du sénat choisissait trois magistrats pour présider au partage du territoire assigné, le décret fixait la durée des fonctions de ces triumvirs (1). La terre conquise, comme le champ romain, dès la fondation de Rome, était partagée en assignations limitées (*agri limitati, assignati*); chaque colon recevait deux arpents (2), le partage était fait par tête et le lot de chacun dut passer à ses héritiers. On divisait ainsi la moitié seulement des terres cultivées, l'autre partie était subdivisée en deux portions, dont l'une était vendue au profit du trésor public (*agri quæstorii*), et dont l'autre devenait la propriété de l'État. La portion du territoire qui, n'étant pas comprise dans l'*assignatio* ou dans la vente faite par l'État, continue de lui appartenir, s'appelle *subcessivum* (3).

Il y avait quelques exceptions à l'entière dépossession des vaincus. Certains anciens possesseurs, par des considérations de faveur, de dignité, étaient autorisés à conserver leurs biens ; le territoire laissé aux anciens propriétaires était appelé *ager redditus*.

On distinguait trois sortes de colonies, les colonies

---

(1) Raynouard, *Dr. munic.*, p. 6.

(2) Plin., *Hist. nat.*, XVIII, 2. — Cicér., *De repub.*, II, 14. — Le *jugerum* équivalait à 18 ares, c'était la mesure de terre qu'un attelage de bœufs pouvait labourer en un jour.

(3) M. Demang., *Dr. rom.*, t. V, p. 451.

des citoyens romains, les colonies latines et les colonies
régies par le droit italique. Les colonies romaines tenaient le premier rang en priviléges et en honneurs ;
c'est de ces colonies qu'Aulu-Gelle put dire qu'elles
sont des images en petit du peuple romain : *effigies
parva simulacraque populi romani.* La colonie conservait les lois et les institutions romaines, l'ordre des magistratures et jusqu'aux formes, aux détails de l'organisation de la mère patrie. Les colonies ne formaient pas
des communes, elles étaient autant de fractions déta-
chées de la commune de Rome (1). Rome, en éloignant
d'elle les colons, n'entendait perdre aucun de ses droits
sur eux ; elle continuait à les regarder comme des membres appartenant toujours à la cité, ils n'étaient affranchis d'aucun devoir; ils ne pouvaient donner à leur ville
une importance qui pût en faire une rivale de Rome ;
enfin toutes les lois et règlements émanant de la métro-
pole obligeaient et gouvernaient la colonie qui n'avait à
aucun degré le pouvoir législatif (2). Les habitants des
colonies étaient des citoyens romains, mais ils n'avaient
aucun rôle politique à Rome, aucune influence sur l'administration de la mère patrie, car ils n'avaient pas le
droit de suffrage. Il ne suffisait pas, en effet, d'être citoyen romain pour voter, il fallait être domicilié à
Rome même, et figurer au cens en cette qualité pour
être admis à l'exercice des droits politiques. Or les colons étaient domiciliés dans leurs villes, où ils trouvaient, du reste, tous les détails d'organisation existant
à Rome, ce qui pouvait être pour eux une compensa-

---

(1) M. Chambellan, *Étud.*, p. 428.
(2) Aulu-Gelle, XVI, 13, v.

tion. Les principaux magistrats des colonies romaines étaient les duumvirs, les censeurs, les édiles et les questeurs.

Le nom même des colonies latines et des colonies italiques indique quelle était la condition de leurs habitants ; ils étaient assimilés aux peuples dotés du *jus Latii* et du *jus italicum*.

VII. — *Des municipes.*

Après avoir examiné les différentes conditions qui pouvaient être faites aux sujets de Rome, les concessions diverses et successives faites aux peuples vaincus ou amis, nous arrivons au sujet principal de notre étude, aux municipes, qui, de toutes les distinctions que nous avons signalées, fut la seule qui subsista, ayant absorbé peu à peu toutes les autres.

Du reste, le droit municipal lui-même subit de nombreuses transformations, et l'expression *municipes* reçut des acceptions différentes. Tout d'abord, on appelle *municipes* les villes auxquelles a été conféré le municipium ; plus souvent, on désigne par ce nom les habitants de ces villes ou ceux d'entre eux qui ont reçu individuellement cette concession. Ce n'est que plus tard que le mot *municipes* devint l'emblème de l'indépendance des cités de l'empire.

Nous avons vu comment la politique d'assimilation des Romains avait démembré les prérogatives attachées à la qualité de citoyen romain, pour en faire autant de concessions aux amis de Rome, aux peuples vaincus. Entre le droit civil complet, *jus commercii* et *jus connubii*, ou démembré, *jus commercii* seul, et le droit politique *jus suffragii et honorum*, les Romains en plaçaient un autre, le droit municipal, le *municipium*, qui était, comme le *commercium* ou le *connubium*, l'objet d'une concession.

Qu'était-ce au juste que le *municipium*, qu'était-ce que les municipes dans les premiers temps de Rome?

Ici deux théories se présentent, divergences produites par des textes, des définitions de Festus et d'Aulu-Gelle, sur lesquelles on a beaucoup discuté sans parvenir à les élucider d'une manière satisfaisante. Les municipes, dit Aulu-Gelle, ne participent au *munus* qu'en ce qu'il a d'honorifique. Les municipes, suivant Festus, participent presque entièrement avec les citoyens romains à la jouissance du *munus*. Les deux grammairiens sont loin d'être d'accord sur la définition qu'ils donnent des *municipes*. Suivant Aulu-Gelle, les *municipes* sont citoyens romains; ils ont le droit, d'après Festus, sans être citoyens romains, quand ils venaient à Rome, d'y participer à tous les avantages de la vie municipale.

Si on compare les deux définitions, on voit les deux auteurs ne s'accorder que sur un seul point, la participation au *munus* romain : il faut en conclure que c'est la partie essentielle de la définition.

Qu'était-ce donc au juste que ce *munus ?*

Il ne faut point confondre le *munus* dont il est ici question et les *munera* que nous trouvons au Digeste opposés aux *honores :* les *munera*, c'étaient les charges, les devoirs de l'habitant légalement domicilié, du bourgeois d'une ville; le *munus*, au contraire, ne s'entendait que de ses priviléges : la participation à tous les avantages de la vie communale, le forum, les bains, les spectacles, la jouissance individuelle de toutes les douceurs, de toutes les ressources ménagées par une ville à ses bourgeois, voilà le *munus*. C'était là l'objet de la concession que Rome faisait à d'autres villes ou individuellement à certains habitants.

Ulpien nous donne une idée de ce que pouvait être le *munus* tel que l'entendaient les Romains (1). Il n'y avait rien de plus que ce que nous venons de dire dans l'idée simple de *municipium*; elle n'impliquait par elle-même rien qui eût trait aux droits publics ou privés ; mais les villes dotées du *municipium* étaient voisines de Rome, les exemples cités par Festus le prouvent, elles étaient toutes latines ou tout au moins fédérées. On comprend donc qu'elles aient reçu le *commercium*, le *connubium*, et même la participation aux droits politiques. — Ces différentes concessions, tout à fait indépendantes du *municipium*, furent faites inégalement, et voilà comment Festus peut distinguer trois catégories de municipes.

Tel est le système ingénieux exposé par M. Chambellan et que je n'ai fait qu'analyser ici. Ce consciencieux auteur tire encore du texte d'Aulu-Gelle une conséquence très-importante; il n'était point nécessaire qu'une cité adoptât toutes les lois de Rome, que ses habitants devinssent *populus fundus*, pour que le *municipium* lui fût concédé : *municipes sunt cives Romani et municipiis legibus suis et suo jure utentes. Nullis aliis necessitatibus neque ulla populi Romani lege adstricti, quum nunquam populus eorum fundus factus est;* mais il était loisible aux municipes d'échanger leur indépendance politique et civile contre une union plus intime avec Rome, en devenant *fundi.*

Ce système est ingénieux, je le répète, et donne une

____

(1) Ulp., 1. 27, § 1. D., *ad munic.*, 50, 1.

explication assez satisfaisante des textes, néanmoins après beaucoup d'hésitations nous n'avons pas cru devoir l'admettre, parce qu'il ne répond pas suffisamment, suivant nous, aux objections qu'on élève contre lui.

D'abord est-il bien admissible que les Romains aient fait aux habitants des municipes une condition meilleure à Rome même, que celle du citoyen romain ; qu'ils aient appelé ces étrangers à jouir de tous les avantages, de toutes les ressources de la cité, sans qu'ils fussent appelés à contribuer aux charges qui en sont la conséquence. — On peut voir dans le texte d'Aulu-Gelle : *muneris tantum cum populo romano honorarii participes... et concessum ut negotiis atque oneribus vacarent* (1), une exagération de termes par laquelle il insiste sur l'opposition qu'il établit entre les municipes et les colonies. L'obligation de suivre les formes d'administration, les lois de Rome, est à ses yeux une charge véritable, une gêne que doivent subir ces dernières et qui est épargnée aux premiers. Puis le sens donné au mot *munus*, la distinction établie entre le *munus* et les *munera* ne semble pas suffisamment justifiée et paraît même un peu subtile. Enfin comment expliquer dans ce système ce texte d'Ulpien qui n'est plus un grammairien, lui, mais un jurisconsulte et dont l'opinion doit prévaloir en cette matière : *proprie municipes appellantur muneris participes, recepti in civitate ut munera nobiscum facerent* (2).

Un autre système donne une explication plus simple des textes, qu'il concilie : Niebuhr pense qu'à l'origine

---

(1) Aulu-Gelle, XVI, 13, 7.

(2) L. 18, Paul. D., *de verb. signif.*, 50, 6 ; l. 1, § 1. D., *ad municip.*, 50, 1.

le mot *municipium* indique un certain droit de participation aux *munera*, aux charges et prérogatives des citoyens romains, droit dont l'étendue a varié avec les traités d'alliance et suivant les époques. La définition du mot *municipium* donnée par Festus, nous fait assister aux modifications progressives qu'a subies le sens de ce terme, et d'après elle, on peut diviser en trois périodes l'aperçu historique de régime municipal.

Pendant la première période qui s'étend jusqu'à la fin de la guerre latine (410 ab. v. c.), les habitants des municipes n'ont jamais la qualité de citoyens ; pendant la seconde période, qui comprend le temps qui s'est écoulé depuis la guerre latine jusqu'à la fin de la guerre sociale, jusqu'à la loi Julia, un grand nombre de municipes reçoivent la *civitas*, soit complète, c'est-à-dire *cum suffragio*, soit incomplète, *sine suffragio* ; d'autres continuent à demeurer étrangers à la cité romaine ; enfin la troisième période pendant laquelle le régime municipal se développe pour déchoir à partir du règne de Constantin, commence à la loi Julia (90 av. J.-C.), qui élève toutes les villes d'Italie au rang de municipes et leur accorde le droit de cité complet (1).

---

(1) FESTUS. — Initio fuisse municipium id genus hominum dicitur qui cum Romam venissent, neque cives Romani essent, participes tamen fuerunt omnium rerum ad munus fungendum, una cum Romanis civibus præterquam de suffragio ferendo aut magistratu excipiendo, sicut fuerunt Fundani, Lanuvini, Tusculani, qui, post aliquot annos, cives Romani effecti sunt.

Alio modo cum id genus hominum definitur quorum civitas universa in civitatem romanam venit : ut Arcini, Cerites, Anagnini.

Tertio, qui ad civitatem Romanam ita venerunt uti municipes essent suæ cujusque civitatis et coloniæ, ut Tiburtes, Pisani, etc.

— Aulu-Gelle, XVI, 10.—Municipes sunt cives Romani ex municipiis

Les deux dernières définitions de Festus ne sont nullement en contradiction avec celle d'Aulu-Gelle. Ce grammairien définit les municipes, alors qu'ils étaient tous citoyens romains, aux temps de la prospérité du régime municipal. On explique ainsi le texte de Festus en rapportant ses définitions à trois périodes différentes que nous allons parcourir (1).

PREMIÈRE PÉRIODE. — Des municipes jusqu'à la fin de la guerre latine.

Les Romains qui dans le principe traitaient tous les étrangers en ennemis, ne tardèrent pas à former avec les peuples de l'Italie des relations plus ou moins étroites. Les peuples qu'ils n'avaient point soumis par les armes, ils se les attachaient par des conventions qui pouvaient avoir l'un des trois caractères suivants : *amicitia, fœdus, hospitium*. L'*hospitium* était un contrat, qui conférait les avantages et les honneurs de l'hospitalité. L'*hospitium publicum* accordé par Rome à une ville, ou individuellement à un habitant d'une ville, conférait à cet habitant, ou à tous les habitants de cette ville, des droits réels et honorifiques. Dans le principe les mots *municipium* et *hospitium* étaient considérés comme synonimes et employés pour désigner la condition faite à Rome, aux habitants d'une ville amie.

Pendant la première période, les citoyens des muni-

legibus suis et jure suo utentes, muneris tantum cum populo Romano honorarii participes ; a quo munere capessendo appellati videntur, nullis aliis necessitatibus, neque ulla populi Romani lege adstricti, quum nunquam populus eorum fundus factus est.

(1) Niebuhr, III, p. 79.

cipes étaient des espèces d'alliés qui avaient obtenu des Romains des avantages civils, dont ils n'avaient naturellement la jouissance que lorsqu'ils venaient s'établir à Rome. Sous cette condition, ils étaient admis, sans toutefois devenir citoyens romains, à participer à tous les droits et à tous les devoirs privés des citoyens, mais ils n'avaient point la jouissance des droits politiques du *jus suffragii* et du *jus honorum*. Le premier traité de cette nature que fit Rome, elle le fit avec les Cérites ; la ville de Cœre est la première qui, réunie à Rome, ait conservé ses lois, ses magistrats (1) (l'an de Rome 365). Les Cérites, tout en conservant leurs lois et leur autonomie, participaient aux charges et droits du citoyen romain, quand ils venaient se fixer à Rome. Mais comme ils n'avaient ni le *jus suffragii*, ni le *jus honorum*, il fallait nécessairement qu'ils fussent inscrits sur un registre particulier indiquant leur fortune, et voilà l'origine des *tabulæ Ceritum*, sur lesquelles on portait aussi les noms des citoyens jugés indignes du droit de voter dans les comices.

DEUXIÈME PÉRIODE. — De la fin de la guerre latine jusqu'à la loi Julia.

Au commencement du cinquième siècle de Rome, les Latins, qui étaient les alliés des Romains, et se trouvaient liés plus ou moins étroitement à la destinée de Rome par des traités différents, mais qui tous combattaient pour elle, sans pour cela être citoyen romain, sans avoir aucune influence, aucune place dans les institutions politiques de la république, les Latins se révoltèrent et rompirent les

---

(1) Tit. Liv., liv. XXIII, ch. 36.

anciens traités, demandant que l'un des deux consuls fût choisi dans le Latium, et que la moitié des sénateurs fût prise parmi eux; ils voulaient participer au gouvernement de l'État pour lequel ils combattaient et mouraient sur les champs de bataille. Les Latins furent vaincus, et, à la suite de cette victoire, Rome régla, sur des bases nouvelles, ses relations avec les différentes villes du Latium. A la suite de cette guerre latine, nous avons déjà distingué des *populi fundi*, les *latini veteres* et les *latini colonarii*; ici, nous devons ajouter que plusieurs villes, aussi du Latium, reçurent le droit de cité plus ou moins complet, en conservant une constitution municipale indépendante, un sénat et des magistrats particuliers. Rome récompensa ainsi la fidélité de certaines villes qui n'avaient point pris part à la lutte; d'autres au contraire perdirent toute existence politique, se fondirent complétement avec la république romaine et devinrent des préfectures.

Ainsi, après la guerre latine, le nom de municipes continua d'être conféré, comme pendant la période première, aux villes étrangères qui concluaient des traités avec Rome, dans le même temps que les anciens municipes qui jouissaient depuis la guerre latine du droit de cité, conservaient eux-mêmes cette dénomination. Les principales villes qui conservèrent ainsi leur indépendance communale furent Tusculum, Lanuvium, Cumes, Atella, Collatia. La liberté de leur administration fut assurée par un sénat particulier et par des magistrats choisis dans des comices municipaux; l'assemblée du peuple y exerçait, comme à Rome, l'autorité première. — Du reste, tous les municipes n'étaient point dotés du même droit, quelquefois le droit de cité était conféré sans le droit de suffrage, qui était le caractère essentiel de *l'optimum jus civitatis*. L'honneur du droit de cité appartenaît aux municipes ainsi constitués, mais les habitants de ces municipes n'exerçaient pas les magistratures à Rome, ils ne votaient pas dans les comices. D'autres municipes avaient reçu le droit de cité et le droit de suffrage en même temps, ou le droit de cité d'abord et le *suffragium* ensuite. Au reste, les villes qui reçurent le droit de cité, *sine suffragio*, ne tardèrent pas à obtenir les droits politiques qui leur manquaient, et plus de cent ans avant la guerre sociale, la plupart des villes de la Sabine et du Latium paraissent avoir été en possession de la *civitas optimo jure*.

Les municipes dotés de la *civitas cum suffragio* entraient pleinement dans la cité romaine ; mais en conquérant le droit de suffrage, ils perdaient leurs lois et étaient soumis à celles des Romains. Les municipes qui conservaient leur indépendance devaient-ils toujours adopter le droit romain, quand ils entraient dans la cité ? Cicéron et Tite-Live semblent prouver l'affirmative par deux passages qui nous apprennent que plusieurs villes aimèrent mieux conserver leurs lois particulières que d'être obligées de se soumettre aux lois de Rome en demandant la *civitas* (1). En tous cas, on peut reconnaître sans doute possible que la *civitas cum suffragio* n'était conférée qu'au municipe devenu *fundus*. L'habitant du municipe fait *fundus* acquérait tous les droits de cité ; il pouvait édicter des lois, créer les magistrats, briguer les honneurs ; sa ville était adoptée par le peuple romain ; elle devenait un faubourg de Rome la patrie commune (2). Il n'y avait pas un droit, pas

---

(1) Cicéron, *pro Balbo*, 8. — Tite-Live, IX, 43, 45.
(2) Cicéron, *Trait. pro Sulla*, c. VIII.

un avantage attaché au droit de cité dont les habitants des municipes les plus éloignés ne pussent jouir. On accordait seulement à la majesté de Rome ou plutôt à l'utilité de la république, que c'était dans la ville même et non dans chaque municipe qu'on devait voter. A part ce droit fondamental qui devait être exercé à Rome, chaque cité avait sa république distincte (1).

La ville, ainsi adoptée par Rome, perdait sa forme de gouvernement, son indépendance politique et ses lois particulières pour se plier à la forme d'administration et aux lois de sa mère adoptive. Mais il n'était point de la politique des Romains d'effacer tout d'un coup le passé d'un peuple ou d'une ville. La politique romaine déguisait autant que possible son influence et sa suprématie, et là même où elle sapait les institutions par la base, elle en conservait encore les formes pour faire croire, par ces vains simulacres, aux peuples soumis, à un reste d'autonomie, erreur qui leur fit porter plus docilement le joug du vainqueur. Aussi, le droit de cité n'entraînait pas l'abolition de tout ce qui existait dans l'ancien municipe. Les dieux, le culte, la religion des cités leur étaient conservés non-seulement par la tolérance, mais par l'ordre exprès des pontifes ; on leur laissait leurs flamines et leurs prêtres, le droit de les choisir et de régler tout ce qui s'y rapportait (2). On ne leur enlevait ni leurs magistrats, ni leurs sénateurs ; seulement, au lieu de gouverner une république, ceux-ci n'administraient plus que les intérêts particuliers d'une ville.

Avant de conférer à une ville le droit de cité romaine,

____

(1) M. Béchard, *Hist. du dr. munic.*, p. 261,
(2) Roth., p. 21, not. 31.

on lui demandait si elle voulait ou non le recevoir. Sur son consentement, la concession avait lieu. Alors se faisait dans cette ville une séparation entre les intérêts, droits et charges municipaux d'avec les droits et les intérêts politiques. Les premiers restaient attribués à la ville et s'exerçaient dans les lieux et par ses habitants, avec une entière indépendance. Les seconds étaient transportés à Rome et ne pouvaient être exercés que dans ses murs.

Ainsi, le droit de faire la paix ou la guerre, de porter des lois, de lever des impôts, de rendre la justice cessait d'appartenir isolément au municipe ; mais ses citoyens les partageaient et les exerçaient dans Rome, avec les citoyens qui habitaient Rome. Ils s'y rendaient pour voter dans les comices, soit sur les lois, soit sur les nominations aux magistratures ; ils recherchaient et pouvaient obtenir toutes les charges de l'État.

Le citoyen du municipe était compris à Rome dans le recensement du peuple romain, bien que chaque municipe eût son cens particulier. Cette nécessité de venir à Rome pour voter dans les comices, ce concours de tous les citoyens resserraient les liens moraux par lesquels ils étaient unis à la république, à l'État, et donnait une sorte de réalité à la fiction qui faisait un citoyen romain d'un habitant d'Arpinum ou de Capoue (1). Malheureusement cette foule contribua à vicier les élections. Les ambitieux, dit Montesquieu, firent venir à Rome des villes entières pour troubler les suffrages et se les faire attribuer.

Chaque municipe garda l'administration de ses biens

---

(1) M. Migneret, *Hist. du dr. munic.*, p. 28.

et revenus particuliers. En cessant d'être une personne politique, il demeurait personne civile. La police resta aussi dans une certaine mesure entre les mains des magistrats locaux, ils étaient chargés de veiller à la sûreté intérieure et d'arrêter provisoirement ceux qui la troublaient.

Bien que le pouvoir judiciaire ait été retiré aux localités, on y rencontre pourtant les traces d'une juridiction assez semblable à ce que nous appelons police municipale (1). Du reste, les droits, intérêts et offices municipaux, dont l'entière disposition demeura à chaque ville, ne sont nulle part régulièrement distingués et énumérés. A cette époque, ni les gouvernants ni les gouvernés n'éprouvaient le besoin de tout prévoir, de tout arrêter, et même ils ont toujours aimé ce vague, cette indécision dans les rapports ; pour les premiers, c'est l'envahissement; pour les seconds, c'est une dernière lueur d'indépendance.

Toutes les affaires municipales étaient régies, soit par des magistrats particuliers nommés par les habitants, soit par la curie de la ville. En général, le collége des décurions nommait les magistrats ; on en trouve cependant qui étaient nommés par tout le peuple.

Au point de vue du droit privé, il n'y avait aucune différence entre les diverses espèces de municipes ; ils jouissaient tous du *commercium,* du *connubium,* sans qu'il y eût à distinguer entre les villes qui étaient dotées du droit de suffrage et celles qui ne l'étaient pas.

Les habitants des municipes avaient en quelque sorte deux patries, l'une qu'ils devaient à la naissance, l'autre

____

(1) Roth., p. 26, not. 40.

à l'adoption; les citoyens de tous les municipes avaient Rome pour patrie commune, du moment où ils acquéraient le droit de cité. Ainsi Caton et Cicéron, nés, l'un à Tusculum, l'autre à Arpinum, avaient leur ville natale pour patrie de fait et Rome pour patrie de droit : *Alteram loci patriam, alteram juris* (1). Les citoyens des municipes pouvaient même simultanément exercer des fonctions publiques à Rome et des charges municipales dans leur ville. C'est ainsi que Milon était dictateur à Lanuvium, lorsqu'il brigua le consulat. Rome, en effet, représentait l'État, la république, et tous les citoyens de la république devaient être citoyens, devaient avoir droit de bourgeoisie à Rome, leur capitale. Le sénat romain était le sénat de la république; les magistrats de Rome étaient les magistrats de la république, et non pas seulement les administrateurs d'une ville.

D'après ce que nous avons vu, les municipes différaient beaucoup des colonies. -- Dans leur origine, les municipes s'étaient formés, comme la plupart des villes, par un travail lent, et peuplés d'individus étrangers à la nationalité romaine. — Les colonies avaient été créées d'un seul coup, par la volonté du sénat romain, et peuplées de Romains ou de peuples alliés de Rome. — Dans leurs rapports avec Rome, les municipes s'appartenaient; il fallait les gagner et s'en faire des alliés sûrs, pour pouvoir compter sur eux en cas de besoin. — Les colonies émanaient de Rome et lui appartenaient; elle avait toujours le droit d'attendre d'elles une obéissance entière et constante.

Au point de vue du régime civil et municipal, les mu

______

(1) L. 33. D., *ad municip.* — Cic., *de legibus*, II, 1, 2.

nicipes qui n'étaient point *fundi* se gouvernaient par leurs propres lois; les colonies, au contraire, n'avaient d'autres lois, d'autres institutions municipales que celles de la mère patrie. — Enfin, la qualité de municipes, si elle ne donnait pas aux habitants d'une ville le droit politique, leur était un grand titre pour l'acquérir, pourvu qu'ils devinssent *populi fundi*. Toute participation à l'exercice du droit de suffrage, toute recherche des magistratures était impossible aux citoyens des colonies, bien qu'ils fussent citoyens romains, puisqu'ils n'étaient pas domiciliés à Rome.

TROISIÈME PÉRIODE. — Les municipes depuis la loi Julia.

Ce qui était arrivé en 416 ab U. C., pour les peuples du Latium, se reproduisit en 664 pour les peuples de l'Italie. Les peuples de l'Italie ne se contentèrent plus d'être les alliés de Rome, ils voulurent obtenir, eux aussi, le droit de cité et une certaine participation aux droits politiques. La guerre sociale eut pour conséquence la loi Julia, rendue en l'an 664 ab U. C., sur la proposition du consul C. Julius César; elle donna la *civitas optimo jure* aux villes restées fidèles, c'est-à-dire aux villes et colonies latines de l'Italie et à un certain nombre de villes alliées en Étrurie : l'année suivante, la loi Plautia Papiria, rendue sur la proposition des tribuns M. Plautius Silvanus et Papirius Carbo, conféra le droit de cité complet à toutes les autres villes d'Italie et étendit le même bénéfice aux étrangers qui, sans être citoyens de l'une de ces villes, résidaient en Italie lors de la promulgation de la loi, à la condition de se présenter

devant le préteur dans un délai de soixante jours (1).
Après la loi Julia, toutes les villes de l'Italie, villes
alliées, anciens municipes, colonies, se confondirent peu
à peu sous le nom de *municipia*; ces villes perdent leur
indépendance politique, conservent leur indépendance
municipale et sont dotées de la *civitas* sous une condition,
l'acceptation de la loi romaine dans son entier et promesse de se soumettre aux lois qui pourraient être portées dans l'avenir : *qui populi in eam legem fundi facti
non essent, civitatem non haberent* (2). Aussi plusieurs
villes, telles que Naples, Héraclée hésitèrent-elles sur le
parti qu'elles devaient prendre; mais celles-là même qui
refusèrent d'accepter la *civitas* ne pouvaient espérer conserver longtemps leur indépendance, et bientôt les lois,
les mœurs, la langue même de Rome s'étendirent à
toute l'Italie. Après la loi Julia, on distingue encore des
préfectures et des colonies. La loi Julia fait elle-même
cette distinction; mais il n'y a plus de *præfecturæ* dans
le sens ancien du mot; il y a encore une certaine différence entre les colonies et les municipes; mais dès le
principat de Tibère, des municipes demandaient à devenir colonies, et des colonies municipes, sans qu'il fût possible d'assigner à leur conduite aucun autre motif qu'un
caprice (3) : sous Adrien, nul ne peut dire en quoi un
municipe diffère d'une colonie : que nous sommes loin,
dit Aulu-Gelle, de savoir ce que c'est qu'un *municipium*,
quels en sont les droits, en quoi il diffère de la colonie.

Le bénéfice des lois Julia et Papiria, restreint d'abord

____

(1) Cicer., pro Archia, 4.
(2) Cicer., pro Balbo, 8.
(3) Aulu-Gelle, XVI, 13, 4.

aux villes d'Italie, fut successivement étendu aux provinces les plus voisines. Les empereurs concédèrent souvent la *civitas* à des particuliers, et Marc-Aurèle l'accorda même à tous ceux qui la demandaient et payaient le droit exigé 1. Enfin, quand Caracalla eut donné le droit de cité romaine à tous les habitants de l'empire, l'égalité et l'unité la plus complète de régime et de droits entre toutes les cités se réalisèrent sans blesser aucun intérêt, sans rencontrer aucune réclamation sérieuse. C'est seulement quand cette unité se fut produite, que nous trouvons une constitution uniforme qui sera l'objet de notre étude ; les divers municipes, et nous désignons dès lors par ce nom toutes les villes de l'empire qui conservèrent le droit de se gouverner elles-mêmes, les divers municipes arrivèrent à cette organisation sans secousse, par une progression rapide et nécessaire.

Le plus important des règlements municipaux qui tendirent à établir l'uniformité entre les constitutions des différents municipes fut la *lex Julia municipalis*, rendue en l'an 35 av. J.-C. à la requête de la Gaule Transpadane et sur la proposition de César. Plus de distinctions fondamentales dans l'administration des divers municipes, plus de distinctions non plus entre ceux-ci et les colonies, entre les colonies et les préfectures. Toutes les villes auront désormais une règle commune d'administration : voilà le principe proclamé par la loi *Julia municipalis*. Cette loi municipale fut applicable à toutes les villes de l'Italie.

Les villes des provinces eurent-elles comme les villes italiennes un droit municipal uniforme? La question

----

(1) Suétone, *Oct. August.*, 40.

est douteuse; on trouve bien à diverses époques des lois qui avaient pour but de réglementer l'administration propre de certaines villes, ou même d'un ensemble de villes appartenant à une même région. La *lex Galliæ Cisalpinæ*, les tables de Salpenza et de Malaga, constatant l'organisation municipale donnée à ces deux villes d'Espagne, prouvent ce fait. Mais nulle part on ne trouve la trace d'une loi générale, qui aurait étendu à toutes les villes de l'empire romain la constitution municipale des villes de l'Italie. Néanmoins il n'en faut point conclure que l'état des villes provinciales resta distinct de celui des villes italiennes. S'il n'y eut pas de monument législatif qui régla le gouvernement municipal de toutes ces villes à l'image du droit de l'Italie, il y eut une extension progressive de ce droit qui gagna tout le monde Romain et ne laissa subsister que des différences secondaires de cité à cité.

Les municipes sous l'Empire; prospérité et décadence.

Toute révolution dans la constitution politique d'un État amène naturellement de graves changements dans le régime municipal des villes qui en constituent les éléments, surtout à Rome et comme du reste chez tous les peuples de l'antiquité, où l'on confond la liberté avec la souveraineté, où être libre c'est être un membre du souverain, c'est faire partie de ce peuple de privilégiés qui gouverne. Aussi la chute de la république amena d'importantes modifications dans la condition des villes. Jusqu'alors Rome absorbait tout, les droits politiques ne pouvaient être exercés qu'à Rome même, et les principaux citoyens des villes venaient briguer les magistratures et prendre leur part du gouvernement de la répu-

blique entière. Mais lorsque à Rome la liberté commença
à déchoir, lorsque les comices et les hautes magistratures n'eurent plus à peu près aucune influence
dans le gouvernement, quand le citoyen cessa d'être
souverain en perdant sa liberté, alors les hommes principaux des municipes cessèrent d'affluer vers Rome. Cela
convenait au despotisme naissant, et loin de s'y opposer,
il favorisa ce mouvement. Auguste supprima ces comices
immenses où la foule des citoyens accourait de toutes les
parties de l'empire. Les municipes furent autorisés à
envoyer à Rome leurs suffrages écrits, le dépouillement
s'en faisait dans les comices, toutefois cette faculté fut
restreinte aux seuls décurions, ce qui exclut la masse
du peuple.

Les comices eux-mêmes, qui n'étaient plus que de
vains simulacres, furent abolis, et sous Tibère les élections, même à Rome, passèrent au sénat qui s'attribua
la connaissance de toutes les affaires que le peuple décidait auparavant. Enfin le titre de citoyen romain n'é-
tait plus qu'un vain nom, quand Caracalla, dans un intérêt fiscal, l'accorda à tous les sujets de l'empire romain.

Du jour où Sylla s'empare du pouvoir, la tyrannie
entre à Rome et pour ne plus en sortir; si on veut trouver encore quelques vestiges de liberté, c'est dans les
villes qu'il faut aller les chercher. Une portion de l'importance que Rome avait perdue retourna aux municipes : leurs principaux citoyens ne les quittaient plus ;
devenus étrangers au gouvernement de l'État, leur attention se reportait d'elle-même sur les affaires de la cité,
dans l'administration desquelles le gouvernement impérial ne s'immisçait pas encore. Grâce à cette décentralisation, le régime municipal conserva donc une grande
influence et se constitua même avec plus de régularité :

en échange de la liberté politique, beaucoup d'empereurs semblaient s'appliquer à donner aux cités une administration meilleure et plus savante, des droits plus positifs et plus étendus.

C'est surtout à Trajan et à ses successeurs, Adrien, Antonin le Pieux, Marc-Aurèle, que le droit des cités doit son amélioration. C'est d'Antonin et de Marc-Aurèle que le droit municipal reçut ses derniers et ses plus amples développements; c'est la belle époque des institutions municipales dont l'éclat rejaillit sur l'État lui-même.

Les tributs n'étaient pas encore excessifs et s'appliquaient aux besoins généraux de l'empire, à l'entretien des armées. Les revenus ordinaires des cités suffisaient ordinairement à leurs dépenses, et il n'était pas nécessaire de frapper les citoyens d'impôts spéciaux pour y pourvoir. L'État ne rejetait point sur les cités les dépenses qui ne les concernaient pas directement. Pour beaucoup de travaux intéressant la cité, il n'était pas besoin d'argent, ils étaient exécutés par les citoyens eux-mêmes. Il n'y avait qu'un très-petit nombre de citoyens qui fussent exempts des devoirs et services municipaux. On était loin de ces charges, de ces entraves qui accablèrent dans la suite les membres de la Curie, et nombre de lois prouvent que c'était une dignité recherchée, un honneur que d'être décurion.

A quoi attribuer cette prospérité, sinon à une décentralisation presque absolue, à une certaine liberté d'initiative qui n'existait plus à Rome et qui est la vie des peuples ? Paralysez cette force vitale, coulez dans un même moule, dans un même formulaire, toutes les volontés, toutes les activités, et vous verrez un refroidissement général envahir tous les membres de l'État ; la tête pourra bien vivre encore quelque temps, mais la mort la gagnera bientôt aussi, car elle ne reçoit plus la chaleur et la vie du reste du corps.

C'est ce qui se produisit pour l'empire romain; peu à peu le pouvoir central chercha à s'immiscer dans l'administration municipale. Tant que l'empire fut florissant, les trésors de Rome, les contributions ordinaires des provinces suffisaient à ses besoins et au-delà; aussi rien ne poussait le pouvoir central à pénétrer jusque dans les institutions des villes de l'empire. Mais quand à partir de Septime-Sévère, le pouvoir central commença à tomber en ruine, et qu'il vit ses forces diminuer en même temps que croissaient ses charges et ses dangers; quand il se trouva en présence des barbares qu'il fallait repousser ou acheter, de la populace qui devenait plus exigeante chaque jour et des soldats son seul appui, mais en même temps sa plus grande plaie, alors il lui fallut bien imaginer un système puissant de centralisation administrative pour extraire de la société romaine ses forces et ses richesses et les faire refluer vers le cœur de l'empire, remède qui prolongea l'existence de l'empire romain, mais qui détermina la ruine du régime municipal.

C'est donc dans les causes mêmes de la chute de l'empire, qu'il faut chercher l'origine des crises qui amenèrent la ruine du régime municipal, et non dans les dispositions législatives de tel empereur. Les vices d'une constitution politique qui n'a pas de règles sur la succession au trône, le despotisme des empereurs qui sont à la merci des soldats qui les nomment, la corruption du vieux monde romain qui ne peut plus s'opposer au flot envahissant des barbares, voilà ce qui amena la ruine et dans les villes et dans l'État.

Pour acheter les barbares, nourrir et amuser le peuple, satisfaire les cohortes qui disposaient de l'empire, il fallait de l'or, aussi « le système de gouvernement qui commença à Dioclétien et finit sous Honorius, n'avait d'autre objet que d'étendre sur la société un réseau de fonctionnaires sans cesse occupés à en extraire des richesses et des forces pour aller ensuite les déposer entre les mains de l'empereur (1). »

Les revenus des villes comme ceux des particuliers étaient atteints par ces exigences du pouvoir; d'autre part, les charges locales étaient restées les mêmes : il y a plus, elles allaient croissant. Aussi, les décurions étaient-ils obligés d'y pourvoir sur leurs propres biens, car toutes les fois que les revenus propres d'un municipe étaient insuffisants, c'était à la curie à y subvenir. Ajoutez que les décurions étaient presque partout percepteurs des impôts publics et responsables de l'insolvabilité des contribuables. La qualité de décurion devint une cause de ruine, et l'exemption des fonctions curiales un privilége que les empereurs conférèrent de plus en plus à leurs favoris et à ceux qu'ils voulaient s'attacher. A mesure que les charges des décurions augmentaient, le privilége venait diminuer leur nombre. L'ordre des décurions, jadis si honoré, devint un fléau que l'on chercha à fuir par tous les moyens. Il fallait pourtant qu'il en restât assez pour porter le fardeau imposé aux curies. De là toutes ces lois qui enfermèrent les décurions dans la curie comme en une prison, qui les poursuivent à la campagne, à l'armée, partout où ils tentent de se réfugier; qui leur enlèvent la disposition libre de leurs biens ou même en disposent sans eux au

<hr>

(1) M. Guizot, Essai sur l'hist. de Fr., p. 11.

profit de la curie. Telle est la position faite aux principaux habitants des villes, aux décurions, par ces lois qui se succédèrent sous les empereurs.

Il y eut bien quelques efforts individuels pour relever le système municipal, mais ce furent des efforts impuissants et qui, du reste, n'avaient pas de suite.

Une dernière transformation se fit dans le régime municipal avant sa ruine complète : quelques empereurs, Justinien surtout, tentèrent de ranimer cette institution mourante en la rattachant à la société chrétienne si vigoureuse et si forte ; il est facile de suivre dans la législation impériale le progrès de l'influence chrétienne et l'influence toujours croissante du clergé qui s'élevait à côté du décurion dégradé, pour rappeler le peuple à la vie sociale.

En Orient, l'administration et la juridiction communale disparaissaient ; Justinien cherche à y suppléer en faisant des *defensores* de véritables juges et en augmentant l'influence des évêques. La paroisse recueillit l'héritage du municipe ; l'évêque devint le *defensor* de la cité et la protégea contre le despotisme du pouvoir central et les exactions des gouverneurs. Investi d'une juridiction volontaire, à laquelle les empereurs eux-mêmes finirent par renvoyer, élu par le concours du clergé et du peuple, l'évêque était désigné naturellement pour remplir cette magistrature populaire. Les empereurs conférèrent aussi aux évêques certaines fonctions de surveillance ; ils durent veiller à l'exécution des legs, à l'expédition des affaires de la cité, à l'exercice régulier des emplois publics, à l'accomplissement des travaux, et, en général, de tous les engagements publics ; l'évêque se trouvait à la tête de la curie qui continuait d'exister.

Ainsi se forma une sorte de régime municipal ecclésiastique qui ne put, il est vrai, ramener la prospérité au sein des villes de l'empire, mais qui conserva du moins, au milieu de la barbarie, le dépôt de la civilisation antique. C'est ce régime municipal ecclésiastique qui, en Occident, survécut à l'empire romain ; c'est ce germe fécond longtemps caché sous la couche barbare qui, au jour dit, s'est développé et a donné le premier essor à nos libertés communales. Le régime municipal, voilà ce qu'a légué à l'Europe moderne l'ancienne civilisation romaine.

Mais en Orient, l'empereur Léon le Philosophe fit disparaître jusqu'aux formes, aux simulacres du régime municipal qu'il abolit tout entier par un décret. Deux motifs lui firent prendre cette détermination, il les énonce : la gravité des charges qui pèsent sur les décurions, l'indépendance qui leur est attribuée dans le gouvernement de la cité. Maintenant, ajoute-t-il, que tout dans l'empire est confié à la sollicitude et à l'administration impériale, de telles institutions errent vainement et sans objet autour du sol légal : nous les abolissons donc par le présent décret. Douze siècles s'étaient écoulés entre le traité de Rome avec Cære et le règne de Léon le Philosophe.

Destinées du régime municipal.

Aucun mouvement legislatif n'abrogea en Occident le régime municipal ; le chef des Hérules, Odoacre, qui, modeste dans la victoire, dédaignait le titre de roi, se soumit lui-même aux lois romaines, et l'édit de Théodoric prouve que non-seulement il avait laissé aux peuples d'Italie, soumis à son autorité, les anciennes lois romaines, leur antique administration municipale, mais encore qu'il avait respecté, comme le firent ensuite les rois francs, les magistratures établies, leurs attributions, et même les noms primitifs des officiers municipaux.

De nombreuses formules nous révèlent l'existence, en Italie, des institutions municipales dans leurs traits principaux, sous la domination des empereurs d'Orient; les Lombards même respectèrent les institutions romaines quand ils s'établirent en Italie, si bien qu'un document de l'an 767, c'est-à-dire à la veille du mouvement municipal en Italie, prouve qu'à cette époque la cité de Ravenne conservait encore ses institutions et employait toujours les formes qu'elles prescrivaient.

Les institutions romaines, respectées et maintenues en Italie, le furent aussi dans les Gaules, où le régime municipal s'était d'autant plus solidement établi qu'il s'adaptait merveilleusement aux *civitates* de cette contrée, dont le régime antérieur à la conquête avait été, d'après le témoignage de César, celui de la délibération commune. — L'existence de la curie dans les cités gauloises n'est pas contestable; le code Théodosien renferme de nombreuses dispositions sur les décurions de plusieurs villes des Gaules; s'il y a quelques doutes pour les duumvirs, les textes attestent la présence des autres principaux magistrats.

Le régime municipal en Gaule eut, comme toutes les institutions romaines, à subir le choc de l'invasion des barbares; mais il n'y périt pas tout entier, des documents spéciaux et nombreux en fournissent la preuve. Il se conserva surtout dans le midi qui, à toute époque, avait été le plus fortement imprégné des idées romaines ; il se conserva aussi dans le nord : une pièce que l'on peut rapporter au règne de Childebert Ier, vers 515, prouve que la cité d'Angers avait une *curie*, un *défenseur*, un *curateur*, un *principal*, des *codes* ou *registres publics*, des *gestes municipaux* où l'on insinuait les actes. L'occupation des Francs ne fut point partout violente ; les Germains, d'ailleurs, en principe, gardèrent leurs coutumes, mais ils n'enlevaient pas aux vaincus le droit romain qui les régissait. Dès lors, il n'est pas invraisemblable que les traditions municipales se soient conservées après la conquête.

Un monument précieux, à la date de 804, c'est-à-dire sous les dernières années de Charlemagne, démontre que les formes du droit municipal établies par les lois romaines continuaient d'être observées dans le IXe siècle. « Devant le vénérable Willfred, *défenseur*, et toute la *curie* d'Angers, Agambert a dit : Je vous prie, honorable défenseur, et vous, *officiers publics*, d'ordonner qu'on m'ouvre les registres. Je demande l'insertion d'un titre aux *actes municipaux*. »

Ces formules et beaucoup d'autres établissent d'une manière certaine la persistance des noms et de quelques-unes des attributions des défenseurs des cités et des curies, ces assemblées délibérantes qui sont l'âme du régime municipal. On peut même dire que les institutions municipales recouvrèrent quelque vitalité, lors de la conquête des Francs ; en effet le système fiscal, cause principale de leur ruine, était tombé avec l'empire romain.

Si le régime municipal survécut à l'invasion, il eut bientôt à lutter contre un ennemi plus redoutable, contre une force née sous les successeurs de Charlemagne et qui s'accrut à la faveur de la faiblesse de la royauté; la féodalité mal nécessaire pour remédier à des désordres sans nom ne put pas laisser aux cités une sérieuse indépendance; comment les libertés de cette ville eussent-elles pu se maintenir, alors que chaque comte, chaque délégué du pouvoir central était arrivé à se créer une situation indépendante, un pouvoir absolu, on peut dire sans contrôle, sur la division territoriale à l'administration de laquelle il était préposé. Pourtant, toutes les villes ne furent pas sans exception réduites en servitude; les villes du midi conservèrent précieusement les traditions du régime municipal, et certaines villes du nord même n'avaient pas perdu toute indépendance.

Il restait donc sur le territoire français des germes puissants d'institutions municipales, susceptibles de produire une réaction et de reprendre vie, quand éclata à la fin du xi° siècle, le grand mouvement d'émancipation communale. Ce mouvement se produisit d'abord dans le midi où les villes cherchèrent à imiter l'exemple des villes de l'Italie qui venaient de s'affranchir. On voit apparaître sans secousse les noms des consuls, des conseils de ville et les libertés municipales. Dans le nord, la restauration des franchises municipales prit un caractère plus énergique. Quelques seigneurs, dans leurs domaines allèrent au-devant des demandes; le roi surtout fit dans les siens des concessions volontaires. Mais généralement la révolution communale eut le caractère d'une insurrection, les associations se forment, les villes se soulèvent contre les comtes et les évêques avec lesquels elles sont directement en rapport, elles formulent leurs demandes, et c'est par la force et les armes qu'elles obtiennent les chartes communales qui ne leur sont pas volontairement octroyées par le seigneur. La royauté a pu intervenir dans certains cas, et se montrer favorable à l'émancipation des communes, mais il ne faut pas s'exagérer son action, le pouvoir royal était trop faible au xie siècle pour avoir une influence directe sur le grand mouvement d'émancipation communale.

DEUXIÈME PARTIE.

DES
VILLES CONSIDÉRÉES AU POINT DE VUE JURIDIQUE

CHAPITRE I.

De la personnalité des cités.

Les Romains avaient plusieurs mots pour désigner ces associations locales que nous appelons villes, tels que : *respublica*, qui s'appliquait aussi bien aux villes qu'à l'État ; *civitas, urbs, municipium*; mais l'expression *civitas*, cité, n'avait point chez les Romains le sens que nous lui donnons aujourd'hui, il n'indiquait pas seulement l'enceinte de la ville, une réunion de maisons séparées par des espaces libres, désignée par un nom propre, la *civitas* comprenait encore un certain territoire à l'entour, toute l'étendue du *pagus* (1) où pou-

---

(1) *Pagus* signifiait ordinairement ce que nous appellerions aujour-

vaient se trouver de plus petites réunions d'habitants, des bourgades, des villages que les Romains appelaient *vici*. Au point de vue des charges municipales et de l'administration, les *vici* dépendaient donc de la cité dans la circonscription de laquelle ils se trouvaient (1). Ces *vici* avaient à leur tête des magistrats, mais dont l'autorité avait son principe dans une délégation de la cité. Il ne faut point chercher dès lors dans les campagnes un système général d'administration municipale, dans l'empire romain rien d'analogue à ce qu'on appela au moyen âge *communauté d'habitants*, et ce qu'on appelle aujourd'hui *communes rurales* (2).

Une cité ne se compose pas seulement de la réunion d'intérêts individuels, une cité a aussi des devoirs et des droits. Dotée d'une certaine indépendance, elle a un gouvernement, elle a des monuments où ses habitants viennent accomplir les actes de la vie publique, politique et religieuse; il lui faut des ressources pour récompenser ceux des citoyens qui consacrent leur talent et leur temps à l'intérêt commun, des ressources enfin pour faire face à toutes les charges qui lui incombent; la cité doit

---

d'hui un *canton*; ce mot signifiait aussi une simple bourgade et c'est de là que sont venus les mots *pays*, paysan. — *Pagi* dicti a fontibus, quod eadem aqua uterentur. Aquæ enim lingua dorica πχγχι appellantur. — Festus.

(1) L. 30. Dig., L. I. V. *ad municip.*

(2) Les grands centres de population avaient une administration municipale propre, comme en France toutes les communes au-dessus de cinq mille âmes, avaient, sous la Constitution de l'an III, une municipalité particulière; mais les villages étaient groupés plusieurs ensemble autour d'une municipalité unique siégeant au chef-lieu, comme nos communes au-dessous de cinq mille âmes, sous cette même Constitution de l'an III. — M. de Serrigny, *Dr. public et administratif des Romains*, t. I, p. 181.

par conséquent pouvoir acquérir, aliéner, s'obliger comme un individu ; elle doit être capable d'une certaine somme de droits pour atteindre le but qu'elle est appelée à remplir. La loi seule peut créer de tels êtres collectifs qui, à l'aide d'une fiction, ont une existence propre et distincte des hommes qui la composent, et qui, jouant dans la société le rôle d'une personne, d'un individu, prennent le nom de personnes morales, personnes civiles. Le droit romain, comme la plupart des législations, créa de ces êtres fictifs et reconnut les villes comme personnes juridiques, c'est-à-dire comme des êtres de raison admis à la participation de certains droits. Ainsi, bien que leur formation soit une nécessité, les villes n'ont point d'existence légale dans l'Etat, tant qu'une loi n'est pas intervenue ; jusque-là, ce n'est qu'une agglomération de constructions, une réunion fortuite d'hommes sur un même point (1). C'est ainsi que, d'après Tite-Live, Capoue qui, après la guerre punique, Capoue, qui avait trahi l'alliance de Rome, continua d'être peuplée et habitée ; mais elle ne fut plus reconnue comme ville municipale, comme personne morale. Cette personnalité de la cité peut lui être enlevée par l'Etat qui l'a créée, sans que ses murailles et les biens de ceux qui l'habitent aient à en souffrir ; il peut se faire que tous les membres de cette association que l'on appelle *ville* cessent d'être des *municipes* pour n'être plus que les habitants de ces lieux dépouillés de tout caractère (2).

On peut réduire à quatre, suivant M. Migneret (3), les

---

(1) L. 1. D., liv. 3, tit. 4.
(2) Roth., *de re municipali Romanorum*, p. 2.
(3) M. Migneret, *Droit municipal des Romains*, p. 150.

droits accordés ou reconnus à la cité par le droit romain :
l'existence civile, la qualité d'être, d'agir dans le droit
comme une personne : le droit de propriété, c'est-à-dire
la capacité d'acquérir, de posséder, d'aliéner; l'indépendance municipale, ou droit d'avoir une institution locale,
une administration distincte de celle de l'État; enfin le
caractère public et privilégié de cette administration.

De nombreux textes établissent la personnalité de la
cité et son caractère; nous en citerons seulement quelques-uns qui prouvent ce point essentiel et fondamental : c'est que, quand une cité acquiert, aliène, ou
s'oblige, c'est la cité, personne juridique, qui est propriétaire, créancière ou débitrice, et non pas la totalité
des habitants de la ville, chacun pour sa part indivise.

Quand une loi, nous dit Gaius (1), a constitué une
personne juridique, un collége, une société, une cité ou
toute autre association de cette nature, cet être moral
peut, comme la république elle-même, posséder des
biens, un trésor particulier, et se faire représenter par
un *actor*, toutes les fois que l'intérêt commun l'exige.
La ville peut être propriétaire, mais c'est la ville elle-
même qui aura le droit de propriété et non pas chacun
des habitants pour sa part, *universitatis sunt, non singulo-
rum, quæ in civitatibus sunt.* Gaius prend le soin de nous
le dire (2), et il en tire cette conséquence, c'est que, si
un procès criminel est intenté contre un citoyen, l'esclave de la cité pourra être mis à la torture, *quia non sit
civium servus sed reipublicæ* (3), et si l'esclave avait été la

---

(1) L. 1, § 1. D., liv. 3, tit. 4.
(2) L. 6, § 1. D., liv. 1, tit. 7.
(3) L. 1. § 7. D., liv. 48, tit. 18.

propriété de cet habitant même pour part indivise, il n'aurait pu y être soumis d'après les principes du droit pénal, *communio servus, in caput alterius ex dominis torqueri non potest* (1). Autre conséquence, c'est que l'affranchi d'une cité peut, sans la permission du préteur, appeler en justice un des habitants (2) ; cette permission, au contraire, lui sera nécessaire, si c'est avec la cité représentée par l'*actor* qu'il est en procès, *nam non est civium libertus, sed reipublicæ honorem habere debet.*

Au point de vue des obligations, nous voyons de même que c'est la cité qui est créancière ou débitrice et non chacun des habitants, ou l'ensemble des citoyens, *si quid universitati debetur, singulis non debetur : nec quod debet universitas singuli debent* (3); aussi quand l'*actor* ou *syndicus municipalis* agit en justice, il y représente la république, la ville, et non pas chacun de ses habitants (4).

Les villes étaient des personnes morales, des êtres de raison, participant aux avantages du droit commun, mais de plus elles jouissaient de certains priviléges spéciaux que n'avaient point les simples particuliers.

En principe la simple *pollicitatio* ne lie point celui qui l'a faite, cette simple promesse oblige au contraire quand c'est à une ville que l'on a promis. Encore faut-il pourtant que cette promesse ait une cause. Le promettant a été élevé à un honneur ou y aspire, par exemple; sans une cause pas de lien de droit à moins qu'il n'y ait un commencement d'exécution (5).

---

(1) Pauli *Sent.*, liv. 5, tit. 16, 6.
(2) L. 10, § 4. D., liv. 2, tit. 4.
(3) L. 7, § 1. D., liv. 3, tit. 4.
(4) L. 2. D., liv. 3, tit. 4.
(5) L. 1, § 1. D., liv. 4, tit. 12.

En droit commun, quand une somme a été prêtée et que des intérêts n'ont point été stipulés, une nouvelle stipulation doit intervenir pour qu'il en soit dû. Quand c'est une ville qui est créancière, les intérêts sont dûs quand même ils n'auraient été promis que par un simple pacte (1). Quand la ville est créancière d'une somme d'argent due en vertu d'une *pollicitatio*, les intérêts de cette somme sont dus à partir seulement de la mise en demeure du promissor (2).

Trajan et Adrien assimilèrent le détournement d'une chose appartenant à une ville à la soustraction des deniers publics; un tel détournement est un crime de péculat et non pas un simple vol (3). Papinien, il est vrai, dit précisément le contraire (4) : *ob pecuniam civitatis subtractam, actione furti, non crimine peculatûs tenetur.* Certains auteurs corrigent ce dernier texte, mais Cujas explique l'antinomie en supposant que Papinien se réfère à l'ancienne loi Julia et non à l'addition résultant de la législation impériale qui est une faveur et une dérogation aux principes.

Les biens des villes ne se prescrivent que par quarante ans.

Une ville n'a aucune hypothèque, aucun privilége analogue à celui du fisc, sur les biens de ses débiteurs, à moins qu'il ne lui ait été accordé expressément par le prince (5). Mais les villes sont préférées aux créanciers purement chirographaires de leurs débiteurs, et de plus,

---

(1) L. 30. D., liv. 22, tit. 1.
(2) L. 1, pr. D., liv. 50, tit 12.
(3) L. 4, 7. D., liv. 48, tit. 13.
(4) L. 81. D., liv. 47, tit. 2.
(5) L. 10, pr. D., liv. 50, tit. 1. La ville d'Antioche avait ce privilége.

elles ont un droit de suite sur tous les biens dont le débiteur était propriétaire, au moment où la dette a pris naissance (1). C'est à Constantin que les villes doivent cet avantage.

On fit plus encore pour les villes, on les assimila aux mineurs et on leur conféra les mêmes bénéfices; une ville blessée dans ses intérêts peut demander la restitution contre des engagements onéreux. Mais ce qui est à noter surtout, c'est le recours que la ville a contre ses administrateurs responsables vis-à-vis d'elle à raison des dommages causés par leur négligence ou leur dol.

Tels furent les principaux priviléges accordés aux villes de l'empire. Mais il ne faut point croire à une uniformité parfaite : tel droit fut concédé à cette ville et ne le fut pas à d'autres, sans que le temps qui tendit de plus en plus à uniformiser le régime municipal pût faire disparaître cette inégalité de condition. Les villes ont une existence propre, distincte de celle des habitants qui les peuplent : personnes morales, êtres de raison, elles ont la jouissance des droits; mais l'abstraction qui suffit pour leur donner cette participation ne suffit pas pour leur en donner l'exercice. Pour exercer des droits il faut agir, vouloir et penser; la personne morale par elle-même est inerte et muette. La personnalité des villes serait donc bien impuissante et bien imparfaite si elles n'avaient recours à des intermédiaires qui agissent pour elles et les représentent. Quels sont ces intermédiaires ? quels sont ces représentants? Ceci nous amène à étudier la constitution politique des cités. Dans toute ville municipale, nous trouvons trois sources différentes d'action.

---

(1) L. 2. C., liv. 2, tit. 32.

le peuple, le sénat, les magistrats qui jouent des rôles inégaux dans l'administration, le gouvernement de la cité. Le peuple est appelé à certaines fonctions, astreint à certaines charges, vote des lois dans les comices et décerne les magistratures; le sénat délibère, et ses déterminations sont considérées comme les déterminations propres de la ville; les magistrats agissent, l'examen de la composition et du rôle de ces trois corps politiques est nécessaire avant de passer à l'étude de l'administration en elle-même et des objets sur lesquels elle porte.

CHAPITRE II.

Le peuple.

§ 1. — *Composition du peuple des cités.*

Le peuple se composait de deux classes, les *municipes originarii* et les *incolæ*; les premiers étaient les citoyens proprement dits, ils tenaient à la cité par un lien d'origine, indélébile en principe; les seconds, simples habitants, tenaient à la cité par la relation qui constitue le domicile et qui change avec lui. Ces deux relations peuvent être désignées par les termes de *jus originis* et *jus incolatûs.*

I. — Jus originis.

On devient citoyen d'une ville municipale de quatre manières, par la naissance, l'affranchissement, l'adoption, l'*allectio* ou admission d'un étranger au nombre des citoyens d'une cité (1). Le *jus originis* était donc conféré non-seulement par la naissance, mais aussi par des rapports de droit qui en tenaient lieu.

1. *Nativitas.* — L'enfant né de justes noces a le même *jus originis* que son père; il naît citoyen de la ville dont son père est *municeps* (2). La condition du père est toujours considérée au moment de la conception (3). — Le fils qui n'est pas né de justes noces suit la condition de sa mère, qui est considérée au moment de la naissance seulement (4). Pourtant dans certaines villes, par un privilége spécial, l'enfant même né de justes noces suivait l'origine maternelle. Ainsi, à Delphes et en Bithynie, on s'est demandé si ce privilége s'appliquait seulement aux enfants *vulgo quæsiti?* La question semble avoir été controversée; mais Ulpien, après Celse, n'est pas de cet avis, car, dit-il, en principe, en dehors des justes noces l'enfant suit la condition de sa mère; pour que le privilége ait un sens et une portée, il faut donc qu'il s'applique aux enfants nés *ex justis nuptiis.* Ceux qui naissaient dans un *vicus* étaient citoyens de la ville dont ce village dépendait (5).

2. *Manumissio.* — Un affranchi a toujours le *jus originis* de son patron, ainsi que ses descendants (6). — Si un esclave est affranchi par plusieurs patrons, il suit l'origine de tous ses patrons. Si le patron est citoyen de deux villes différentes, l'affranchi sera citoyen de ces

---

(1) L. 1 pr. D., liv. 50, tit. 1, *ad municipalem.*
(2) L. 6, § 1. D., liv. 50, tit. 1.
(3) Ulp. Fragm., 5, 10.
(4) L. 9. D., liv. 50, tit. 1.
(5) L. 30. D., liv. 50, tit. 1.
(6) L. 6, § 3. L. 7. D., liv. 50, tit. 1.

deux villes (1). Si l'esclave était affranchi par un testament, il fallait distinguer : la liberté lui était-elle donnée directement? il avait pour patron le défunt *orcinus* et suivait sa condition; si la liberté lui était laissée indirectement par un fidéicommis, l'esclave se rattachait à la cité de celui que son ancien maître avait chargé de l'affranchir (2).

3. *Adoptio.* — Par l'adoption, l'adopté acquiert aussi le *jus originis* dans la ville du père adoptif, mais cela sans perdre celui qu'il doit à la naissance. L'adoption, dit Papinien (3) n'enlève pas l'aptitude aux honneurs et ne dispense pas des charges dans la ville où l'adopté a pris naissance; mais il se trouve en même temps astreint aux charges dans la cité de l'adoptant. Il se trouve ainsi *municeps* de deux villes, *additur non mutatur patria* (4). Cette règle de droit prévenait une fraude : on pouvait craindre qu'un habitant d'une ville se fît adopter pour suivre la condition de son père adoptif dont la cité imposerait des charges moins lourdes. Bien que la même chose ne fût point à craindre pour l'enfant né dans la famille adoptive, Antonin décida, par un rescrit, qu'il serait astreint aux charges municipales dans la ville dont son aïeul naturel est citoyen (5). Du reste, par l'émancipation, l'adopté cesse d'être citoyen de la ville de l'adoptant en cessant d'être regardé comme son fils.

4. *Allectio.* — On devenait citoyen d'une ville par

---

(1) L. 7. D., liv. 50, tit. 1.
(2) L. 17, § 8. D., liv. 50, tit. 1.
(3) L. 15, § 3. D., liv. 50, tit. 1.
(4) L. 7, C., liv. 18, tit. 18.
(5) L. 17, § 9. D., liv. 50, tit. 1.

l'*allectio*, sorte d'adoption dans laquelle l'adoptant était non plus un individu, mais la cité tout entière. On a contesté l'existence de ce quatrième mode, qui n'est signalé que par le code (1) ; on a voulu le confondre avec l'adoption. Mais pourquoi refuserait-on à une ville la faculté de conférer le *jus originis* à un étranger en récompense de ses services? Rome s'agrégeait de nouveaux citoyens par la concession individuelle du droit de cité, pourquoi la curie d'une ville municipale ne pourrait-elle concéder, elle aussi, le droit de bourgeoisie?

On ne pouvait perdre sa qualité de citoyen d'une ville ni par une erreur, ni par une allégation mensongère, *Neque recusando quis patriam, ex quâ oriundus est, neque mentiendo de ea quam non habet, veritatem mutare potest* (2). L'élévation à la dignité de sénateur romain fait perdre la qualité de citoyen, mais au point de vue des charges seulement ; le nouveau sénateur conserve son aptitude aux honneurs dans sa ville municipale (3) ; les esclaves qu'il affranchit restent attachés à la ville où il a pris naissance.

Le citoyen fait prisonnier par l'ennemi perdait le droit de cité, mais il le recouvrait à son retour par l'effet du *postliminium* (4). Un même individu pouvait être citoyen de deux villes différentes, *et si patronum habeat duarum civitatum municipem* (2) ; il était astreint aux charges simultanément dans ces deux villes, et dans toutes les deux pouvait être appelé aux honneurs, pourvu

---

(1) L. 7. C., liv. 10, tit. 39.
(2) L. 8, pr. D., liv. 50, tit. 1.
(3) L. 23. D., liv. 50, tit. 1.
(4) L. 17, § 6. D., liv. 50, tit. 1, *ad municip.*
(5) L. 27. D., liv. 50, tit. 1.

que cela ne fût pas en même temps (1). Nous avons vu que le fils adopté était ainsi *municeps* dans deux villes : dans celle de sa naissance et dans la cité de son père adoptif. L'*allectio* devait produire le même effet.

II. — Jus incolatus.

Le peuple des municipes se composait en second lieu des *incolæ*. On devient *incola* d'une ville en fixant son domicile dans ses murs ou sur son territoire. Une simple déclaration de volonté ne suffit pas pour constituer le domicile, il faut que cette volonté soit manifestée *re et facto, domicilium re et facto constitutum non nuda contestatione* (2). Le domicile bien nettement établi, c'est le lieu où une personne a fixé sa résidence et le siége principal de ses affaires et de ses intérêts, c'est le lieu qu'elle ne quitte point si rien ne l'appelle au dehors, d'où, quand elle est absente, on dit qu'elle voyage, et où, quand elle revient, on dit qu'elle est de retour (3).

On pouvait transporter son domicile d'une ville dans une autre. En principe le choix du domicile est libre (4), pourtant il était imposé par la loi dans certaines circonstances. Les sénateurs ont leur domicile à Rome, alors même qu'ils ont la liberté de se fixer où ils le jugent à propos (5). Le soldat a son domicile où il fait son ser-

---

(1) L. 17, § 4. D., liv. 50, tit. 1.
(2) L. 239, § 2. D., liv. 50, tit. 16, *de verb. signif.*
(3) L. 7. C., liv. 10, tit. 41, *de incolis.*
(4) L. 31. D., liv. 50, tit. 1, *ad municip.* — L. 1, C., liv. 10, tit. 41, *de incolis.*
(5) L. 8. C., liv. 10, tit. 41, *de incolis.* — L. 22, § 6. D., liv. 50, tit. 1.

vice (1). Celui qui est exilé est domicilié au lieu où il subit sa peine (2), sans pourtant cesser d'être astreint aux charges dans son ancien domicile. La femme mariée acquérait le même domicile que son mari, effet qui ne résultait ni des fiançailles, ni d'une union illégitime (3). Une veuve conserve le domicile de son mari. Si elle convole en secondes noces, son domicile est changé. Le fils naît citoyen de la ville où son père a pris naissance, il y a également son domicile, mais il peut en changer et avoir un domicile distinct (4). La simple résidence sur le territoire d'une ville ne suffit pas pour y établir le domicile; les étudiants et leurs parents qui les accompagnaient n'étaient réputés domiciliés dans la ville où ils faisaient leurs études qu'après un séjour de dix ans (5). La seule possession d'une maison dans une ville ne suffisait pas pour rendre *incola*; cependant certaines villes eurent le privilége de pouvoir astreindre aux *munera* des possesseurs non domiciliés (6). Un habitant appelé à remplir une charge publique ne peut pas changer de domicile avant de s'être acquitté de ses fonctions.

On peut avoir plusieurs domiciles, pourtant les jurisconsultes romains ne l'avaient point admis sans discussion. Labéon soutenait que lorsque plusieurs établissements existaient d'une importance égale, il n'y avait point de domicile. Mais Paul et Ulpien nous montrent

---

(1) L. 23, § 1. D., liv. 50, tit. 1.
(2) L. 22, § 3. D., liv. 50, tit. 1. — L. 27, § 3. D., liv. 50, tit. 1.
(3) L. 38, § 3. L. 37, § 2. L. 32. D., liv. 50, tit. 1.
(4) L. 3. L. 4. D., liv. 50, tit. 1.
(5) L. 3. L. 2. C., liv. 10, tit. 41.
(6) L. 17, § 13, 5. D., liv. 50, tit. 1.

que l'opinion contraire a prévalu (1); on peut avoir le
jus incolatus dans plusieurs villes, comme aussi on peut
n'avoir pas de domicile, ce qui arrive, dit Ulpien, lorsqu'on fait un long voyage, ou que, abandonnant son domicile, on ne s'est encore fixé nulle part.

Quand une contestation s'élève sur le point de savoir
si une personne est *municeps* ou *incola* de telle ville, c'est
le gouverneur de la province où se trouve la ville pré-
tendant exiger ses services, qui doit connaître l'affaire
et non celui de la province de la ville dans laquelle elle
prétend avoir son origine; la question doit se décider,
d'après les circonstances et l'examen des faits et non par
une simple similitude de nom (2).

Ainsi on peut être citoyen d'une ou plusieurs villes,
on peut avoir un ou plusieurs domiciles, ou n'en avoir
aucun, enfin comme le domicile n'effaçait pas l'origine
municipale, il devait arriver souvent qu'un même individu appartint à deux cités par des liens différents, qu'il
fût *municeps* dans l'une et *incola* seulement dans une
autre.

§ 2. — *Condition et rôle du peuple dans la cité.*

La différence fondamentale qui séparait les *incolæ* des
municipes, c'est qu'ils ne jouissaient pas du droit de cité
dans le municipe et n'y avaient qu'un simple domicile.
L'*incola* doit obéir aux magistrats de sa ville originaire
et de celle où il a son domicile, il est justiciable des tribunaux municipaux dans les deux villes, et dans toutes

---

(1) L. 5. L. 6, § 1, L. 27, § 2. D., liv. 50, tit. 1, *ad munic.*
(2) L. 37. L. 38, § 5. D., liv. 50, tit. 1.

deux il est astreint aux charges (1). Mais les *incolæ* ne pouvaient participer à l'administration de la ville soit dans les assemblées populaires (2), soit dans le sénat municipal, ils ne pouvaient arriver aux magistratures locales, aux *honores*. Le *jus originis* seul conférait ces droits. Aussi tous les textes relatifs aux *incolæ* ne parlent-ils que de l'obligation aux *munera*, sans mentionner jamais la participation aux *honores* (3). Les obligations communes aux *municipes* et aux *incolæ* peuvent se ramener à trois, obligation de se soumettre à une certaine juridiction locale; obligation de se soumettre à l'application d'un certain droit municipal; obligation de supporter certaines charges.

Le peuple des cités composé de ces deux éléments, les *municipes*, les *incolæ*, et dont l'ensemble constituait la personne morale, incapable de gérer par lui-même les affaires de la cité, ne restait pourtant pas étranger à cette gestion. Il y concourait de deux manières, en nommant des magistrats qui administraient la cité en son nom, en votant des lois locales. Pour l'exercice de ces droits, le peuple était divisé en curies, division politique très-ancienne à Rome et qui probablement avait été commune à l'origine à toutes les villes du Latium.

A l'origine les villes municipales avaient une grande indépendance au point de vue législatif, les villes qui

---

(1) L. 29. D., liv. 50, tit. 1,

(2) Ils avaient pourtant le droit d'élection dans une certaine mesure, et ceux du municipe latin de Malaga, par exemple, prenaient part au vote dans un district électoral déterminé par le sort. — Tables de Malaga, 53.

(3) L. 20. D., liv. 50, tit. 1. — L. 5. L. 6. C., *de incolis*. — Cic., *de officiis*, 1, 34.

avaient reçu le droit de cité n'étaient point obligées d'adopter le droit romain dans toute son étendue, et pouvaient au contraire conserver en partie leur ancien droit local, et même se donner des lois nouvelles, pourvu qu'elles ne fussent pas contraires au droit romain. Mais après la loi Julia, quand le régime municipal eut reçu une organisation à peu près uniforme, le pouvoir législatif des assemblées populaires dut y diminuer; les villes municipales durent accepter le droit romain dans son entier, et se soumettre aux lois nouvelles édictées à Rome; toutefois pour les questions d'intérêt local, pour les considérations de détail dans lesquelles les lois générales ne peuvent entrer, le peuple des cités dut conserver une certaine partie du pouvoir législatif. Du reste, ce rôle du peuple finit par passer au sénat des villes, pour parvenir définitivement aux gouverneurs des provinces. L'intervention du peuple dans l'élection des magistrats fut plus directe et plus durable. Les tables de Malaga donnent sur l'élection des magistrats par les assemblées du peuple des détails très-précieux, elles prouvent aussi que sous le règne de Domitien, le peuple des villes municipales, ou tout au moins de certaines villes, avait conservé la plénitude de ses droits électoraux.

Les comices dont la réunion était annoncée à l'avance par les duumvirs étaient toujours présidés par les plus âgés d'entre eux (1); les citoyens étaient appelés par circonscriptions électorales, nommées *curies*. Celui qui troublait l'assemblée électorale était puni de l'infamie et d'une amende (2), une action contre lui était ouverte à

----

(1) Table de Malaga, LII.

(2) Table de Malaga, LVIII. C'était une application de la loi Julia *de ambitu*, étendue aux municipes par un sénatus-consulte.

tout citoyen. On déterminait par la voie du sort la curie dans laquelle les *incolæ* devaient voter (1); puis le président invitait chacune des curies à aller voter, chacune dans l'enceinte, *conseptum*, qui lui était assignée. On procédait hiérarchiquement à l'élection des divers magistrats; d'abord à celle des duumvirs, puis à celle des édiles, puis à celle des questeurs (2). Les opérations du vote se faisaient au scrutin secret au moyen de tablettes, *tabellæ*, que l'on jetait dans une corbeille appelée *cista*. Cette urne était confiée dans chaque curie à la garde de trois personnes d'une autre curie nommées par le président, et chargées sous la foi du serment de recevoir et de dépouiller les votes. Chaque candidat pouvait aussi préposer son surveillant (3).

Après avoir vérifié le travail des scrutateurs, le président proclamait le résultat du vote pour chaque curie; puis on dressait la liste des suffrages de toutes les curies, en commençant par une curie que le sort désignait, et le président proclamait les noms des candidats définitivement élus (4); il fallait avoir obtenu les voix de la majorité absolue des curies. En cas d'égalité de voix entre plusieurs personnes de la même curie, le nombre des enfants et la qualité d'homme marié étaient une cause de préférence; à position égale, le sort décidait. C'était au président à veiller, aux approches des élections, à ce qu'il y eût autant de candidats capables que de fonctions à remplir (5). Les candidatures pouvaient se produire

---

(1) Table de Malaga, LIII.
(2) Table de Malaga, LIV.
(3) Table de Malaga, LV.
(4) *Id.*, LV, LVI, LVII.
(5) *Id.*, LI.

sous deux formes : la présentation personnelle, *professio* qui devait être faite un certain temps à l'avance et était suivie d'une publication, *proscriptio;* la présentation par le président, *nominatio;* le candidat ainsi présenté avait le droit d'en présenter un autre à sa place, qui lui-même pouvait en présenter un troisième, on publiait leurs noms (1). Cette seconde forme se développa aux dépens de l'autre, qui finit par n'être plus connue; il n'y eut plus d'autres candidats que ceux présentés par le magistrat; pour cette présentation, le président s'entendait sans doute avec les décurions, et comme, grâce à leur puissante influence sur les élections, leur candidat était ordinairement élu, ce qui n'était tout d'abord qu'une présentation devint une nomination. Le peuple abandonna les comices, et l'élection des fonctionnaires passa au sénat municipal (2). Désormais ce fut le magistrat sortant de fonctions qui dut désigner son successeur; le sénat le nommait sur sa présentation (3).

C'est en Afrique que l'assemblée du peuple semble avoir conservé le plus longtemps le privilége d'élire des magistrats (4).

Le droit d'élection fut rendu plus tard au peuple pour la nomination des *defensores* (5) et la désignation des *legati* qu'on devait envoyer à l'empereur (6). C'était aussi

---

(1) Table de Malaga, l.l.

(2) L. 63. Cod. Th., *de appellatione;* liv. 81, *de decuri.* — L. 1, § 3. C., *quando appellat.*

(3) L. 1, § 3-4. D., liv. 49, tit. 4, *quando appell.* — L. 13. C., liv. 10, tit. 31, *de decuri.*

(4) L. 1. C. Th., *quemadm. mun.*

(5) L. 8. C., liv. 1, tit. 55, *de defensorib. civitat.*

(6) L. 5. C., liv. 10, tit. 63, *de legatione.*

le peuple qui désignait les personnes qui pourraient exercer la médecine. Enfin, quand la curie a jugé néces saire l'aliénation de certains biens de la cité, le décret de la curie ne suffit pas pour la validité de l'aliénation, il faut encore que l'assemblée du peuple autorise cette vente 1.

CHAPITRE III.

De la curie.

La curie est le conseil public établi dans chaque ville pour administrer sa fortune et veiller à ses intérêts. Cet ordre, essentiellement aristocratique, composé des principaux citoyens des villes que n'attirait plus à Rome l'espoir de participer au gouvernement du monde, est l'expression la plus complète du régime municipal ; il représente cette personne morale, incapable d'action, dont nous avons constaté l'existence ; c'est donc dans ce sénat des villes qu'il faut chercher les éléments vrais de la vie municipale et en étudier les transformations aux différentes périodes. Tant que le gouvernement impérial respecta l'indépendance des villes et ne les accabla pas d'impôts, les villes furent florissantes et le décurionat fut un honneur recherché ; mais du jour où les empereurs, pour contenir en même temps le peuple, l'armée et les barbares, furent obligés de dépouiller les villes et de s'immiscer, pour cela, dans leur administration, alors la vie municipale fut mortellement frappée ; les décurions, entourés de vexations, accablés de charges qui n'étaient plus compensées par des avantages sérieux, les

----

(1) L. 3. C., de vend. reb. civil.

5

décurions furent obligés de s'enfuir dans les campagnes, et ce collége, autrefois si recherché, trouve à peine à se recruter, malgré les lois de plus en plus tracassières et rigoureuses qui enchaînèrent le décurion à la curie. — Sans suivre le sénat municipal à toutes les périodes de son histoire, nous l'étudierons à l'époque de sa plus grande prospérité sous les Antonins, et pendant la seconde période de l'empire, à l'époque de sa décadence et de sa ruine.

SECT. I. — DE LA CURIE PENDANT LA PREMIÈRE PÉRIODE DE L'EMPIRE.

A l'exemple du sénat romain, dans chaque ville il y avait un conseil appelé Curie, préposé à la chose publique, et non-seulement dans les grands centres, mais dans toute cité. On rencontre les décurions dans tout l'empire romain, aussi bien dans l'Orient que dans l'Occident, et spécialement dans les Gaules.

Quand la Gaule transalpine passa sous la domination romaine, elle se composait de districts indépendants, *civitates*, dont plusieurs comprenaient des villes importantes ; ces districts étaient gouvernés par un sénat, siégeant dans la ville capitale qui donnait son nom au district. Dans chaque *civitas*, dans chaque district, la capitale avait seule un sénat et des décurions auxquels les autres villes étaient soumises. Ce régime a pu n'être pas anéanti immédiatement après la conquête, le souvenir du nom et des limites des anciens districts a pu se conserver longtemps ; mais quand l'institution des décurions, parvenue à son entier développement, se fut étendue à tout l'empire, chaque ville dut avoir, même en Gaule, son administration municipale, sa curie, et non plus seulement la capitale de chaque district (1).

De petites communautés d'une organisation imparfaite, les *fora, conciliabula, castella,* paraissent dans la table
d'Héraclée et dans plusieurs textes, avec leurs magistrats,
leur sénat et tous les attributs d'une administration
libre. Il n'y avait pas de curie dans les villages, *vici.* La
question néanmoins est controversée; l'habitant d'un village est citoyen de la ville dont ce village dépend (2);
pourquoi, si ce village avait une curie et une administration propre, cet homme serait-il astreint aux charges
municipales dans la ville voisine et serait-il obligé d'y
aller exercer les droits conférés par le *jus originis ?* De
plus, dans la novelle XI, Théodose ordonne que pour
légitimer un enfant par l'oblation à la curie, on le présente à la curie de la ville sur le territoire de laquelle se
trouve le *vicus* où l'enfant est né (3). Pourquoi l'oblation
ne se serait-elle pas faite à la curie du *vicus* si elle eût
existé. Enfin, d'après l'art. 13 du concile de Chalcédoine,
toutes les fois qu'un *vicus* est élevé par un acte de l'empereur au rang de *civitas,* on y envoie, pour former une
administration municipale, des décurions de la ville dont
le *vicus* dépendait auparavant. Salvien, il est vrai, cite
les *vici* comme ayant une curie, des curiales (4), et
J. Godefroy (5), fort de ce texte et d'un passage de
Festus, admet l'affirmative comme certaine (6). Mais on

---

(1) M. de Savigny, *Hist. du dr. r. au moyen âge,* p. 63, t. I.
(2) L. 30. D., *ad municip.*
(3) L. 3. C., *de natural. liber.*
(4) Salv., *de gubernat. Dei.* v. 4.
(5) Paratitl., *ad cod. Theod. de decurion.*
(6) Festus, V. *vici.* — J. Godefr. cite encore la loi 13, *de deserto-*
ribus et la loi ult. *de patrociniis vicor.*

peut répondre que Festus et Salvien vivaient à une époque éloignée de celle où nous sommes placés, que leur langage peut-être n'est plus bien précis, et qu'enfin il est bien possible qu'ils aient pris pour des curiales ces délégués que les villes envoyaient dans les *vici* pour les administrer en leur nom.

§ I. — *Composition de la curie.*

Le sénat des municipes était une *universitas* (1), le nombre de ses membres est limité. La table d'Héraclée défend de nommer de nouveaux membres si ce n'est en remplacement des sénateurs morts ou exclus pour indignité. Cependant une autorisation de l'empereur permettait de dépasser le chiffre légal (2). Ce chiffre était ordinairement de cent à cent cinquante, on désignait même les sénateurs à Veies, à Pérouse et à Cœres par le titre de *centumviri.*

Les membres du sénat s'appelaient *décurions*, ou *curiales*, parce que, dit Pomponius (3), quand Rome créait des colonies, l'on prenait la dixième partie de ceux qui y étaient envoyés, et on en formait un *consilium publicum ;* d'autres trouvent l'étymologie de ces termes dans *curia*, qui lui-même viendrait de *curare* (4). Toujours est-il que la dénomination de *décurions* devint de plus en plus rare et fut remplacée par celle de *curiales.* Les décurions sont aussi désignés dans les textes sous les noms de *senatores curiæ*, surtout quand il s'agit d'une grande ville comme

---

(1) L. 7, § 2, D.
(2) Pline le jeune, liv. 10, tit. 113.
(3) L. 139, D., liv. 50, tit. 15, *de verb. signif.*
(4) Roth., § 65 et 66, n. 27.

Alexandrie, de *municipes, municipales, munifici, curiæ debiti* (1).

On ne peut guère comparer la formation ordinaire des curies à l'organisation de nos municipalités modernes, dont les membres sont ou choisis par les électeurs ou nommés par le gouvernement, mais seulement pour un certain nombre d'années, après lesquelles ils sortent du conseil ou sont réélus; les curies formaient un ordre représentant l'élément aristocratique sous le rapport de la naissance et de la richesse, une classe de personnes conservant leurs fonctions pendant toute leur vie et transmettant à leur postérité leur condition comme une noblesse héréditaire, ou comme une charge lorsque le sort de cette classe fut devenu plus onéreux que profitable (2).

Toutefois pendant toute la période de prospérité des institutions municipales, un citoyen ne devient membre de la curie que par l'élection, *cooptatio*; ce n'est que plus tard, quand les membres du sénat municipal se recrutèrent moins facilement, que le décurionat devint héréditaire.

§ II. — Conditions d'aptitude.

La table d'Héraclée et Pline le Jeune (3), établissent d'une manière certaine que les décurions ne pouvaient être choisis que parmi les citoyens qui avaient rempli une magistrature, c'était du reste le système suivi à

---

(1) J. Godef., Paratitl., *ad cod. Th. de decurion.*
(2) M. de Serrigny, *Dr. public. et administ. rom.*, t. I, p. 189.
(3) Pline le Jeune, liv. 10, lit. 83.

Rome où le censeur choisissait les sénateurs parmi les anciens magistrats, nommés par le peuple; Paul, au contraire (1), pose en principe que celui qui n'est pas décurion, ne peut aspirer aux magistratures. Ce sont donc, d'après lui, les magistrats qui se recrutent parmi les décurions, et non les décurions parmi les magistrats. On peut conclure de ces textes contraires qu'il y eut deux règles différentes, usitées successivement, quant à l'antériorité des magistratures et du décurionat; c'est à l'époque des Antonins que le changement paraît s'être opéré.

Les décurions étaient donc choisis parmi les simples municipes, mais ils devaient réunir plusieurs conditions d'aptitude, et la table d'Héraclée contient une assez longue énumération de ceux qui ne pouvaient entrer dans la curie. — La première condition d'éligibilité était une condition d'âge : l'âge de trente ans exigé par la table d'Héraclée n'est plus nécessaire à l'époque des jurisconsultes, et on voit dans les textes du Digeste des mineurs de vingt-cinq ans, des enfants même créés décurions (2). Les décurions mineurs de vingt-cinq ans touchent leur part de la *sportula;* mais ils ne peuvent, jusqu'à leur majorité, porter leurs suffrages aux assemblées de la curie (3). Les *spurii*, bien certainement, peuvent être nommés décurions, mais s'ils ont pour compétiteurs des enfants nés de justes noces, la curie doit préférer ces derniers (4). Il faut pour être éligible avoir un cens d'au moins cent mille sesterces.

---

(1) L. 7, § 2. D., liv. 50, tit. 2, *de decur.*
(2) L. 6, § 1. D., *id.*
(3) L. 6, § 1. D., liv. 51, tit. 2, *de decur.*
(4) L. 3, § 2; L. 6, pr., *id.*

Cette fortune était nécessaire au décurion pour faire face aux charges qui lui incombent et comme garantie pour la ville de sa bonne administration (1). Cette condition de fortune, toutefois, semble n'avoir été exigée qu'à partir des premiers Antonins; la table d'Héraclée ne mentionne aucune exigence de cette nature : le mérite, les aptitudes administratives, seuls, dictaient alors le choix. La curie doit toujours inspirer le respect et n'être pas accessible aux personnes viles. Les *ingenui* seuls y purent parvenir, les esclaves et même les affranchis sont incapables, à moins que l'empereur ne leur ait conféré le *jus annulorum aureorum,* ou la *natalium restitutio.* La loi *Visellia* punissait les affranchis qui forçaient l'entrée du sénat (2). Ceux qui étaient frappés d'infamie, soit par un *judicium privatum,* soit par un *judicium publicum,* en étaient écartés (3); le fait, puni par la loi Pletoria, d'avoir abusé de l'inexpérience des mineurs de vingt-cinq ans, le faux serment *in jure,* l'infidélité aux engagements civils, la faillite suivie de l'envoi en possession et de la vente en masse des biens, une accusation entachée de *calumnia* ou de *prævaricatio,* les dénonciations à prix d'argent, enfin la dégradation du militaire, étaient autant de motifs d'indignité. Certaines professions, telles que celles de crieur public, d'entrepreneur de funérailles, écartaient de la curie; ceux qui dressaient des gladiateurs et en faisaient le commerce,

---

(1) Pline, liv. 1, tit. 10. — Esse autem tibi centum millium censum satis indicat quod apud vos decuriones.

(2) L. 1 et 2. C. si serv. aut libert., liv. 10, tit. 32.

(3) Qui furti quod ipse fecit, fuerit condemnatus, pactusve est, erit, quive judicio fiduciæ, pro socio, tutelæ, mandati, injuriarum, sive dolo malo condemnatus est, erit..... Table d'Héraclée.

lan stæ, les comédiens, ne pouvaient être décurions. — Entre ces situations et la dignité de décurion, l'incompatibilité était absolue. Ceux qui enfreignaient cette interdiction étaient frappés d'une amende qui atteignait le moindre empiétement sur les honneurs dus aux décurions. C'est ainsi que la table d'Héraclée punit d'une amende les personnes incapables d'entrer au sénat, qui, aux spectacles, aux jeux publics, se présentent aux places des décurions.

A cette époque, le décurionat est donc encore un honneur recherché; mais, si on doit en écarter rigoureusement toute personne qui n'est pas honorable, les textes nous montrent que la dignité de décurion peut être conférée aux juifs (1), aux enfants des individus notés d'infamie (2), aux petits marchands, *qui utensilia negotiantur et vendunt,* qui ne sont point considérés comme personnes viles, bien qu'ils soient sous le fouet des édiles (3); aux personnes illettrées; enfin aux fils de famille, même contre la volonté de leur père; mais, dans ce cas, ils ne l'obligeaient pas (4). Les personnes qui ont plus de cinquante-cinq ans ne peuvent plus être élues qu'en cas de besoin; du reste, on doit consulter l'usage local (5). L'inscription comme décurion d'une personne qui ne remplit pas toutes les conditions voulues, n'équivaut pas à une

---

(1) L. 3, § 3. D., liv. 50, tit. 2, *de decuri.*

(2) L. 2, § 7; L. 13. D., *id.*

(3) L. 12. D., liv. 50, tit. 2, *de decuri.* Toutefois, selon Callistrate, ce n'est qu'en cas de besoin que l'on doit faire entrer ces marchands dans la curie, ils en sont exclus dans toutes les villes, *quæ coptam virorum honestorum habent.*

(4) L. 3, § 5. D., liv. 50, tit. 4, *de muneribus.*

(5) L. 11. D., liv. 50, tit. 2, *de decurionib.*

nomination, il n'y a de réellement décurions que ceux qui ont été élus selon les prescriptions de la loi (1).

§ III. — *Formes de l'élection.*

Quelle était l'autorité qui choisissait les décurions? A Rome, les censeurs désignaient les sénateurs; dirons-nous, par analogie, que dans les municipes les magistrats désignaient les décurions? — Il résulte de plusieurs lettres de Pline (2) que, dans le principe, les décurions étaient élus par les magistrats suprêmes de la ville. On y voit, en effet, des magistrats appelés *censores* choisir et exclure les sénateurs dans les villes de Bithynie. Mais s'il en fut ainsi tout d'abord, ce système ne se conserva pas; un texte de Papinien indique clairement que les décurions étaient nommés par des suffrages et que la nomination était faite par la curie sur la présentation d'un magistrat (3).

Il faut distinguer deux phases dans toute élection : la *nominatio*, présentation, et la *creatio*, admission, élection proprement dite, qui avait lieu dans le sénat. Comme la plupart des textes ne parlent que de la nomination, quelques auteurs modernes n'ont pas remarqué l'élection elle-même (4). Cependant plusieurs passages attribuent ce droit d'élection à la curie et le distinguent expressément de la nomination (5). La présentation était faite

---

(1) L. 10. D., id.
(2) Pline, liv. 10, tit. 83, 113, 115.
(3) L. 6, § 5. D., liv. 50, tit. 2.
(4) Godef., ad, liv. 1, C. *Th.* quum ad. numer., liv. 12, 5.
(5) L. 1, §§ 3, 4. D., liv. 49, tit. 4. Solent plerumque præsides remittere ad ordinem *nominatum*, ut Gaium Seium creent magistratum...

par un magistrat de l'ordre supérieur, un duumvir ou le *præses;* cette désignation ne liait pas la curie, c'était un simple conseil. Sur cette présentation, elle procédait à l'élection. — Pour que l'élection fût valable, il fallait que les deux tiers des membres de la curie prissent part à la délibération, et que l'élu obtînt la majorité des suffrages (1) ; si le candidat est repoussé, on procède à une nouvelle élection; s'il est admis, le *censor* inscrit sur une liste spéciale le nom du nouveau décurion, *creatus.* Il n'était pas nécessaire pour que l'élection fût complète et valable que le choix eût été approuvé par le gouverneur. Pourtant, plusieurs auteurs (2) pensent que la nomination du décurion, comme celle de tout fonctionnaire, doit être confirmée par le gouverneur de la province; ils se fondent sur une loi de Théodose qui dispense de la confirmation de l'*augustalis* un magistrat nommé par la curie d'Alexandrie; ils en concluent que le droit commun exige une telle confirmation, puisque l'empereur juge bon d'en dispenser dans un cas particulier (3). Roth fait remarquer qu'on ne peut argumenter de cette loi, faite pour la province d'Égypte seulement, dont l'organisation administrative différait beaucoup de celle du reste de l'empire. Puis, les fonctionnaires nommés par le gouverneur ne sont pas obligés de donner

---

magis enim consilium dedisse præses videtur, quis sit *creandus,* quam ipse constituisse... sed et si præses in ordine fuerit, ut fieri adsolet, *cum ab ordine crearetur quis,* ipse erit provocandus, quasi ab ordine, non ab ipso fiat appellatio.

(1) L. 112. C. Th., *de decur.* L. 19. D., liv. 50, *Tr. ad municip.*

(2) Cujas, loi 2. C., *de decurionibus.* — Raynouard, t. I, p. 38. — Gothof., C. Th., *quem ad munic.* — Roth., note 16, p. 77.

(3) L. 59. C., liv. 10, tit. 31, *de decurionibus.*

caution (1) ; or, nous voyons dans les textes que les duumvirs et les autres fonctionnaires élus par la curie y sont astreints (2). Enfin, le citoyen nommé décurion peut appeler de cette nomination au gouverneur de la province. Que signifieraient cet appel si le gouverneur lui-même avait dû confirmer la nomination (3) ? Le rôle du gouverneur se borne donc à donner un simple conseil à la curie en désignant un candidat par sa présentation… *magis consilium dedisse præses videtur, quis sit creandus, quam ipse constituisse.* Au reste, cette confirmation, si elle eût existé, était chose trop importante pour que les lois n'en parlassent pas ; le silence qu'elles gardent sur ce poin est encore une des preuves les plus convaincantes ; elles exigent seulement, pour quelques nominations, une notification faite au gouverneur de la province (4). Le citoyen nommé décurion par un décret de la curie doit en demander l'annulation immédiatement, ou dans le délai de deux mois s'il était absent au moment de sa nomination ; plus tard il ne serait plus admis à faire valoir ses causes d'exemption (5).

§ 4. — *Fonctions des décurions.*

La première et principale prérogative des décurions réunis en conseil public, est de rendre des décrets, de statuer sur l'administration de la cité. Solennellement

---

(1) L. 9, § 7. D., liv. 50, tit. 8, *de admi. rer. ad civil.*
(2) L. 38, § 4. D., liv. 50, tit. 1, *ad municip.*
(3) L. 2. C., liv. 10, tit. 31, *de decurionib.*
(4) L. 8. C., liv. 10, tit. 70, *de susceptoribus.*
(5) L. 13, § 3. D., liv. 50, tit. 2. — L. 1. D., liv. 49, tit. 3, *quando* appel. — L. 1. C., l. 7, 63.

convoqués par les duumvirs (1), les décurions s'assemblaient au lieu indiqué; ceux qui étaient *honorati*, c'est-
à-dire qui avaient exercé les magistratures municipales
s'asseyaient, les autres membres restaient debout et donnaient leur avis dans l'ordre d'inscription sur l'*album
curiœ* (2). La dignité et l'autorité des décurions se mesu-
raient selon le rang qu'ils y occupaient.

Dans chaque ville, c'est un magistrat appelé *censor
quinquennalis* qui est dépositaire de l'*album* sur lequel
il doit inscrire les noms des décurions. La loi municipale
particulière à chaque cité déterminait l'ordre d'inscription et le *censor* devait s'y conformer; mais à défaut de
cette loi locale, ces questions de préséance étaient réglées par un titre spécial du Digeste, *de albo scribendo*.

Sur la liste des décurions figurent d'abord les membres honoraires, ensuite les membres en exercice. Il y
avait deux sortes de membres honoraires, *patroni* (3), les
décurions que de hautes dignités conférées par le prince
dispensaient du service effectif (4), puis les personnes
d'un rang élevé étrangères à la curie, et que la cité faisait entrer dans son sénat dans l'intérêt de sa propre vanité ou dans celui du membre lui-même. Viennent ensuite les décurions en exercice, les *honorati* (5) d'abord,
suivant le rang des fonctions qu'ils ont remplies, ceux
qui ont été *duumviri* dans les villes où cette fonction est

---

(1) L. 2. C., liv. 10, tit. 31, *de decuri.*
(2) L. 2 et 4. C. Th., *de decuri.*
(3) M. de Savigny, p. 71.
(4) L. 1. D., liv. 50, tit. 3, *de albo scribendo.*
(5) Cette désignation d'*honorati* a signifié dans un sens spécial le
magistrat émérite qui avait rempli des fonctions, et dans un sens général le magistrat qui exerce encore des fonctions municipales. — C'est

la première (1), les *œdiles*, les *quæstores* par ordre de rang, et ceux du même rang par ordre d'ancienneté ; puis les décurions qui n'ont encore rempli aucune fonction publique, les *pedani*, les *prætextati*, tous classés par ordre d'ancienneté ou d'après le nombre des suffrages obtenus pour arriver à la curie ; ceux qui avaient plusieurs enfants étaient inscrits les premiers (2).

L'album de la cité de Cannusium, qui date de l'année 223 de l'ère chrétienne, confirme et explique ces règles ; c'est une inscription sur bronze conservée aujourd'hui à Florence dans la galerie des Médicis. Les *pedani* sont probablement les décurions qui n'avaient été élevés encore à aucune dignité et que certains interprètes désignent sous le nom de *senatores pedarii* ; peut-être les *judices pedanei* étaient-ils pris parmi ces *senatores pedarii* ou *pedani*. Les *prætextati* selon toutes probabilités étaient les fils des décurions qui n'avaient pas atteint l'âge fixé pour siéger dans la curie.

Celui qui est en tête de l'*album* prend souvent le nom de *princeps curiæ* ou *patronus civitatis* ; dans un grand nombre de villes, les dix premiers sénateurs en exercice sont désignés sous les noms de *decemprimi*, *summates*, *principales*. Cette distinction des premiers décurions n'était pas établie généralement, et quand elle existait le nombre de ces *principales* n'était point uniforme. Au reste, les *decemprimi* formaient une classe particulière de décurions, mais non un collège distinct, une sorte de

---

presque toujours dans ce dernier sens qu'il faut l'entendre depuis la chute de l'empire d'Occident. — Raynouard et les textes qu'il cite à l'appui de cette distinction l'établissent.

(1) L. 1. D., liv. 50, tit. 3, *de albo scrib.*

(2) L. 1 pr. D., *tt.* — L. 6, § 3-6. D., liv. 50, tit. 2, *de decurt.*

conseil supérieur. Chaque cité n'avait qu'un conseil public, la curie dont les membres avaient des rangs distincts, mais des pouvoirs égaux.

Dans la personne civile du municipe, c'était la curie qui délibérait et décrétait, laissant l'exécution de détail aux magistrats qui obéissaient à l'impulsion qu'ils avaient reçue. La curie avait l'administration de la fortune communale; par elle étaient votées les dépenses; par elle étaient décidées les mesures à prendre pour l'emploi des ressources communes, comme aussi pour la conservation des édifices (1). Les décurions fixaient le budget municipal et nommaient des commissions financières pour recevoir les comptes qui intéressaient la ville (2); eux seuls pouvaient consentir à la vente des gages remis à la caisse municipale. Ils devaient parfois acheter du blé et le vendre à juste prix aux habitants du municipe. La curie rendait des décrets sur des objets d'utilité publique, tels que l'admission dans le corps des médecins, l'autorisation de démolir un bâtiment situé dans la ville, la concession du terrain nécessaire à l'érection de certains monuments, la fixation du lieu et de l'époque des marchés; elle décernait des honneurs et des récompenses à ceux des habitants qui avaient bien mérité de leurs concitoyens. Outre cette compétence administrative, la curie eut le droit de nomination aux magistratures municipales, lorsque le peuple eut perdu ses droits électoraux ; elle se recrute elle-même par un décret et répartit les différentes charges municipales *munera* entre les habitants du municipe. Enfin, le sénat municipal pouvait

----

(1) L. 2, § 1. D., liv. 50, tit. 1, *ad munic.*; tab. de Malaga, LXII, LXIII.
(2) Table de Malaga, LVII, LVIII.

être compétent pour connaître des appels interjetés contre les amendes prononcées par les magistrats (1).

Les décrets des décurions peuvent aussi avoir pour but de veiller à des intérêts individuels et privés; ainsi, en certains cas, la curie donnait et nommait des tuteurs aux impubères (2); elle était compétente pour tenir lieu de *consilium* au maître âgé de moins de vingt ans qui voulait affranchir un de ses esclaves de manière à en faire un citoyen du municipe (3).

Les actes de la curie exigeaient, pour être valables, la présence des deux tiers au moins de ses membres et la majorité des membres présents, *quod major pars curiæ effecit, pro eo habetur ac si omnes egerint* (4).

Mais les pouvoirs de la curie n'étaient point illimités; plusieurs lois fixent ses attributions et annulent les décrets *ut ambitiosa*, quand ils sortent de la sphère où ils doivent se renfermer. Ainsi la curie ne peut pas accorder des récompenses ou des exemptions des charges municipales hors des cas prévus par la loi; elle ne peut ni créer de nouveaux impôts (5), ni fixer le prix des grains amenés dans la ville (6), ni augmenter les redevances perçues pour droit de pâturage (7), ni attenter à la liberté individuelle des citoyens. A part ces circonstances, les décrets de la curie sont exécutoires, et le gouverneur de la province ne peut point les casser arbitrairement,

---

(1) Table de Malaga, LXVI.
(2) L. 19. D., liv. 26, tit. 3, *de tut. et curat..*
(3) Tab. de Salpensa, XXVIII.
(4) L. 19. D., liv. 50, tit. 1, *ad munic.*
(5) L. 10. D., liv. 39, tit. 4, *de publicanis et vectig.*
(6) L. 3. D., liv. 48, tit. 12, *de leg. Julia, de annona.*
(7) L. 1. C., liv. 11, tit. 60, *de pascuis public. et priv.*

quand ils ne sont point contraires aux lois (1) et à l'intérêt public.

Outre leur participation au conseil public, les décurions peuvent être revêtus de certaines fonctions individuelles ; les décurions sont appelés à gérer les affaires de la ville dans la sphère du droit privé, ce qui leur impose la responsabilité de leur gestion et qui les frappe de certaines incapacités, comme de prendre à bail certains biens. La curie appelle les décurions à remplir les hautes magistratures, *honores*, dans l'ordre judiciaire ou administratif ; non-seulement ils ne sont pas exempts des charges publiques *munera*, pourvu qu'elles ne soient point *sordida*, mais il en est qui leur sont spécialement imposées. Ainsi ils peuvent être chargés du recouvrement des impôts. Cette charge même amènera la ruine des institutions municipales et de la curie qui, sous les derniers empereurs, ne sera plus qu'un des rouages les plus puissants du système fiscal. En entrant dans la curie, les décurions doivent déposer une certaine somme, *sportula*, qui forme un fonds commun, au partage duquel ils ont droit et sur lequel on prend, pour servir une sorte de pension alimentaire à ceux d'entre eux qui sont tombés dans le besoin, surtout si c'est au service de la cité qu'ils ont perdu leur patrimoine (2). Les décurions jouissaient d'autres avantages : les décurions sont nobles, ils forment une classe distincte du peuple, des plébéiens ; le témoignage d'un décurion aura plus de poids que le témoignage d'une personne ne faisant point partie de la curie ; les décurions ne peuvent être mis à la torture et

______

(1) L. 5. D., liv. 50, tit. 0, *de decretis ab ordine fac.*
(2) L. 8. D., liv. 50, tit. 2, *de decur.*

sont exempts de certains supplices vulgaires, comme les travaux des mines, le carcan, le bûcher; les enfants et les parents des décurions jouissaient des mêmes exemptions. Le gouverneur ne peut seul leur infliger de peine; il ne peut que faire emprisonner ceux qui sont prévenus de quelques crimes et en référer à l'empereur. Les décurions sont exempts des charges avilissantes, *munero sordida,* et des charges extraordinaires, telles que celles relatives au domaine privé du prince. Enfin, après avoir rempli toutes les charges municipales, un décurion passe dans la classe des honorés, *honorati,* et en prend le titre; il peut être élevé à la dignité de comte.

Pendant la première période, le décurionat est un honneur recherché et non point une charge dont on cherche à s'affranchir; on ne trouve point ces dispenses et ces exemptions que le privilége et la faveur rendirent si nombreuses dans la suite. L'âge, les infirmités, seuls, dispensent du service actif le décurion, qui demeure membre honoraire de la curie. Le décurion pouvait perdre le titre dont il n'était plus digne; tout décurion doit jouir de l'estime publique lors de sa création et durant l'exercice de ses fonctions; aussi on doit rejeter de la curie tout membre noté d'infamie, et il n'y peut jamais rentrer, à moins que l'empereur n'efface l'infamie et ses effets par une *restitutio in integrum.*

Un décurion pouvait être *relegatus ad tempus,* ou *remotus ab ordine.* Dans les deux cas, il cesse d'être membre de la curie; mais les suites de la *relegatio* et de la *remotio ab ordine* sont différentes.

Le décurion *relegatus* perd son domicile d'origine et se trouve domicilié dans la ville où il subit sa peine. Le temps de son exil fini, il n'est pas rétabli de droit dans sa place; il peut être élu de nouveau, mais son nom est inscrit au dernier rang sur l'*album*.

Le décurion éloigné pour un temps de la curie, au contraire, ne quitte point la ville où il est domicilié, et sa peine subie il rentre au sénat dans le rang qu'il y occupait tout d'abord. Si pourtant un membre nouveau avait été nommé à sa place et que la curie fût au complet, il devrait attendre qu'il y eût une vacance (1).

SECT. II. — DÉCADENCE DES INSTITUTIONS MUNICIPALES

Sous les premiers empereurs, la liberté, chassée de Rome, avait trouvé un refuge dans les villes de l'empire et dans le jeu des institutions municipales. — La puissante centralisation politique des empereurs avait su respecter la vie administrative et la liberté d'initiative des provinces. Le trésor de Rome suffisait à leurs besoins, ils ne demandaient aux villes que le respect de leur autorité; mais du jour où, affaibli par les vices de sa constitution, l'empire eut besoin de ressources nouvelles pour faire face à des exigences, à des dangers nouveaux, il dut agir plus directement sur l'administration des cités pour en tirer tout l'or qu'elles pourraient donner; par cette action plus directe, les empereurs firent disparaître cette indépendance municipale qui gênait leurs projets et atteignirent la fortune des villes comme celle des particuliers.

C'est à partir de la fin du règne des Antonins que le

____

(1) L. 2, § 1. D., liv. 50, tit. 2, *de decur.*

déclin des institutions municipales se fait sentir ; les impôts sont augmentés, et l'on commence à rechercher beaucoup moins la dignité du décurionat, dont les charges sont devenues plus grandes : le choix des décurions est moins difficile, les conditions d'aptitude moins nombreuses, et ce corps d'élite se trouve avili par l'admission de personnes indignes, en même temps que diminue son importance administrative. — Les empereurs avaient trouvé dans toutes les villes un collége fortement constitué, ils s'en servirent pour assurer la perception des impôts, qui devint la principale attribution des membres de la curie, en absorbant peu à peu toutes les autres.

Dès Papinien, le *munus exigendi tributi* était confié aux décurions (1). Le soin de percevoir les impôts était un *munus*, mais *inter sordida munera non habetur*, et par conséquent il pouvait être imposé aux décurions. Ulpien le range parmi les charges patrimoniales (2). — Non-seulement les décurions étaient percepteurs des impôts publics, ils étaient encore responsables individuellement de cette perception. La curie tout entière paraît même avoir été frappée d'une sorte de solidarité. — Les sommes non payées étaient versées par elle, quand les *susceptores* ne pouvaient les acquitter. La tendance à généraliser cette solidarité était telle, que Julien fut obligé de faire une constitution pour empêcher qu'un décurion récemment nommé ne fût poursuivi pour l'ac-

---

(1) L. 37, § 7. D., liv. 50, tit. 1, *ad munic.*
(2) L. 3, § 11. D., liv. 50, tit. 3, *ad munic.*

quittement de la dette des *susceptores* élus avant son entrée dans la curie (1).

Les décurions administrent encore la ville, mais à leurs risques et périls; les villes ont été dépouillées de leurs richesses par les empereurs, leurs revenus ne suffisent plus pour subvenir aux charges locales qui ont augmenté; afin de pourvoir à cette insuffisance, les décurions sont obligés de faire des sacrifices personnels; leurs biens propres suppléaient à l'insolvabilité des contribuables envers l'État, comme à l'insuffisance des revenus communaux.

A mesure que les charges des décurions augmentent, leur nombre diminue. Dès que la condition de décurion fut onéreuse, il y eut profit et tendance à en sortir; la dispense des fonctions de décurion devient un privilége et les cas d'exemption se multiplient. Au premier rang des privilégiés se placent les militaires et les vétérans, l'armée tout entière, depuis le dernier *cohortalis* jusqu'au *magister equitum peditumve* (2); le corps entier du clergé, depuis le simple clerc jusqu'à l'archevêque (3); enfin tous les sénateurs, dont le nombre était illimité, tous ceux qui avaient occupé les principales magistratures de l'empire, ou reçu du prince seulement le titre honoraire de ces magistratures, tous ces clarissimes qui avaient droit dans l'occasion de siéger au sénat, étaient exempts des fonctions et des charges municipales.

L'effet immédiat de ces priviléges et de ces exemp-

---

(1) L. 23. C., *de decurt.*
(2) L. 2. C. Th., liv. 6, tit. 22. — L. 12. C., *de decur.*
(3) L. 9. C. Th., liv. 16, tit. 2.

tions fut de rendre plus écrasantes les charges des décurions. Aussi la curie se recrute-t-elle avec beaucoup de peine ; les décurions cherchent, par tous les moyens, à sortir d'un ordre qui leur impose des obligations trop lourdes, et comme il fallait cependant qu'il en restât assez pour porter le fardeau imposé aux sénats des villes, tous les efforts de la législation se portent sur ces trois objets : recruter des décurions, conserver à la curie la fortune de ceux qui y sont entrés, retenir les décurions dans la curie.

I. — L'élection par le sénat, *cooptatio* qui sous la première période était le mode ordinaire pour entrer dans la curie, devient un ressort accessoire, le principe d'hérédité se développe et prévaut. On est décurion ou par la naissance ou par l'élection. Les premiers étaient appelés *originales* ou *origine curiales,* les seconds, *nominati ad curiam* (1). Ceux dont le père ou l'aïeul est décurion (2) deviennent eux-mêmes membres de la curie, sans qu'ils puissent s'affranchir de ce lien. Dès leur naissance, ils appartiennent à la curie, *curiæ debiti, adstricti* (3), et cette espèce de *nexus* ne pouvait être rompue ni par le choix d'une autre profession, ni par l'abandon des biens (4). Le fils même adoptif était attaché à la curie ; il n'y avait d'exception que pour les fils de ceux qui s'étaient portés spontanément décurions. Car on s'empressait d'admettre les municipes qui venaient s'assujettir d'eux-mêmes aux

---

(1) J. Goth. Cod. Th. Paratit., *de decuri.*
(2) L. 1, § 1. D., liv. 50, tit. 2, *de decuri.* — L. 21, § 6. D., *ad munic.*
(3) L. 27. C., liv. 10, tit. 30, *de decuri.*
(4) L. 1. C., liv. 10, tit. 31, *de decuri.*

charges ruineuses de la curie, et les empereurs concé-
daient des priviléges à ceux qui volontairement s'y consacraient. — Ils auront le titre de décurions et le trans-
mettront à leurs descendants; mais ni leurs biens, ni le
patrimoine de leurs descendants, ne seront engagés (1).
Justinien décide même que leurs enfants nés ou à naître
ne seront point obligés de suivre la même condition. —
Les enfants suivaient la condition du père en principe;
ils n'étaient point liés à la curie par les seuls liens du
sang maternel : la curie d'Antioche pourtant, par une
faveur spéciale, revendiquait comme membre le citoyen
né d'une mère, fille de décurion, et d'un père non décurion (2).

Sous le règne de Théodose le Jeune et de Valentinien III, on trouve un nouveau mode d'agrégation à la
curie, l'*oblation à la curie*. Les princes, pour augmenter
le nombre des décurions, décident que les enfants nés
hors mariage deviendront légitimes s'ils sont inscrits sur
l'*album curiæ*. — Ils accordent le bienfait de la légiti-
mation à la fille *vulgo concepta* qui aura épousé un
décurion. — Bientôt même la seule institution d'héritier, la seule donation testamentaire au profit d'un enfant
naturel, furent considérées comme entraînant légitima-
tion, c'est-à-dire asservissement à la curie. Il était défendu à l'enfant naturel de renoncer aux donations, de
répudier les successions à lui laissées (3).

Quand l'hérédité et ces différents modes ne suffisent

(1) L. 3. C., *de his. qui sponte*, liv. 10, tit. 53.
(2) J. Goth. Paratoll., ad Cod. Th., *de decur.*
(3) L. 4. C., *de natur. lib.*

pas encore pour remplir les rangs désertés du sénat municipal on a recours à l'élection. Les conditions d'aptitude sont bien différentes de ce qu'elles étaient pendant la période précédente; il fallait des décurions riches pour être percepteurs responsables des impôts, aussi la cause déterminante du choix c'est la fortune : il faut au moins être propriétaire de 25 *jugera* pour pouvoir être décurion. Les esclaves, les affranchis qui n'ont pas reçu de l'empereur le *jus aureorum annulorum*, les personnes notées d'infamie, sont toujours exclus de l'ordre des curiales, et pourtant les empereurs en vinrent à faire de l'entrée dans la curie une peine, tout en défendant hautement aux juges d'y envoyer les coupables en châtiment de leurs crimes. C'est ainsi que Valentinien, Théodose, y envoient les fils des vétérans qui ont déserté (1), les enfants nés d'un esclave et d'une ingénue appartenant à l'ordre curial, — les clercs que les évêques ont jugé indignes du sacerdoce, ou qui ont renié leur foi (2). Justinien décide que les diacres ou les prêtres excommuniés, s'ils ont quelque bien, devront entrer dans le sénat de la ville où ils ont été consacrés (3). Au moins doit-on admettre, avec beaucoup d'auteurs, que tous ces hommes indignes qui avilissaient la curie, n'étaient pas admis aux honneurs.

II. — L'impôt connu sous le nom d'*aurum coronarium*, et qui consistait en une somme à payer au prince à l'occasion de certains événements solennels, pesait sur

---

(1) L. 83. C. Th., de decuri.
(2) L. 39. C. Th., de episcopis.
(3) L. 34, § 3. C., de episcop. audi.

les curiales seuls; ils administraient les affaires du municipe à leurs risques et périls; ils percevaient les impôts publics sous la responsabilité de leurs propres biens, en cas de non recouvrement; aussi mille entraves assuraient la conservation de ces biens qui servaient de garanties. — Les curiales perdent la libre disposition de leurs biens, ils ne peuvent aliéner leurs immeubles sans une autorisation du gouverneur de la province, qui ne l'accorde que si on justifie d'une impérieuse nécessité dont il est juge. — Mais la vente seule est prohibée; les autres aliénations par donation, échange, restent permises, parce que dans l'échange il n'y a que remplacement d'un gage par un autre pour la curie, et que la donation n'est pas à craindre dans l'état misérable auquel sont réduits les décurions. Si pourtant une donation est faite, le bien donné reste grevé au profit de la curie d'un impôt appelé *denarismus*. — Plus tard, dans ses *Novelles*, Justinien prohiba toute donation de la part des décurions, même celles à cause de mort, ne tolérant que les donations *propter nuptias* (1).

Le droit de disposer par testament était également entravé. Le décurion doit conserver un quart de ses biens à la curie, à moins qu'il ne laisse un fils curiale, ou qu'il n'institue un étranger décurion. Si le défunt laisse une fille mariée à un membre de la curie, celle-ci n'aura rien non plus à réclamer. Justinien va plus loin et assure, dans tous les cas, à la curie un quart des biens du membre décédé : c'était une sorte de réserve constituée au profit du sénat municipal (2). Plus tard encore, cette

---

(1) Novell., 38 et 87.
(2) L. 1 et 2. C., *quando et quib. quart.*

réserve fut portée aux trois quarts, pour le cas où le curiale viendrait à mourir sans enfants légitimes ou légitimés par oblation à la curie (1). Enfin, lorsqu'un décurion meurt sans laisser d'héritier, la curie est appelée *ab intestat* à sa succession.

Il était défendu aux curiales de se charger des affaires d'autrui comme mandataires ou tabellions (2), d'exploiter ou d'affermer les *prædia publica* et les *vectigalia,* soit par eux-mêmes, soit par personnes interposées; de prendre à bail une terre quelconque et de se porter caution d'aucun fermier.

III. — On comprend qu'écrasés par de telles charges, persécutés par de telles entraves, les curiales durent chercher par tous les moyens possibles à sortir de la curie; de là cette longue série de lois qui constituent chaque sénat en une prison dans laquelle les décurions sont héréditairement enfermés, qui les poursuivent à la campagne, à l'armée, partout où ils tentent de se réfugier, pour les rendre à ces obligations qu'ils veulent fuir. — Le service militaire exempte du service de la curie; mais si celui qui est *subjectus curiæ* embrasse la carrière des armes, qu'il soit rappelé. Les fonctions les plus élevées, dispensent du décurionat, mais on ne peut y parvenir qu'après avoir parcouru pas à pas la série des charges municipales. Le clergé peut vaquer en paix à son ministère, mais le décurion ne peut se faire recevoir dans les ordres, que s'il abandonne ses biens à la curie, ou s'il les laisse à quelqu'un qui prendra sa place à son

____

(1) Novell., 38.
(2) L. 15, 31. C., liv. 10, tit. 31, *de decuri.*

départ; plus tard même cette faculté lui fut enlevée. —
Ceux qui contrevenaient à ces prohibitions étaient re-
cherchés dans l'armée, dans le clergé et dans les fonctions publiques, où ils s'étaient introduits turtivement, et
ramenés dans la curie (1). Quand on ne pouvait les saisir, leurs biens étaient confisqués au profit du sénat (2).
Il est défendu au curiale de quitter sa ville, soit pour
ses affaires, soit pour les affaires publiques, fût-ce
même pour se rendre auprès du prince, sans un congé
régulièrement obtenu, *commeatus*.

Les faveurs, les honneurs par lesquels les empereurs
cherchèrent à agir sur l'égoïsme et la vanité des décurions; les avantages, les priviléges même qu'ils leur conféraient étaient de tristes compensations offertes à une
persécution de chaque jour contre leur personne et contre leurs biens. Beaucoup de curiales se retiraient au
fond des campagnes, et, perdant en même temps leur
fortune et la liberté, trouvaient au moins le repos en se
plaçant sous la protection des *potentes*. D'autres demeu-
raient à leur poste et, subissant leur sort, conservaient
la pâle image du conseil public de la ville. — Quelle
pouvait être en effet l'influence de la curie au milieu
de la ruine des institutions municipales? Quels intérêts restaient-ils aux décurions à administrer? — Les
empereurs se sont emparé de la fortune des villes;
les gouverneurs empiètent de plus en plus sur les
attributions des administrations locales, abusant et
détournant de son but la tutelle administrative qu'ils
avaient eue jusqu'alors. Une centralisation excessive se

(1) L. 1. D., de decur.
(2) L. 2. C. Th., si curial. id. caet.

substitue au régime libre et vivifiant des villes municipales, sous la première période ; le pouvoir central
a absorbé les principes de vie disséminés dans tout
l'empire ; les institutions locales végétèrent pendant la
période obscure qui suit Justinien, et auraient disparu
complétement sans une transformation importante qui se
fit dans tout l'empire, devenu chrétien. La paroisse et
les intérêts de la paroisse remplacent la commune ; les
évêques, la plupart du temps défenseurs des cités, sou-
tiennent leurs intérêts, et, tout en concentrant entre leurs
mains les pouvoirs municipaux, conservent vis-à-vis du
pouvoir central aux villes un reste d'indépendance ; ils
surveillent les fonctionnaires et en appellent à l'empereur
des abus qu'ils peuvent commettre. Quand ils ne sont pas
eux-mêmes défenseurs de la cité, ils président à la nomination de ce magistrat, ils choisissent les *curatores reipublicæ* et veillent à ce que les biens de la ville soient bien
administrés. — Sous les derniers empereurs, c'est dans la
constitution de l'Église chrétienne qu'il faut chercher les
derniers vestiges des libertés locales. Dans la nomination
des évêques, le peuple retrouve l'exercice de droits électoraux depuis longtemps perdus. Pendant l'invasion des
barbares, l'Église, conservatrice de tout ce qu'il y avait
de bon dans la civilisation romaine, conserva aussi le
souvenir et les débris rajeunis des institutions municipales, et c'est de la paroisse que renaîtra au xe siècle la
vie municipale.

CHAPITRE IV.

Des fonctionnaires.

Une assemblée ne peut administrer, à côté de la curie qui délibère, il faut des magistrats qui agissent. Tous nommés par les assemblées du peuple sous la république, par la curie sous l'empire, quand le peuple eut perdu ses droits électoraux, ils sont élus pour un temps très-court, et leur propre fortune répond de leur administration.

Il y avait deux sortes d'offices municipaux; les premiers, appelés *honores*, qui conféraient certains honneurs et une certaine juridiction; les seconds, *munera*, simples emplois publics sans juridiction et sans dignité particulière.

SECTION I. — HONORES

L'honneur municipal est l'administration de la chose publique, conférant un titre honorifique, et pouvant astreindre à certaines dépenses. *Honor municipalis est administratio reipublicæ cum dignitatis gradu, sive cum sumptu, sive sine erogatione contingens.*—Outre le décurionat, il faut ranger parmi les *honores* les fonctions de *quinquennalis, duumvir, ædilis, curator reipublicæ* et *defensor civitatis.*

§ 1. — *Conditions d'aptitude.*

Lorsqu'il s'agit de déférer les honneurs municipaux

à quelqu'un, il faut d'abord examiner si cette personne réunit toutes les conditions d'aptitude exigées, il faut prendre en considération son origine, son extraction; voir si elle a les facultés nécessaires pour remplir la charge qui lui est confiée; mais, avant tout, il faut consulter les lois locales (1). Les membres de la curie seuls pouvaient aspirer aux honneurs; tous ceux qui en étaient écartés, les infâmes, les esclaves, les affranchis, étaient par là même incapables de participer aux honneurs. Le candidat devait avoir atteint sa vingt-cinquième année; les impubères, quand même il y aurait pénurie de sujets, ne devaient pas être admis aux honneurs (2). On choisissait surtout des citoyens riches, parce que les honneurs entraînaient de grandes dépenses, et aussi parce qu'ils offraient plus de garantie dans le cas où ils compromettraient la fortune publique par leur mauvaise administration. On s'élevait graduellement dans l'échelle des honneurs, on ne peut être appelé aux premiers que si l'on a passé par les plus petits; les honneurs n'étaient jamais continués, à moins que l'on ne trouvât personne capable de les remplir (3). — On ne pouvait gérer dans le même temps le même *honor* dans deux cités, et on] ne pouvait exercer les mêmes honneurs dans une ville qu'après cinq ans, à dater de l'expiration des premiers (4). Une accusation capitale ne permettait pas d'obtenir des fonctions nouvelles, mais ne faisait pas perdre celles dont on était en possession (5).

---

(1) L. 14, § 3. D., liv. 50, tit. 4.
(2) L. 2, § 1. D., liv. 50, tit. 6.
(3) L. 11, § 5. D., liv. 50, tit. 4.
(4) L. 2. C., liv. 10, tit. 3, *de muncrib. et hon.*
(5) L. 17, § 12. D., liv. 50, tit. 1, *ad munic.*

Les débiteurs de la cité, tant qu'ils n'ont pas payé leurs dettes, sont incapables; il en est de même des sourds et muets, des vétérans, des négociants en blé, des professeurs d'arts libéraux, des compagnons des proconsuls(1). Il y avait en outre des immunités accordées par des lois locales, mais ces exemptions fléchissaient lorsqu'on manquait de citoyens aptes à exercer les fonctions publiques.

§ 2. — *Mode de nomination.*

Tout d'abord, c'étaient les assemblées populaires qui nommaient les magistrats; le candidat se présentait lui-même *professio*, ou était présenté par le président des comices, *prescriptio;* le candidat élu sur cette présentation était proclamé *renuntiatio* (2). Ce mode de nomination persista dans certaines villes d'Afrique; mais dans le reste de l'empire le peuple a perdu ses droits électoraux, et c'est la curie qui nomme les magistrats. On distingue deux phases dans toute élection, la *nominatio* présentation, et la *creatio* élection proprement dite.

La présentation, en principe, devait être faite par le magistrat sortant de charge; mais comme il demeurait responsable de l'administration de celui qu'il avait ainsi présenté, le *nominator* renonçait souvent à ce dangereux privilége; le soin de cette présentation incombait alors

---

(1) L. 7, § 1. D., *de decur.* — L. 2, C., *de his qui non impletis.* — L. 9. D., *de vacat.* — L. 6, § 8. D., *de excusat.* — L. 12, § 1. D., *de vacat.*

(2) Table de Málaga. LI.

au gouverneur de la province, qui ne négligeait point cette occasion de s'immiscer dans les affaires municipales et de faire peser son influence dans l'élection des magistrats.

Les élections devaient être faites trois mois au moins avant que le magistrat en exercice ne quittât ses fonctions. Ce délai était nécessaire pour que l'on pût remplacer en temps utile le candidat élu, s'il parvenait à faire admettre ses causes d'excuse : sa nomination devant lui être notifiée par un officier public, pour qu'il eût à les faire valoir (1). On ne pouvait se racheter par de l'argent d'un honneur déféré (2), mais on pouvait demander que l'*honor* fût déféré de préférence à telle personne que l'on désignait, *nominare potiorem* (3). — Si le citoyen élu refusait de remplir ses fonctions et disparaissait de la cité, ses biens étaient attribués à celui que l'on nommait à sa place, et quand il reparaissait, il était contraint d'exercer cette magistrature pendant un temps double de celui qui était ordinairement prescrit (4).

I. — Quinquennalis ou curator reipublicæ.

L'*album* de la cité de Canusium nous donne l'ordre hiérarchique des différentes magistratures municipales qui étaient annales (5). Le premier fonctionnaire municipal est le *quinquennalis, censor* ou *curator reipublicæ,* expressions synonymes désignant un même emploi, dont

---

(1) L. 1. Cod., *de mag. munic.* — L. 2. C., liv. 10, tit. 3, *de decur.*
(2) L. 10, § 2 D., *de muner.*
(3) L. 1. C., *de pot. muner.*
(4) L. 18. C., *de decur.* — L. 16. D., *de munerib.*
(5) Table de Malaga, LII.

le nom change suivant les temps et les localités; ainsi on trouve le *censor* dans les villes d'Italie et plus souvent dans les provinces; le nom de *curator reipublicæ* est le plus usité des trois. — La charge de *quinquennalis* répond à la censure à Rome, en y ajoutant peut-être quelques-unes des fonctions du questeur (1). Dans les constitutions comme dans l'*album* de Canusium, il est nommé avant les duumvirs. Pour être *curator*, il faut avoir passé par tous les emplois, ce qui est le caractère de la magistrature suprême. Certains textes lui donnent le nom de *pater civitatis*, et les empereurs qui veulent récompenser les services rendus accordent comme une grande faveur le droit d'arriver à cet honneur.

D'autres auteurs (2) combattent le système de M. de Savigny; ils prétendent que les *quinquennales* n'étaient que des duumvirs qui prenaient le nom de *quinquennales* dans certaines villes où leur magistrature durait cinq années au lieu d'une, suivant l'usage. — M. de Savigny répond que le *quinquennalis* était distinct du duumvir consulaire. En effet, plusieurs inscriptions prouvent que les titres de *duumvir* et de *quinquennalis* pouvaient être donnés à la même personne comme qualifications bien différentes. L'*album* de Canusium distingue dans son énumération les *duumvirs* des *quinquennales*. Le *quinquennalis* était précisément la même chose que le censeur à Rome; dans d'autres municipes, il s'appelait *censor* ou *curator*, et, dans certains textes, l'autorité du *quinquennalis* est expressément appelée censoriale; dans aucun texte, au contraire, on ne trouve un *curator*

---

(1) L. 3. C. Th., liv. 9, tit. 2, *de exhib. reis.*
(2) J. Gothof., ad. L. 16. C. Th., *de decur.* — Roth., p. 90.

nommé à côté d'un *quinquennalis*, parce que c'était une seule et même fonction (1).

D'après un troisième système, le titre de *quinquennalis* devait s'entendre d'une dignité accidentelle qui venait se joindre tous les cinq ans à celle des duumvirs alors en exercice, et ajouter à leurs fonctions celles qui caractérisent l'autorité censoriale. C'est ainsi que l'on explique les textes qui donnent les qualifications de *duumvir* et de *quinquennalis* à une même personne ; puis, dans la table d'Héraclée, le cens n'est pas attribué à des magistrats spéciaux, mais aux duumvirs.

L'institution du *curator* semble n'avoir fait son apparition que vers l'époque de Septime-Sévère. Papinien énumère quelques unes de ses attributions, et Ulpien fit un traité spécial sur le même sujet, plusieurs rubriques du Digeste l'attestent. La nomination du *curator* appartenait à la curie, comme celle de tous les autres fonctionnaires ; des auteurs prétendent qu'elle appartenait à l'empereur, en tous cas, ce ne serait que dans le principe.

Outre ses fonctions censoriales et le soin de l'*album*, si on admet le système de M. de Savigny, le *curator rei-publicæ* était chargé des intérêts privés de la cité, et surtout de la gestion de ses biens ; c'est lui qui est chargé d'affermer les biens de la ville (2), en général à longs termes, moyennant une redevance fixe appelée *canon*, *vectigal*. Il est chargé de réclamer l'exécution des legs faits à la cité ; il doit poursuivre le remboursement des

---

(1) M. de Savigny, *Hist. du dr. r.*, p. 58.
(2) L. 3, § 1. D., liv. 50, tit. 8, *de administ.*

créances municipales (1) et revendiquer les biens illégalement possédés; il prête les deniers de la cité en
choisissant des emprunteurs solvables et en prenant des
sûretés suffisantes (2). Le *curator* peut contracter dans
l'intérêt de la ville, il prend de l'argent en *mutuum* et
peut donner des gages comme garanties de l'emprunt
qu'il fait (3); il avait l'inspection des édifices et des travaux publics; il traite avec les entrepreneurs et les ouvriers, reçoit leurs travaux et discute leurs comptes; il
doit même pourvoir à l'entretien des édifices publics et
veiller à ce que le mauvais état des maisons particulières
ne soit un danger pour la vie des citoyens. Le *curator*
enfin est le véritable administrateur de la fortune de la
cité sous le contrôle de la curie, à laquelle il présente
des comptes. Le *curator* n'exerçait d'ailleurs ni l'*imperium*, ni le droit de juridiction, à tel point qu'il ne pouvait infliger aucune amende (4).

II. — Des Duumvirs.

Les duumvirs avaient dans les municipes une importance analogue à celle des consuls à Rome. Nommés
comme eux pour un an, comme eux ils présidaient les
assemblées du peuple et du sénat; leurs fonctions, très-
étendues, pénétraient dans la sphère judiciaire et dans la
sphère administrative; comme à Rome, ils étaient deux
et de pouvoir égal. Beaucoup de textes parlent de *qua-*

---

(1) L. 33. D., liv. 22, tit. 8, *de usuris et fructib.*
(2) L. 33, § 1. D., liv. 22, tit. 1.
(3) L. 11. D., liv. 20, tit. 1.
(4) L. 3, § 1. C., *de modo mult.*

tuorviri au lieu de *duumviri;* mais il ne faut pas en conclure que le nombre de ces magistrats pouvait différer, il n'y avait jamais que deux *duumvirs;* mais, par la dénomination de *quatuorviri,* il faut entendre l'ensemble des quatre principaux magistrats de la cité, les duumvirs et les deux édiles, fonctionnaires d'un ordre moins élevé. — L'édilité fut détachée du duumvirat comme du consulat; mais à Rome les attributions des consuls eurent à subir d'autres démembrements qui n'atteignirent point les duumvirs. — A Rome, la juridiction passe aux préteurs; dans les villes, il n'y a pas de magistrature spéciale répondant à la préture, et le nom de *duumviri juri dicundo* établit suffisamment l'existence de la juridiction de ces derniers. Roth prétend que cette juridiction était presque nulle au temps de la république, et que son importance date du règne des empereurs; il cite à l'appui de son opinion des passages de Juvénal et de Perse, qui parlent avec mépris de cette juridiction. Mais ces passages se rapportent aux édiles chargés de la police et non aux duumvirs; et d'ailleurs ces poëtes pouvaient bien trouver les duumvirs ridicules en les comparant aux magistrats de Rome.

L'opinion de Roth est peu en harmonie avec la marche générale des institutions municipales; sous la république, Rome n'était guère que la capitale d'une fédération de toutes les villes d'Italie; elle attirait les peuples sous sa domination par des faveurs, par des ménagements de toute nature; elle dut leur conserver, on le comprend, leur juridiction locale presque illimitée; mais, quand Rome eut étendu son empire, son action dut être plus directe, la juridiction des duumvirs fut circonscrite dans des bornes plus étroites. L'influence des duumvirs diminua sous les empereurs au lieu de s'accroître, et l'étendue

de leur juridiction fut restreinte à mesure que décli-
naient les institutions municipales ; comment les duumvirs auraient-ils gagné en honneur et en puissance,
quand le sénat, auquel ils appartenaient, tombait dans
la déconsidération et le mépris ? D'ailleurs si on refuse,
avec Roth, aux duumvirs l'administration de la justice,
à qui appartenait-elle ? Au préteur urbain ? mais comment
admettre qu'il ait pu suffire à la direction de tous les
procès de Rome et de l'Italie ; — à un légat du préteur
envoyé dans les villes d'Italie ? mais ces lieutenants n'ont
existé que depuis Adrien, à une époque où la centralisation fait perdre aux magistratures municipales leur ancien prestige, à une époque où le régime de l'Italie s'a-
baisse à celui des provinces.

Les villes des provinces avaient un conseil public, une
curie, mais pas de magistrats analogues aux duumvirs ; le
premier membre de la curie, *principalis,* administrait les
intérêts et la fortune de la cité, mais il n'avait pas de juridiction. L'administration régulière de la justice dans les
provinces appartenait aux lieutenants de l'empereur, qui
l'exerçaient tantôt par eux-mêmes, tantôt par leurs lé-
gats. Les villes privilégiées, qui avaient le *jus italicum,*
n'étaient point soumises à ce régime ; elles avaient des
magistratures locales, des duumvirs ; mais, sans doute,
l'appel de leurs jugements fut porté de bonne heure devant le lieutenant impérial. C'est cette juridiction limitée
qui s'introduisit dans la vieille Italie ; cette transformation se fit quand la Gaule cisalpine cessa d'être une province et que son territoire fut réuni à l'Italie. On crut
dangereux de précipiter ce changement ; on accorda aux
cités le droit de juridiction, mais réduit à une somme
déterminée, au delà de laquelle les affaires étaient portées devant le préteur de Rome. La *Lex Galliæ cisalpinæ*

devint le droit commun de toute l'Italie. Ainsi les décisions des duumvirs n'eurent d'abord d'autre contrôle que le droit d'*intercessio* donné aux magistrats sur les actes les uns des autres. Plus tard, la théorie de l'appel se précisa, et la juridiction des duumvirs, statuant en premier ressort, prit place au dernier rang dans la hiérarchie judiciaire de l'empire.

Attributions des duumvirs.

I. — D'après la *lex Galliæ cisalpinæ*, les magistrats locaux avaient, en matière civile contentieuse, le droit de nommer un *judex* et de délivrer la formule, ce qui constituait la *jurisdictio* proprement dite.

Dans certaines affaires, leur juridiction est illimitée; dans d'autres, le prêt d'argent, par exemple, ils cessent d'être compétents si l'intérêt engagé excède quinze mille sesterces. Les duumvirs peuvent *remittere operis novi nuntiationem;* en cas de *damnum infectum,* ils ont le pouvoir de faire fournir caution, et ils délivrent une action *in factum* en réparation de dommages, lorsque le demandeur envoyé en possession de la maison qui menace ruine est repoussé par le défendeur. Ils pourront aussi organiser un *judicium familiæ erciscundæ.* Pour l'exécution, quand il s'agit d'un prêt d'argent qui n'excède pas quinze mille sesterces, si le jugement a été rendu, ou si le débiteur refuse de comparaître, ou s'il reconnaît la dette en présence du magistrat, ce dernier peut adjuger le débiteur à son créancier. Dans tout autre genre d'affaires de sa compétence, en cas d'aveu, ou de non-comparution du défendeur, le duumvir peut ordonner l'exécution sur les biens. Ainsi, d'après la *lex Galliæ cisalpinæ*, les duumvirs avaient, comme conséquence de leur juridiction, une portion de l'*imperium,* mais ce n'était que l'*imperium mixtum.*

D'après le *Digeste,* aux temps de la jurisprudence classique, les duumvirs ont bien aussi une certaine juridiction; ils peuvent constituer un *judex* qui applique le droit sous leur autorité; leur juridiction est aussi limitée à un certain chiffre que l'on ne peut préciser, mais les parties, d'un commun accord, peuvent la proroger. Les lois du *Digeste* refusent aux magistrats municipaux l'*imperium;* la *restitutio in integrum,* l'envoi en possession pour la conservation d'une dot ou la sûreté d'un legs excèdent leur pouvoir (1). Du reste, le lieutenant impérial peut leur déléguer certains pouvoirs en cas d'urgence.

Ainsi, la différence entre la *lex Galliæ* et les textes du *Digeste* nous fait voir l'étendue des attributions des duumvirs restreinte de plus en plus à mesure que l'on s'avance dans l'histoire des villes municipales. Dans la Gaule, le duumvir a *l'imperium* et le tribunal; d'après le *Digeste,* le lieutenant impérial a absorbé une partie des attributions; *l'imperium* a passé au *præses provinciæ* avec toutes ses conséquences juridiques.

II. — La juridiction criminelle des duumvirs était très-restreinte, car ils n'avaient pas l'*imperium merum.* Ils n'avaient guère qu'une compétence de simple police, qui leur permettait de prendre des mesures dans l'intérêt de la sécurité publique; ils doivent livrer au proconsul les esclaves fugitifs qu'on est parvenu à repren-

---

(1) L. 26, § 1. D., liv. 50, tit. 1, *ad municip.*

dre (1) ; ils peuvent infliger de légers châtiments aux esclaves en faute (2), faire emprisonner provisoirement les hommes libres et prononcer une amende (3).

III. — Les duumvirs eurent quelques attributions dans l'ordre de la juridiction volontaire; ils peuvent procéder à la *manumissio*, l'*emancipatio*, l'*adoptio* et l'*in jure cessio*, mais seulement quand les lois ou les coutumes leur ont conféré la *legis actio* (4), car ces actes étant dérivés des actions de la loi, il fallait, pour que les magistrats municipaux pussent y présider, que ce droit leur eût été expressément accordé. *Apud magistratus municipales, si habeant legis actionem, emancipari et manumitti potest;* en principe, c'était au gouverneur de la province qu'il fallait s'adresser. La nomination des tuteurs, qui, suivant Ulpien (5), ne rentrait ni dans la *jurisdictio* ni dans l'*imperium*, mais appartenait seulement aux autorités qui en étaient chargées par un acte législatif, est conférée formellement aux duumvirs par la table de Salpenza. Au reste, la législation, sur ce point, eut à subir plusieurs transformations. Dans le principe, c'était toujours les présidents qui nommaient les tuteurs, après enquête, sur la demande de certaines personnes qui peuvent provoquer cette nomination, comme les parents, les alliés, ou qui doivent la provoquer, comme la mère ou les affranchis (6). Le président

---

(1) L. 4. D., liv. 11, tit. 5.
(2) L. 8. D., liv. 2, tit. 1.
(3) L. 6, § 1. D., *de custod. et exhib.*
(4) Pauli *Sent.*, liv. 2, tit. 25, § 1.
(5) L. 6, § 2. D., *de tutelis.*
(6) L. 2 pr., § 1, 2. D., liv. 26, tit. 6, *qui petens tut.*

ne pouvait déléguer à personne le droit qui lui a été confié de nommer les tuteurs : *nec mandante Præside alius tutorem dare poterit.* La fonction des magistrats municipaux consistait simplement à transmettre au *Præses* la demande à fin de nomination d'un tuteur, à diriger l'enquête et à désigner le citoyen qu'ils jugeaient le plus apte à être tuteur. Cette désignation était la *nominatio* distincte de la *datio tutoris* faite par le président. Plus tard, comme le président nommait toujours le candidat présenté par les magistrats locaux, qui seuls étaient à même de juger ces questions d'aptitude et de capacité, on en vint naturellement à reconnaître à ces derniers le *jus dandi tutores.* La loi municipale de Salpenza nous apprend que, dès le règne de Domitien, les tuteurs étaient donnés par les magistrats municipaux (1). A peu près à la même époque, Celsus parle de poursuites à exercer contre les magistrats responsables de la mauvaise administration du tuteur qu'ils ont nommé. Les jurisconsultes de l'époque classique consacrent cette doctrine, et Ulpien dit : *Jus dandi tutores datum est omnibus magistratibus municipalibus, eoque jure utimur* (2). Les magistrats municipaux, toutefois, ne pouvaient nommer un tuteur que sur l'ordre du président : c'est du moins ce qui semble ressortir d'un texte de Paul ; *cum testamento duo tutores dati essent pupillo et alter ex his vita defunctus fuisset, in locum ejus, petente matre, ex præsidis provinciæ præcepto, a magistratibus alius tutor datus est* (3).

---

(1) Tables de Salpenza, XXIX.
(2) L. 3, D., liv. 26, tit. 5, *de tutor. et curat.*
(3) L. 16, § 6, D., liv. 26, tit. 7, *de administ. et peric. tut.*

Justinien changea encore la législation sur la tutelle dative et décida, pour couper court aux difficultés, que si la fortune du pupille n'excède pas cinq cents solides, les magistrats des cités pourront, sans l'ordre des présidents, nommer les tuteurs ou les curateurs. La fortune du pupille dépasse-t-elle cinq cents solides, le tuteur sera nommé par le président de la province, après enquête. Lorsque la nomination est faite par les magistrats municipaux, le tuteur doit fournir caution ; lors, au contraire, que la nomination est faite par le président, la fortune du pupille étant considérable, il serait difficile de trouver une caution, et l'enquête préalable est une garantie qui y supplée jusqu'à un certain point. Autre différence : les magistrats municipaux nomment un tuteur à leurs risques et périls ; si ce tuteur compromet la fortune du pupille, s'il devient insolvable, et si le recours contre les fidéjusseurs eux-mêmes n'aboutit pas, les magistrats sont subsidiairement responsables (1), et même l'héritier du magistrat est tenu de l'action subsidiaire (2), quand il y a une faute très-grave de la part de ce magistrat, et qu'il est mort sans avoir été poursuivi.

Une fonction importante et qui rentre dans la juridiction volontaire, que les institutions romaines conférèrent aux curies et à leurs magistrats, ce fut d'intervenir au nom de la loi et d'imprimer par leur assentiment et leur signature un caractère d'authenticité à certains actes, aux donations importantes, aux testaments.

IV. — Dans l'ordre administratif, les duumvirs,

---

(1) Instit., § 2, *de satisdat. tutor.*
(2) Instit., § 2, *in fine.*

comme principaux magistrats des cités, avaient la direction de toutes les affaires qui n'étaient pas attribuées à des magistrats spéciaux. Tant que les assemblées du peuple conservèrent leurs droits électoraux, ils les présidèrent ; ils présidèrent les assemblées de la curie, quand elles eurent absorbé tous les pouvoirs des comices : ils pouvaient déléguer cette présidence ; ils pouvaient même déléguer tous leurs pouvoirs, et c'est ainsi qu'ils avaient en cas d'absence le droit et le devoir de se faire remplacer par un *præfectus*. Agents administratifs de la curie, ils mettent à exécution les délibérations prises par elle ; ils peuvent, sans l'intervention du sénat, contracter au nom de la ville et la représenter dans les procès.

Chacun des duumvirs avait à lui seul toute la puissance ; d'où le droit de s'opposer par son *intercessio* aux actes de son collègue ou d'un magistrat inférieur. L'appel de leurs décisions était porté devant le lieutenant de l'empereur. Les duumvirs étaient éponymes ; ils donnaient leurs noms à l'année comme les consuls de Rome. Sous les empereurs, on porte les faisceaux devant eux, indice de leur pouvoir qui ne s'étend pas au delà du territoire de leur cité. Mais ils étaient privés de quelques prérogatives accordées aux magistrats, aux consuls, aux préteurs : ainsi ils pouvaient être cités en justice pendant la durée de leurs fonctions (1); ils ne pouvaient même pas punir ceux qui méconnaissaient leur juridiction (2). Les duumvirs pouvaient être remplacés par un délégué appelé *præfectus*, quand l'un d'eux ou tous deux étaient ab-

---

(1) L. 32. L. 15, § 39. D., liv. 47, tit. 10, *de injuriis*.
(2) L. 1, pr. D., liv. 2, tit. 3, *si quis jus dicenti*.

sents ou empêchés. Il en était de même quand les comices n'avaient pas abouti à une élection, par suite d'une rivalité, et qu'un seul duumvir avait été élu. Ce délégué devait être un décurion, âgé de trente-cinq ans, il prêtait serment et ne pouvait s'absenter plus d'un jour de la cité, ni nommer un second *præfectus*. Il avait les mêmes pouvoirs que le duumvir. Ses fonctions cessaient dès le retour de ce magistrat (1).

Præfectus désigne aussi le magistrat supérieur envoyé par Rome dans les préfectures pour remplacer les duumvirs; c'est par cela seul, du reste, que la situation de ces villes différait de celle des autres villes municipales. Lorsque l'empereur acceptait la dignité de duumvir dans une ville, il nommait aussi un représentant, *præfectus*, pour toute la durée de sa magistrature.

III. — Des édiles.

Les édiles municipaux avaient des fonctions analogues à celles des édiles curules à Rome. L'édilité était une magistrature inférieure à celle des *duumviri jure dicundo*. Néanmoins les *duumviri ædilitiæ potestatis* pouvaient jusqu'à un certain point être considérés comme les collègues des duumvirs, et souvent, dans les textes, ils sont désignés sous le nom de *quatuorviri* et considérés comme formant un seul collége.

Du reste, les édiles, outre leurs fonctions administratives, avaient une certaine juridiction locale; ils avaient la connaissance des difficultés qui naissaient sur les

______

(1) Tables de Salpenza, XXIV, XXV.

marchés, à propos de la vente des denrées et des animaux domestiques (1); ils avaient même une certaine
participation à l'*imperium* et purent infliger des amendes et des peines corporelles. Ils faisaient battre de ver-
ges les esclaves et les hommes libres qui commettaient
quelque fraude dans leur commerce (2). Ils mettent à
l'amende ceux qui ne réparent pas leurs maisons et
n'exécutent pas les mesures de police. Lorsqu'ils pro-
nonçaient des amendes, ils devaint en référer aux duumvirs (3); ordinairement, et sauf quelques exceptions, ils
n'avaient pas la disposition de l'argent qui en prove-
nait (4).

Les édiles avaient pour attributions spéciales de veiller à la construction et à l'entretien des édifices publics;
ils doivent veiller, dans l'intérêt de la sécurité publique,
à ce que tout propriétaire reconstruise sa maison quand
elle menace ruine. Ils avaient la police des rues et des
places, ainsi que des rivières, dont ils assuraient le libre
usage ; la surveillance des marchés, l'inspection des
poids et mesures. Ils doivent fournir du blé aux habitants et veiller à l'organisation des jeux. Gardiens de la
morale publique, ils ont la surveillance des bains et autres lieux publics (5). Enfin les édiles avaient le droit
de proposer un édit sur les objets soumis à leur surveillance et à leur autorité. Les édiles avaient le droit
d'*intercessio* entre eux, mais non vis-à-vis des duum-

(1) Tables de Salpenza, XXIX.
(2) L. 12, D., liv. 50, tit. 2, *de decuri.*
(3) Table de Malaga, LXVI.
(4) *Id.,* LX.
(5) L. 1. D., liv. 43, tit. 10, *de re publica.*

virs qui étaient *major potestas*. Quand les édiles ne pouvaient suffire à leurs nombreuses attributions, de nombreux *curatores* étaient chargés de services spéciaux;
ainsi chaque *via* importante pouvait avoir son *curator*.

IV. — Les questeurs.

Les tables de Malaga et de Salpenza placent à côté des
duumvirs et des édiles, des *quæstores*. Leur administration devait se rapprocher de l'administration financière
des questeurs à Rome; ils avaient le maniement des
fonds de la cité et le soin de la caisse municipale (1), ils
n'avaient aucune espèce de droit de juridiction (2). Les
questeurs sont considérés par le *Digeste* comme remplissant simplement un *munus* (3), et pourtant, suivant les
lois municipales de Malaga, de Salpenza et de Canusium,
leurs fonctions seraient un *honor* comme celles des du.uvirs et des édiles. Il faut en conclure que si la questure
fut élevée au rang des magistratures dans certains municipes, elle ne le fut pas d'une manière durable ni uniforme; dans certaines villes même, la questure n'existait pas, les fonctions en étaient remplies par le *curator
reipublicæ*.

V. — Defensor civitatis.

On trouve quelquefois dans les municipes, bien que
fort rarement, des *tribuni plebis*. Le tribunat existe dans
quelques municipes de l'Italie et de la Bithynie. — On
peut voir, dans l'institution du *defensor civitatis*, une

---

(1) Table de Malaga, LX.
(2) *Id.*, LXVI.
(3) L. 18, § 2. D., liv. 50, tit. 1, *de muneribus*.

magistrature analogue au tribunat ancien. Les *defen-sores* n'apparaissent pas avant Valentinien et Valens comme institution permanente, et avant cette époque, en effet, le régime municipal florissait, elle n'avait pas de raison d'être. Mais quand à l'administration paternelle des curies et des magistrats locaux succéda le pouvoir envahissant et tyrannique des lieutenants impériaux, les empereurs eux-mêmes sentirent le besoin d'une institution nouvelle. Les *defensores* avaient en principe pour mission de protéger les villes municipales contre l'op-pression des lieutenants impériaux ; le *defensor* pouvait franchir les divers degrés de l'administration pour porter directement les plaintes au préfet du prétoire (1). Mais à mesure que la curie perdait son ancienne influence, les magistrats municipaux leur ancien prestige, les *defensores* virent leurs attributions s'étendre, empiéter sur celles des duumvirs, comme les fonctions du *curator reipublicæ* sur celle des édiles, et finir par les absorber presque complétement. L'institution des *defensores*, d'abord créée pour les villes des provinces, fut étendue aux villes d'Italie.

§ 1. — *Conditions d'aptitude.*

Les duumvirs ne pouvant être pris que parmi les dé-curions, le *defensor* au contraire, dans le principe, ne pouvait être choisi que parmi les plébéiens à l'exclusion des décurions. Justinien permet d'appeler à cette fonc-tion tout citoyen jouissant d'une bonne réputation dans la cité, sans restriction (2); un plébéien, un décurion,

---

(1) L. 4. L. 5. L. 8. L. 9. L. 1. C., *de defens. civit.*
(2) Nov., XV.

un membre du clergé, un évêque, peut être nommé *defensor*.

La cité tout entière, le peuple, les décurions, le clergé prennent part à l'élection du *defensor civitatis*. Le *defensor* prêtait serment et sa nomination devait être confirmée par le préfet du prétoire (1), qui seul aussi a le droit de le destituer s'il remplit mal ses fonctions. Nommé d'abord pour cinq ans (2), la durée de ses fonctions fut réduite à deux ans par Justinien (3). Il ne pouvait quitter avant l'expiration de ce temps ni se faire remplacer.

§ 2. — *Fonctions du defensor civitatis.*

La principale attribution du *defensor* est de protéger les habitants des villes contre la violence des gouverneurs et les exactions des *susceptores*; ils signalent au préfet du prétoire les atteintes portées à la loi et ils en demandent la répression. — Ces magistrats avaient en outre une juridiction civile et criminelle. Leur juridiction contentieuse était très-restreinte dans le principe, ils ne connaissaient des procès que jusqu'à concurrence de 50 solides, et ne pouvaient infliger d'amende (4); l'appel de leurs jugements était porté devant le lieutenant impérial. — Justinien étendit leur compétence aux affaires d'une valeur de 300 solides et leur donna trois officiers, un *exceptor* et deux *officiales*. — Les *defensores*

---

(1) L. 7. L. 8. C., *de defens. civit.*
(2) L. 4. C., *de defens. civit.*
(3) Nov., XV. C., 1, § 1.
(4) L. 5. C., liv. 1, tit. 5.

furent aussi revêtus de ces attributions de juridiction
volontaire qui appartenaient primitivement à la curie et
aux duumvirs ; ils purent nommer des tuteurs, insinuer
les donations, transcrire les testaments et procéder à
leur ouverture (1).

Au point de vue du droit criminel, les *defensores* peuvent instruire, juger les délits d'une faible importance,
et infliger un châtiment proportionné (2). Pour les ac-
cusations plus graves, ils ont le droit de s'assurer de la
personne des accusés et de les livrer au gouverneur. —
Enfin, Justinien fit du *defensor* un véritable magistrat et
voulut qu'il remplaçât le *præses* absent (3) ; il marchait
à la tête de la curie, présidait cette assemblée, et jouait
le premier rôle dans le régime municipal du Bas-Empire.

Sans doute l'institution des *defensores* fut utile et on
peut louer les empereurs d'avoir donné cette protection aux
peuples des villes, mais il n'en est pas moins déplorable
qu'un tel remède ait été nécessaire. L'idée d'un magistrat éveille en nous des idées d'ordre et de protection, et
rien n'est plus étrange que cette nécessité d'organiser
une magistrature contre les violences des magistrats et
rien ne caractérise mieux le désordre qui régnait dans
l'empire romain quand apparurent les défenseurs des
cités (4).

Du reste, cette institution ne remplit pas son but, elle
demeura stérile, et même on voit que les *defensores*, loin de
s'acquitter dignement de leur belle mission, se rendaient

(1) Inst. Just., *de atilian. tutor.*
(2) Nov., XV. C., 6, § 1.
(3) Nov., XV. C., 3, § 1.
(4) M. Migneret, *Droit municipal des Romains*, p. 86.

coupables d'abus et d'extorsions que les empereurs
étaient obligés de réprimer. Justinien fit de vaines tentatives pour relever la dignité de cette fonction, qui aurait sans doute complétement disparu si les évêques ne
s'en étaient emparé souvent et ne l'avaient soutenue.

SECT. II. — DES SERVICES MUNICIPAUX. — MUNERA.

Une ville, pour suppléer à l'insuffisance de son patrimoine, peut rejeter une partie des charges et obligations
nécessaires à la bonne administration, sur ceux qui l'habitent. On entend par charge publique, dit Pomponius (1), celle qui est conférée à un citoyen dans l'intérêt général de la cité. Ces charges, purement gratuites,
ne conféraient aucun titre, aucune dignité à ceux qui
étaient désignés pour les remplir : *publicum munus dicitur quod in administranda republica cum sumptu, sine
titulo dignitatis subimus* (2).

On distingue trois sortes d'offices municipaux : les
offices personnels, les offices patrimoniaux, et les offices mixtes.

I. — Charges personnelles.

On considère comme charges personnelles, celles qui
exigent un travail du corps ou de l'esprit, mais sans né-
cessiter de sacrifices d'argent, sans affecter le patrimoine de celui qui les remplit : *munera personalia sunt
quæ animi provisione et corporalis laboris intentione sine*

---

(1) L. 239, § 1. D., liv. 50, tit. 16, *de verb. signif.*
(2) L. 14, § 1. D., liv. 50, tit. 1, *de muncrib.*

aliquo gerentis detrimento perpetrantur (1). Telles sont la tutelle, la curatelle, les missions données au nom de la ville pour se rendre auprès de l'empereur, la défense judiciaire de la cité ou syndicat, la perception des revenus publics de la cité, qu'il ne faut pas confondre avec la perception des impôts de l'État, charge mixte ; les fonctions de commissaires, d'inspecteurs de vivres ; les fonctions judiciaires, l'obligation d'être *judex ;* les fonctions d'hirénarques, de scribes, etc. — Presque tous les offices personnels étaient de véritables fonctions auxiliaires des hautes magistratures, des *honores.*

§ 1. — *Legationes.*

Le plus important et le plus honorable des *munera personalia* était la *legatio.* Les provinces et les villes envoyaient des députés, *legati,* à Rome, soit pour obtenir ou conserver un privilége, soit pour exposer leurs griefs, soit pour aller louer ou défendre un proconsul, ou bien encore pour saluer l'empereur et le gouverneur de la province. Cette mission se rapprochait des *honores,* elle n'était confiée probablement qu'à des décurions, mais néanmoins elle est généralement qualifiée de *munus* (2).

Dans le principe, c'était l'assemblée du peuple qui conférait aux députés leur mandat (3). Théodore et Honorius décrétèrent qu'il serait confié par l'assemblée des décurions. Le *legatus* doit être choisi parmi les décurions ; quand la députation n'exige point par son im-

---

(1) L. 18, § 1. D., 50, tit. 4, *de muner.*
(2) L. 6. L. 13. L. 1. L. 4, § 5.D., liv. 50, tit. 7, *de legation.*
(3) L. 5 et 6. C., liv. 10, tit. 63, *de legation.*

portance une expérience, des connaissances toutes spéciales, chacun des décurions est chargé de cette mission à tour de rôle (1). Les débiteurs de la ville, ceux qui n'ont pas le *jus postulandi*, ne peuvent être chargés d'une telle mission (2). La présence de trois enfants vivants dispensait de toute *legatio*. Celui qui s'est acquitté d'une légation ne peut être tenu d'en reprendre une autre qu'après un intervalle de deux ans (3), alors même qu'il s'agirait de la même affaire. Le député ne peut se faire remplacer par personne, si ce n'est par son fils. On pouvait confier plusieurs missions à un même député.

L'objet de la mission du *legatus* était consigné dans des lettres qu'on lui remettait avant son départ. Le *legatus* ne peut pas s'occuper de ses affaires personnelles, ni de celles d'autrui, avant d'avoir rempli son mandat, à moins pourtant qu'il ne s'agisse pour lui d'éviter un *dammum* ou une *injuria* (4). Il jouissait d'un double privilége, celui de ne pas pouvoir être poursuivi en justice, depuis le jour de sa nomination, jusqu'à l'accomplissement de sa mission, à moins que le contraire n'eût été convenu avec le créancier (5), celui d'opposer l'incompétence, lorsqu'on le poursuivait à Rome, et de réclamer le *forum* de son domicile (6). Les *legati* qui désertaient ou négligeaient leurs fonctions étaient frappés de peines graves et expulsés de l'*ordo*. On ne donne pas d'honoraires aux députés, mais ils reçoivent pour frais de voyage une certaine

---

(1) L. 4, § 5. D., liv. 50, tit. 7, *de legation.*
(2) L. 4 pr., § 1, § 2. D., *id.*
(3) L. 8, § 1. D., *id.*
(4) L. 8, § 2. L. 9. L. 10. L. 11. D., *id.*
(5) L. 3 pr. D., liv. 50, tit. 7, *de legation.*
(6) L. 21, § 2. L. 2, § 3. D., liv. 5, tit. 1, *de judiciis.*

somme dite *legativum* ou *viaticum*, qu'ils pouvaient réclamer contre la ville par voie d'action (1). Les décurions recherchaient ces fonctions qui les exemptaient
pour un temps des autres charges municipales ; aussi les
ambassades devinrent si fréquentes, que les empereurs
décidèrent qu'une ville ne pourrait pas envoyer plus de
trois députés, et que si plusieurs villes d'une même province voulaient envoyer des *legati*, elles devaient s'entendre pour se faire représenter toutes par trois députés
seulement (2).

§ 2. — *Syndicus* ou *defensor*.

Les villes étaient obligées de se faire représenter en
justice, et cette représentation constitue un *munus per-
sonale*. Quand une ville a un procès, un mandataire pour
chaque affaire spéciale est nommé par les suffrages des
deux tiers au moins de la curie ou par les duumvirs que
la curie a chargés de cette nomination (3). Plus tard, les
villes purent avoir un représentant général, nommé
syndicus ou *defensor*, qui les représentait dans tous les
procès sans décret particulier (4). Ce *syndicus* avait la
même responsabilité que les mandataires ordinaires et
était exposé aux mêmes causes de révocation (5). Il est
constitué non-seulement pour représenter la cité en ju-

---

(1) L. 10, § 1. D., *de legation.* — L. 36 pr. D., *ad municip.*
(2) L. 4, § 6. D., *de legation.*
(3) L. 3. L. 6, § 1. D., liv. 3, tit. 4, *quod cujuscumq.*
(4) L. 1. L. 3. L. 6. L. 10. D., *id.*
(5) L. 6, § 3. D., liv. 3, tit. 4, *q. cujusc. univers.*

gement, mais pour dénoncer toute nouvelle œuvre et faire d'autres actes de même nature (1).

§ 3. — Sous les ordres du *curator reipublicæ* et des édiles étaient placés plusieurs officiers subalternes, chargés de tel ou tel sevice municipal déterminé. Tels étaient les *curatores operum, viarum, ædium;* le *curator* chargé de recouvrer les revenus municipaux; les *curatores annonæ* et *olearii* chargés de l'acquisition des grains et de l'huile, dont la cité s'approvisionnait pour prévenir la disette; le *curator calendarii,* qui plaçait les capitaux de la ville et en faisait rentrer les intérêts aux calendes de chaque mois ; il prêtait à ses risques et périls et devait exiger des emprunteurs des garanties suffisantes (2). Le *curator prædiorum* administrait la fortune immobilière de la cité (3).

§ 4. — Les édiles étaient préposés à la haute police des cités, mais ils ne pouvaient l'exercer par eux-mêmes. Des fonctionnaires d'un ordre inférieur, les *hirenarchæ,* étaient chargés de ce service. Ils doivent rechercher, poursuivre les voleurs et les auteurs de tout crime ou délit. Ils soumettent à un interrogatoire sommaire les malfaiteurs qu'ils arrêtent, consignent leurs réponses dans un procès-verbal, *elogium,* qui servait de base à l'instruction, et les remettent entre les mains du juge compétent. Les *hirenarchæ* étaient nommés par la curie et confirmés par le gouverneur (4). Les *limenarchæ*

---

(1) L. 10, D., *quod cujusc. univ.*
(2) L. 18, § 2. D., *de munerib.*—L. 9 pr., § 7. C., *de administ. rerum.*
(3) L. 1, § 2. D., *de munerib.*
(4) L. 1. C., *de hirenarch.* — L. 6. D., *de custo. et exhibit. reor.*

préposés à la garde des ports ; les *stationes*, officiers de police appartenant à l'ordre militaire ; les *curiosi*, espions du pouvoir central, sont aussi des agents de la police, placés sour la direction des édiles.

§ 5. — Les *scribæ*, employés subalternes des bureaux, transcrivent les actes des magistrats : leurs fonctions étaient viagères et même héréditaires (1); ils comprenaient les *archeotæ*, archivistes municipaux ; les *tabularii*, qui tenaient les registres publics ; les *censuales*, qui dressaient les états des contribuables et faisaient le relevé de leur fortune.

Du temps de la république et jusqu'à l'époque des grands jurisconsultes, le copiste esclave ou salarié, travaillant pour un particulier, s'appelait *exceptor; actuarius* et *notarius* ont le même sens. Aux quatrième et cinquième siècles, *exceptor* était le nom donné en général à tous les secrétaires pour les actes publics, le titre de *notarii* fut alors réservé pour les secrétaires de l'empereur. Les *tabelliones* n'étaient pas des officiers publics et rédigeaient les transactions, les testaments et les autres actes, ils forment une corporation qui a pour chef le *prototabellio*.

II. — Offices patrimoniaux.

Les *offices patrimoniaux* sont gérés aux frais et aux risques de ceux qui les administrent ; ils n'assujettissent pas à un travail personnel, mais à des prestations en argent : *patrimoniorum sunt munera quæ sumptibus patrimonii et damnis administrantis expediuntur.* Les emplois

---

(1) L. 18, § 17. D., *de muncrib.* — L. 1. C., *de tabulariis.*

patrimoniaux sont de deux sortes ; il en est qui sont mis
à la charge de simples possesseurs de fonds de terre
sur le territoire de la ville ; l'obligation de fournir chaque année une certaine quantité de blé, par exemple :
d'autres sont répartis entre les *municipes* et les *incolæ*
seulement : ainsi les achats de vin, de blé, pour les services publics.

A un autre point de vue, les *munera patrimonii* sont
ordinaria ou *extraordinaria*; les charges ordinaires sont
celles qui sont établies par les lois, les sénatusconsultes
ou une constitution ; les charges extraordinaires sont
celles que les magistrats imposent par suite de quelque
nécessité pressante et non prévue.

III. — Offices mixtes.

Les *offices mixtes* sont ceux qui demandent un certain
travail du corps et de l'esprit, et en même temps com-
promettent la fortune de ceux qui les gèrent. Les *deca-
proti* et *icosaproti*, les dix ou vingt premiers de la ville,
qui sont chargés de la perception des impôts, remplissent un emploi mixte, car ils fournissent leur travail et
leur temps, et répondent sur leurs propres biens de l'insolvabilité des imposés. Les décurions finirent par
nommer un *susceptor*, qui percevait les impôts dus au
souverain sous leur responsabilité ; les registres du *tabu-
larius* et le travail des *censuales* lui indiquaient ce qu'il
avait à recevoir.

Cette division tripartite des *munera* n'est ni générale,
ni absolue. Les charges personnelles sont les plus nombreuses, elles n'exigent en principe aucun sacrifice d'argent, mais la loi particulière d'une cité peut y ajouter
certaines prestations pécuniaires, l'obligation de suppor-

ter certaines avances, et ces charges alors prennent un caractère mixte.

On divise aussi les *munera* en *munera sordida* et *munera non sordida*, division qui n'a d'importance, comme la précédente du reste, qu'au point de vue des immunités et de l'aptitude.

Causes d'exemptions. — Immunités.

Avant tout, pour être appelé à remplir un *munus* dans une ville, il faut en être ou *municeps* ou *incola*, excepté pour certaines charges patrimoniales, qui atteignaient de simples possesseurs. Tout *municeps*, quittant son domicile originaire, est astreint aux charges municipales dans la ville où il fixe son domicile, et dans celle où il a son domicile d'origine. Les décurions devaient supporter les mêmes charges que les autres citoyens, ils n'étaient exemptés que des travaux manuels, *munera sordida* (1). Les *munera* finirent même par peser exclusivement sur la classe des curiales, et c'est ce qui causa sa déconsidération et sa ruine. Les causes qui écartent des offices municipaux sont peu nombreuses : l'ingénuité n'est pas exigée, et le reliquat de compte envers la cité n'est pas une cause d'exclusion. Les femmes, les mineurs de vingt-cinq ans, ne peuvent remplir les charges personnelles, mais ils sont assujettis aux charges patrimoniales; les infâmes même n'en étaient pas exempts. Les *munera patrimonii*, du reste, atteignaient presque toutes les fortunes, celles même des citoyens affranchis des *munera persona-*

____

(1) L. 17, § 7. D., *ad municip.*

lia et *mixta* par leur profession, leur âge, les infirmités ou le privilége.

Les causes d'excuses et d'immunités étaient au contraire fort nombreuses surtout pour les *munera personalia*. Ces exemptions formaient une sorte de monnaie, à l'aide de laquelle les empereurs encourageaient, récompensaient ceux qu'ils voulaient favoriser. Les jurisconsultes distinguent la *vacatio*, vacance, absence de l'obligation ; l'*excusatio*, remise de l'obligation ; l'*immunitas*, privilége général qui détruit l'obligation (1). Mais bien que deux titres spéciaux du Digeste portent pour rubrique, l'un, *de vacatione et excusatione munerum*, l'autre, *de jure immunitatis*, il est difficile de classer les cas d'exemptions sous ces différentes dénominations, que les textes eux-mêmes semblent confondre.

L'âge de soixante-dix ans accomplis (2), la mauvaise santé ou les infirmités, dispensaient des *munera personalia* (3). Les femmes et les mineurs étaient dispensés de la plupart dés *munera personalia*, mais ils étaient soumis aux *munera patrimonii*. Ceux qui ont cinq enfants ou petits enfants, vivants ou morts pour la patrie, sont exempts des charges personnelles (4). Peu importe que ces enfants soient sous la puissance paternelle, ou qu'ils aient été émancipés ; les enfants adoptifs ne comptaient point.

La pauvreté était une cause d'excuse temporaire pour les *munera patrimonii*. Constantin étendit cette exemp--

---

(1) M. Migneret, *Hist. du dr. municip.*
(2) L. 3, § 12. D., *de muner.* — L. 3. L. 5. D., *de jure immun.*
(3) L. 2, § 6. L. 13. D., *de vacat.* — L. 7, § 1. D., *de decur.*
(4) L. 2. L. 11. D., *de vacation.*

tion aux *munera personalia* (1). Ceux qui sont absents pour une cause d'intérêt public (2), notamment les militaires, les *legati* envoyés à Rome en députation ; ceux qui assuraient l'approvisionnement de la ville ; jusqu'à vingt-cinq ans les jeunes gens qui se livraient aux études libérales (3), les étudiants en droit, par exemple, étaient dispensés des *munera personalia*.

L'élévation à certaines dignités, l'exercice de certaines professions ou métiers, étaient des causes d'exemption ; à partir du règne de Constantin, les sénateurs, les *illustres* et certains autres fonctionnaires, les membres du clergé, furent dispensés des *munera sordida* et *extraordinaria* (4) ; la dispense fut même étendue aux *munera personalia* (5). Ceux qui jouissent du droit d'immunité le plus étendu sont les vétérans, les professeurs et les médecins. Les vétérans sont exempts et des charges corporelles, et de certaines charges patrimoniales (6). Les médecins et les professeurs d'arts libéraux dont le nombre a été déterminé dans chaque cité par décret de la curie (7), les philosophes, tant qu'il s'en trouve, car, dit la constitution d'Antonin le Pieux, ceux qui philosophent sont rares, et on n'a pu en fixer le nombre, sont exempts des charges publiques. Mais il est dit expressément que les poëtes, les instituteurs primaires et les calculateurs, ne jouissaient pas de la même immunité (8).

---

(1) L. 4. D., *de muner.* — L. 10, § 3. D., *de vacatione.*
(2) L. 3. L. 4. D., *de muner.*
(3) L. 1. L. 2. C., liv. 10, tit. 9, *qua ætate vel.*
(4) L. 12 et 16. C., *de excusat. muner.*
(5) L. 1 et 2. C., *de episcop. et cler.*
(6) L. 6, § 4. L. 18, § 20. D., *de muner.* — L. 10. L. 11, *de vacation.*
(7) L. 6, § 2. C., *de excusat.* — L. 6, § 6, *de profess. et medicis.*
(8) L. 6. C., *de profess.* — L. 2, § 8. — L. 11, § 4. D., *de munerib.*

L'agrégation à certains corps de métiers autorisés par la loi fournissait une excuse à leurs membres (1); enfin, les fermiers des impôts, ceux des domaines de l'État et du prince étaient affranchis des charges municipales, pour rester tout entiers dévoués aux intérêts qu'ils géraient (2).

Du reste, en matière d'immunités, la *lex municipalis* était souveraine, et pouvait ajouter ou retrancher aux exemptions. — Les immunités étaient des faveurs essentiellement personnelles; pour que l'immunité pût passer à la descendance, il fallait que le caractère de transmissibilité lui eût été donné lors de la concession, encore ne passait-elle qu'à la descendance par les mâles (3).

C'étaient les décurions qui nommaient aux *munera* par un décret, sur la présentation des magistrats. Le législateur annule, sans qu'il soit besoin d'appel, la nomination faite irrégulièrement, hors de la curie, par un simple édit du magistrat (4). Pourtant nous voyons que la curie pouvait charger les duumvirs de la nomination des syndics dans chaque procès (5), et rien ne prouve qu'il n'en fut pas de même parfois pour d'autres charges. Pour la désignation aux *munera*, les lois recommandaient de prendre en considération les aptitudes et la fortune de chacun ; tout citoyen doit être appelé à la charge pour laquelle il convient le mieux, pourvu, toutefois, que la même charge ne soit pas imposée trop souvent au même individu. Un délai doit être accordé entre deux *munera*,

---

(1) L. 3, D., *de vacation.*
(2) L. 38. D., *ad munic.* — L. 8, § 1. C., *de vacation.*
(3) L. 1. L. 4. D., *de jure immunit.*
(4) L. 27. C., *de appell.*
(5) L. 6, § 1. D., *quod cujus. univers.*

le renouvellement de la même fonction, *iteratio*, ou *continuatio munerum*, est interdit (1).

Quiconque est désigné régulièrement pour remplir un office, doit obéir, car on ne peut se racheter par de l'argent de la nécessité de remplir ces fonctions. Celui qui s'y refuse peut être contraint par le gouverneur, et s'il s'enfuit, il répond du dommage causé à la ville par son absence, le *munus* est géré à ses dépens par un autre citoyen, que l'on met en possession de ses biens.

Mais on peut appeler au gouverneur de la désignation à un *munus*, on a le droit de désigner un autre citoyen que l'on juge plus apte à remplir l'emploi (2); cet appel doit être porté dans le délai de trois mois, celui qui, nommé régulièrement, mais injustement, n'a pas protesté dans ce délai, est présumé avoir accepté. Quand un citoyen triomphe en appel, il ne peut pas poursuivre le magistrat qui l'a désigné par l'*actio injuriarum*, mais ce dernier paie les frais du procès.

CHAPITRE V.

Du patrimoine des cités.

La cité, nous l'avons vu, est une personne morale, une *universitas* qui a des droits, des intérêts distincts et un patrimoine *res universitatis*; mais, parmi les *res universitatis*, il importe de faire une distinction : certaines choses sont destinées à l'usage public des mem-

---

(1) L. 2. C., *de muner.*
(2) L. 1. C., liv. 10, tit. 65.

bres de la communauté et même des étrangers, ainsi les théâtres, les stades, le forum, les rues, etc., ces choses sont *in usu publico*, et leur destination est telle, que véritablement personne n'en est propriétaire, mais tout le monde peut s'en servir ; elles résistent par leur nature même à toute espèce d'aliénation.

Certaines choses, au contraire, appartiennent à la ville comme elles appartiendraient à un particulier. De ces choses, on peut dire qu'elles sont réellement *in patrimonio civitatis*, car la cité pouvait en user, en tirer des produits, en régler le mode de jouissance, en modifier l'état, sans que chacun des habitants pris individuellement ait aucun droit sur elles. Le domaine privé des villes, comme celui des particuliers, peut comprendre toute espèce de biens : créances propres, revenus, biens mobiliers ou immobiliers, droits personnels ou réels.

SECT. I. — DROITS RÉELS DES CITÉS.

Une ville pouvait avoir sur les choses les mêmes droits qu'un particulier, elle pouvait avoir un droit absolu de propriété sur un immeuble, ou seulement un droit de servitude ou d'usufruit, mais une ville peut-elle avoir un simple droit de possession ? La possession est un fait, le fait de la personne qui se conduit comme si elle était propriétaire ; pour acquérir la possession d'une chose, il faut détenir physiquement cette chose, ou tout au moins l'avoir à sa disposition et avec l'intention d'en être propriétaire, il faut, en un mot, le *corpus* et *l'animus domini*. La ville pourra bien avoir le *corpus* par ses esclaves ou ses représentants libres, qui ont l'intention d'acquérir la possession pour elle ; mais la ville, être de raison, ne pouvant avoir de volonté propre, n'aura jamais l'*animus domini* nécessaire chez celui qui acquiert. Aussi voyons-nous les jurisconsultes décider que les villes ne peuvent posséder : « *municipes per se nihil possidere possunt, quia municipes universi consentire non possunt* (1). »

Une première dérogation adoucit la rigueur de ce principe ; certains auteurs admettaient que les villes pouvaient acquérir la possession de ce dont leurs esclaves avaient grossi leur pécule, c'était admettre que la ville avait eu une fois pour toutes l'*animus domini*, en confiant un pécule à leurs esclaves. Aussi d'autres auteurs rejetaient cette solution, ajoutant que les villes ne pouvant rien posséder, ne possédaient pas même leurs esclaves, et dès lors ne pouvaient acquérir la possession par eux, car on ne peut acquérir la possession par ses esclaves qu'autant qu'on les possède.

Pourtant, on finit par admettre que les villes pouvaient acquérir la possession d'une chose ; Ulpien nous donne la controverse comme tranchée, dans le sens de cette solution qui est une dérogation à la rigueur des principes : *hoc jure utimur ut et possidere et usucapere municipes possunt, idque eis et per servum et per liberam personam adquiratur.*

Les villes ayant un patrimoine pouvaient l'augmenter par des acquisitions nouvelles, elles faisaient valoir leurs biens par l'intermédiaire de ses administrateurs et pouvaient même les aliéner dans certains cas et avec certaines formalités.

Une ville pouvait acquérir à titre singulier et on finit

---

(1) L. 1, § 22. D., *de acquir. vel amitt. possess.*

par admettre qu'elle pouvait acquérir *per universitatem*. Du moment que l'on reconnut à la cité le droit de posséder, elle put acquérir par la tradition, qui repose sur une mise en possession. La tradition faite aux esclaves de la cité, ou à l'un de ses fonctionnaires agissant en son nom, faisait entrer la chose livrée dans son domaine.

En second lieu, la possession prolongée pendant le temps voulu et accompagnée des conditions exigées par la loi conduisait la cité à la propriété par l'usucapion, et cela pouvait arriver encore, soit par le fait d'un esclave, soit par le fait d'un mandataire libre. Si on parcourt les autres modes d'acquérir dont Ulpien fait l'énumération, nous voyons que la ville pouvait acquérir au moyen d'une mancipation faite par ses esclaves. Gaius, et surtout Ulpien, le dit d'une manière positive; mais la rigueur des principes doit faire rejeter la mancipation opérée par le mandataire de la cité, par un fonctionnaire, car la règle posée par Gaius, *per extraneam personam nihil acquiri potest, excepta possessione* (2), était une règle absolue, la jurisprudence adoucie avait admis une exception pour l'acquisition de la possession seulement (3).

L'*in jure cessio* est un procès fictif, l'application d'une action de la loi et le principe, *nemo alieno nomine lege agere potest* (4) empêchait les cités qui ne pouvaient agir sans représentants de l'exercer et d'en profiter. La *cessio in jure*, à la différence de la mancipation, ne saurait être

---

(1) Gaius, § 86, *Comm.*, II. — Ulp., *Regul.*, XIX, 18.
(2) Gaius, § 95, *Comm.*, II.
(3) M. Demangeat, t. 1, p. 603.
(4) L. 123. D., *de Regul. juris*.

non plus employée utilement par un esclave de la cité, *sciendum est, iis qui in potestate, manu mancipiove sunt, nihil in jure cedi posse* (1).

Les villes acquéraient aussi par succession, legs, fidéicommis, nous le verrons, par suite elles pouvaient se trouver dans l'indivision avec quelqu'un, et rien ne s'opposait, dans ces cas, à ce que l'*adjudicatio* ne pût être faite par le *judex* au profit d'une ville.

Les villes pouvaient avoir non-seulement la pleine propriété, mais encore des démembrements de la propriété; elles pouvaient acquérir des droits de servitude ou d'usufruit. Une cité pouvait avoir des servitudes actives, établies au profit de ses héritages sur ceux des voisins, soit qu'elle les trouvât établies dans l'universalité des biens auxquels elle succédait, soit qu'elle en reçût directement le bénéfice par un legs *per vindicationem.* — De plus, les esclaves de la cité pouvaient acquérir aux propriétés municipales des servitudes par la mancipation, pourvu qu'elles fussent servitudes rurales. Les servitudes urbaines n'étant pas choses *mancipi,* ne pouvaient être acquises aux villes que par le legs *per vindicationem.*

Un droit d'usufruit pouvait être constitué au profit d'une ville et entrer dans la fortune municipale. Comme la ville ne pouvait acquérir un tel droit ni par l'*in jure cessio,* ni par la mancipation, c'était surtout par le legs *per vindicationem* qu'il était constitué. Probablement aussi l'usufruit et les servitudes purent-ils être établis au profit des villes par la *quasi-traditio, quasi-possessio,* sous la protection du préteur.

----

(1) Gaius, § 96, *Comm.*, II.

On comprend qu'une ville, être moral, puisse exercer un droit d'usufruit, mais quelle durée lui donnera-t-on? Ses modes d'extinction ordinaire, la mort, la *capitis diminutio* font ici défaut : *periculum esse videbatur ne perpetuus fieret*, dit Gaïus ; *quia neque morte, neque facili capitis diminutione periturus est* (1) ; grevée d'un usufruit perpétuel, la propriété fut restée sans utilité. Aussi on limita la durée des usufruits constitués au profit des municipes. Deux textes (2) limitent cette durée à cent ans : *qui finis vitæ longissimus esset* comme correspondant au plus long terme de la vie humaine. Un autre texte pourtant semble en désaccord avec les deux premiers, et fixe à trente ans la durée de l'usufruit établi en faveur d'une cité (3). Mais la contradiction n'est qu'apparente, la loi 68 prévoit une hypothèse toute spéciale ; elle applique à des droits viagers la réduction de la loi Falcidie. On avait assimilé la cité à une *singularis persona* quant au maximum de la durée du droit d'usufruit, on trouva juste de continuer l'assimilation quant à l'application de la loi Falcidie, et comme pour le calcul de la quarte Falcidie, les jurisconsultes avaient pris trente ans comme maximum de la vie humaine, ils furent conduits à limiter à trente ans la durée de l'usufruit légué à une cité ; mais, pour ce cas seulement, car en droit commun, l'usufruit d'une ville durera cent ans.

L'usufruit légué aux municipes peut pourtant finir autrement que par l'expiration de ces cent années ; ainsi, en cas de destruction complète d'une ville, *quum aratrum*

----

(1) L. 56. D., *de usuf. et quemad.*, 7, 1.

(2) L. 56. D., *de usuf. et quemad.*, 7, 1. — L. 8. D., *de usu et usuf.*, 33, 2.

(3) L. 68. D., *ad legem. Falcid.*, 35, 1.

in eam inducitur, l'usufruit s'éteignait, *quasi morte*, c'était une sorte de mort pour la ville. Enfin, le non-usage de la part d'une ville pouvait amener l'extinction d'un droit d'usufruit.

Capacité des cités en matière d'hérédité et de legs.

Le droit d'acquérir par succession ne fut reconnu que très-tard aux cités ; les anciens jurisconsultes, persuadés de quelle importance il était de ne pas ouvrir cette voie aux associations pour s'enrichir des biens des particuliers, ont cru pendant longtemps que les colléges, les villes et tout ce qu'ils appelaient du nom général d'*universitates*, n'étaient pas capables de recevoir des dispositions ou particulières ou universelles.

1. *Hérédité ab intestat.* — La cité, être de raison, ne pouvant avoir aucun lien de parenté civile ou naturelle, il semble qu'il ne peut être question pour elle de succession *ab intestat ;* pourtant, elle finit par venir à la succession *ab intestat* de ses esclaves affranchis. On refusa longtemps aux cités le droit d'affranchir leurs esclaves, mais quand la loi *vectibulici* leur accorda ce droit, elles durent pouvoir exercer les droits de patronage, conséquence de l'affranchissement, et dès lors, les cités succédèrent *ab intestat* à leurs affranchis, morts sans laisser de testament (1).

____

(1) L. 3, § 6. D., *de suis et legitimis hered.*, 38, 16. — L. 1. D., liv. 40, tit. 3.

II. *Bonorum possessio.* — Comme le patron, la cité peut avoir la *bonorum possessio,* ce mode d'acquisition *per universitatem* émané du droit prétorien, est reconnu formellement aux cités : *a municipibus et societatibus et decuriis, bonorum possessio adgnosci potest* (1). Cette *bonorum possessio* pourra être demandée au nom de la cité par l'*actor,* agent municipal, ou par toute personne sans qualité spéciale ; si personne ne la demande, la cité en sera investie par un édit du préteur. — L'*agnitio bonorum* peut être faite par un esclave ou un mandataire libre de la cité ; l'adition d'hérédité, au contraire, ne peut jamais être faite par autrui.

La *bonorum possessio* n'était concédée à la cité que dans les cas où les villes pouvaient acquérir une hérédité d'après le droit civil, c'est-à-dire dans le cas où le *de cujus* était un de leurs affranchis. Si on donnait plus d'extension à la *bonorum possessio,* si on admettait, avec certains auteurs, qu'elle fut toujours pour les cités un moyen d'éluder la prohibition absolue où elles étaient de recevoir une hérédité, la règle d'Ulpien, *nec municipia nec municipes heredes institui possunt,* règle générale, à laquelle il ne fut fait exception que pour les successions des affranchis, n'aurait plus de sens et la disposition de l'empereur Léon, qui accorde aux cités le droit de recueillir toute succession testamentaire et prétend innover, n'aurait plus de but. Enfin, la rubrique même du titre où il est parlé de la *bonorum possessio* des cités, *de libertis universitatum* prouve bien que cette *bonorum possessio* ne leur était accordée que dans le cas où le *de cujus* était leur affranchi. Certains auteurs même, pa-

---

(1) L. 3, § 1. D., *de bon. possess.,* 37, 1.

rait-il, refusaient aux cités cette *bonorum possessio : sed an omnino petere bonorum possessionem possint, quod municipes consentire non possunt.* Cette objection, Paul la présentait déjà pour la possession, mais Ulpien répond que les cités ont des représentants qui peuvent demander pour elles la *bonorum possessio* et leur en acquérir le bénéfice (1).

III. *Hérédité testamentaire.* — On décida longtemps que les cités ne pouvaient être instituées héritières : « *Nec municipia nec municipes, heredes institui possunt, quoniam incertum corpus est, ut neque cernere universi neque pro herede gerere possunt, ut heredes fiant* (2). D'après ce texte, il semble que l'incapacité des cités venait de ce qu'elles étaient considérées comme personnes incertaines, et c'est ainsi qu'Ulpien semble l'entendre. On pourrait objecter que, suivant les jurisconsultes, une *personne incertaine* est une personne que le testateur n'a pas présente à la pensée, qui n'est pas individuellement déterminée et peut être tel ou tel, suivant les circonstances, comme par exemple si le testateur a institué la première personne qui viendra à ses funérailles. — Or, une ville instituée par le testateur ne serait point dans ces conditions, elle a une existence déterminée parfaitement connue du testateur, et à l'abri de tout changement fortuit.

Aussi pourrait-on donner une raison plus juste de l'incapacité des villes. Il est de principe que pour acquérir une succession, il faut agir par soi-même, on ne

---

(1) L. 1, § 1. D., *de libert. univers.*, 38, 3.
(2) Ulp. Reg., 22, 5.

peut jamais se faire représenter. Ni l'esclave, ni le tuteur de l'*infans* ne peut faire adition d'hérédité pour le pupille, la ville ne pouvait donc pas faire adition par l'un de ses mandataires, elle ne pouvait pas non plus faire *cretio* par elle-même ou *gerere pro hærede, quoniam incertum corpus est*, dit Ulpien, parce que, personne morale, être de raison, elle ne peut ni vouloir, ni agir. — Voilà pourquoi les cités ne peuvent être instituées héritières.

Mais on dérogea à la rigueur de ce principe et on éluda par des fidéicommis cette exclusion trop sévère. Le sénatus-consulte Apronien vint valider expressément ces institutions fidéicommissaires. La cité fut, dès lors, conformément au sénatus-consulte Trébellien, investie activement et passivement des actions héréditaires qui durent être dirigées par et contre l'*actor* nommé par elle (1).

Un autre sénatus-consulte alla plus loin, et décida que l'institution aurait son plein et entier effet à l'égard des cités, quand l'instituant serait leur affranchi (2). Du moment que les villes pouvaient venir *ab intestat* à la succession de leurs affranchis, il était logique, en effet, de leur concéder le droit de recevoir d'eux par testament.

Les municipes restaient incapables de recevoir des hérédités par testament d'autres personnes que de leurs affranchis ; l'empereur Léon les releva de cette incapacité et reconnut aux cités le droit de recevoir toute succession testamentaire.

—————————————

(1) L. 26. D., liv. 36, tit. 1. — L. 27 pr. D., liv. 36, tit. 1.
(2) Ulp. Reg., 22, 5.

IV. *Des legs et fidéicommis.* — Les legs d'objets particuliers étaient frappés de la même prohibition, à l'origine que l'institution faite au profit d'une cité : *legatum, nisi ad certam personam deferatur, nullius est momenti* (1). Mais, sur ce point aussi, la législation changea. De même que le municipe pouvait recevoir un fidéicommis universel, de même il put recevoir un fidéicommis particulier (2). La cité pourra exiger du fiduciaire qu'il fournisse caution de la restitution, et, s'il ne la fournit, la cité sera envoyée en possession en la personne de son *actor.*

Les cités reçurent de Nerva le droit d'acquérir par legs ; *civitatibus omnibus quæ sub imperio populi Romani sunt legari potest* (3), dit Ulpien, et ce droit fut plus tard soigneusement réglementé par un sénatus-consulte, d'Adrien, suivant les uns, de Marc-Aurèle, suivant les autres.

Ulpien ne fait aucune distinction entre les quatre espèces de legs, quand il dit que toute ville de l'empire est capable de recevoir un legs ; pourtant Pline nous dit : *Nec præcipere posse rempublicam constat.* On peut expliquer ce texte en disant que les villes ne pouvaient recueillir un legs *per perceptionem*, un tel legs étant inséparable de l'institution d'héritier qui, jusqu'à Léon, leur fut refusée.

Toutes choses dans le commerce pouvaient être léguées à une ville ; mais la réduction de la loi Falcidie frappait les cités comme tout autre légataire. Le terme, la

(1) Paul Sent., III, 6, § 13.
(2) L. 12. D., ut in possess. legat.
(3) Ulp. Reg., XXIV, 28.

condition, les modalités qui d'ordinaire affectent les legs, pouvaient affecter les legs faits aux cités. Le mode, proprement dit, était souvent appliqué aux dispositions faites en faveur des villes; celui qui faisait un legs à la cité était libre d'en régler l'emploi, sa volonté faisait loi et la destination du legs ne pouvait être changée sans l'autorisation du prince (1). Il pouvait arriver que la charge imposée fût illicite ; la condition illicite était réputée non écrite, mais pour que la cité ne gardât pas le legs en ne faisant rien pour honorer la mémoire du testateur, les décurions devaient s'entendre avec les héritiers pour donner au legs un autre emploi. Les legs étaient faits à la cité le plus souvent à la condition d'élever un monument public sur lequel était gravé le nom du testateur. Pour prévenir l'abus de ces sortes de legs, un rescrit d'Antonin le Pieux décide que les sommes léguées pour subvenir à de nouveaux ouvrages doivent être employées de préférence à l'entretien et la réparation de ceux qui existent. Les abus et l'intérêt de la cité font de même défendre d'appliquer à des chasses et à des spectacles les sommes léguées à cet effet, on recommande de les employer à des choses plus utiles. Quand la réduction de la loi Falcidie rendait la somme léguée insuffisante pour l'accomplissement du vœu du testateur, la cité pouvait employer la somme ainsi réduite à quelque autre ouvrage utile.

Administration des biens des cités.

Nous venons de voir les différents modes qui pou-

---

(1) L. 1 et 4. D., De adm. rer. ad civit.

vaient concourir à former et à augmenter la fortune
municipale ; cette fortune ne se composait pas seulement d'édifices ou de terrains improductifs, destinés à
l'usage de tous ; les villes possédaient aussi des terres la-
bourables et des édifices loués pour un temps plus ou
moins long. C'est le *curator reipublicæ* qui est chargé de
l'administration de ces biens ; c'est lui qui donnait à bail
les biens de la ville ; il doit faire afficher, dans un lieu
déterminé par la curie, la désignation de l'immeuble à
affermer, le prix du bail, les conditions imposées au
preneur, ce qu'on pourrait appeler le cahier des charges (1). Les baux, au jour indiqué, se faisaient à la chaleur des enchères ; la loi municipale donnait quelquefois un délai pour surenchérir, comme pour les biens du
fisc, mais ce n'était qu'une exception (2). L'adjudica-
taire devait fournir des cautions solvables. Ni le *curator*,
ni les décurions ne pouvaient prendre à bail les biens
de leur ville, ni par eux-mêmes, ni par personnes interposées. Les conditions imposées dans les derniers baux
ne lient point le *curator* pour les baux postérieurs. Les
locations étaient faites quelquefois, pour un temps limité, pour cinq ans, par exemple ; mais, le plus souvent,
les immeubles des cités étaient loués pour un temps
très-long, cent ans ou à perpétuité, à condition, pour le
preneur, de fournir une redevance annuelle appelée
vectigal. Cette *locatio in perpetuum* avait un caractère
mixte, et Gaïus se demande si un tel contrat est un
louage ou une vente ; la perpétuité de la concession était
bien un caractère de la vente ; mais, d'un autre côté,

(1) Table de Malaga, LXIII.
(2) L. 21, § 7. D., *ad munic.*, liv. 50, tit. 1.

le paiement de la redevance était subordonné à la jouissance, ce qui mettait les risques à la charge du bailleur, comme dans le louage. Sans doute cette dernière considération l'avait emporté, car Gaïus nous dit que généralement on décidait qu'un tel contrat était un louage : *Sed magis placuit locationem conductionemque esse* (1). En réalité, cette *locatio in perpetuum* était un contrat *sui generis*, qui, sous le nom d'emphytéose, reçut sa réglementation de Zénon et sa place dans le droit.

Les preneurs des *agri vectigales* n'avaient pas seulement une créance, mais un droit réel, au lieu d'avoir une simple action *conducti* contre le bailleur pour se faire indemniser, ou pour se faire céder ses actions, ils avaient une action utile et pouvaient se défendre contre les tiers sans recourir à la cité propriétaire, ils pouvaient même exercer cette action contre la cité, si la cité venait à méconnaître leur droit, *quamvis non efficiantur domini, tamen placuit competere eis in rem actionem* (2).

Le preneur de l'*ager vectigalis* n'était pas propriétaire, et pourtant son droit durait tant qu'il payait exactement la redevance, et ne s'éteignait pas avec lui, il passait à ses héritiers (3). Le *conductor agri vectigalis* pouvait même léguer son droit ou à la cité propriétaire, ou à un tiers (4). Sous Constantin, il peut sans aucune autorisation aliéner son droit à titre onéreux ou à titre gratuit, mais il reste tenu du paiement de la redevance.

Les maisons étaient, comme les fonds de terre, susceptibles d'une *locatio in perpetuum*, et les *ædes vectigales*,

---

(1) Gaïus, c. III, 145.
(2) L. 1, § 1. D., *si ager vectig.* — L. 12, § 2. D., *de publ. in rem.*
(3) L. 1 pr. et L. 2. D., *si ager vectig.*
(4) L. 71, § 5. D., *de legat.*

comme les *agri vectigales*, pouvaient être valablement hypothéqués par le concessionnaire (1).

De l'aliénation des biens des cités.

L'aliénation des biens des cités était entourée de certaines formalités qui protégeaient les générations à venir contre des aliénations trop faciles. On peut même dire que les biens des cités étaient inaliénables : ni le *curator reipublicæ*, ni les décurions n'avaient le droit de les aliéner ; la vente consentie par eux n'était point valable et le fonds de terre, la maison aliénée étaient revendiqués par la cité même contre les acheteurs de bonne foi (2). Il pouvait se faire pourtant que la ville eût un besoin pressant d'argent : une aliénation devenait nécessaire alors ; mais il fallait qu'elle fût autorisée par un conseil composé des décurions et d'une partie du peuple, d'*honorati* et de *possessores*. On devait vendre d'abord les biens récemment acquis par la cité à titre de legs ou de fidéicommis ; ce n'est qu'en cas d'insuffisance qu'on attaquait les anciennes propriétés municipales. Pour toutes les aliénations un peu importantes, on remplissait les mêmes formalités; pourtant il ne faut pas exagérer cette mesure, certaines ventes ne sont que des actes de pure administration, et à ce titre rentraient dans les pouvoirs des magistrats de la cité.

Une dérogation fut faite à la prohibition d'aliéner les biens des cités pour l'affranchissement des esclaves. A l'origine, les cités ne pouvaient affranchir leurs esclaves,

---

(1) L. 31. D., *de pign.*
(2) L. 9, § 2. D., liv. 30, tit. 8, *de adm. rerum.*

ni par la *vindicta*, action de la loi dans laquelle la cité ne pouvait se faire représenter; ni *censu*, car le maître devait intervenir lui-même avec son esclave devant le censeur, pour que ce magistrat inscrivît l'esclave au nombre des citoyens romains ; ni enfin par testament : les villes pouvaient seulement concéder à leurs esclaves une liberté de fait, protégée par l'intervention du préteur. Après la loi *Junia norbana*, les affranchis des cités devinrent latins juniens, privés du titre et des priviléges de citoyens romains ; ils avaient le *commercium* et pouvaient même, par divers modes, acquérir la qualité de citoyen. La loi *Vectibulici*, rendue par Trajan, généralisée par un sénatus-consulte d'Adrien, vint compléter ce droit d'affranchissement qu'avaient les villes : elles purent désormais, en affranchissant leurs esclaves, les faire citoyens romains.

SECT. II. — DROITS PERSONNELS DES CITÉS.

Contrats.

Pour acquérir le bénéfice d'un contrat, les cités étaient représentées, comme pour l'acquisition de la propriété par leurs esclaves ou par un des fonctionnaires municipaux, ordinairement l'*actor reipublicæ*.

Les villes, pour tirer parti de leurs valeurs pécuniaires, pouvaient les prêter, les donner en *mutuum* avec clause d'intérêts, et même, en faveur des cités, on avait dérogé au principe : *usuras nisi in stipulationem deductas non deberi* (1). Un simple pacte adjoint équivalait à la stipulation d'intérêts.

---

(1) L. 24. D., de præscript. verb.

Pour garantir ces prêts faits par les cités, on avait recours au gage, et le curateur qui plaçait les fonds ne devait pas les prêter sans une constitution de gage ou d'hypothèque (1). Les magistrats municipaux étaient responsables du bon choix et de la solvabilité des emprunteurs.

La cité pouvait elle-même emprunter et constituer un gage pour garantir son obligation. L'emprunt a été de tout temps une ressource financière à laquelle les villes ont eu besoin de recourir. La cité était obligée par *mutuum*, mais les emprunts faits par l'*actor* ne l'obligent que jusqu'à concurrence de ce dont elle a profité, et c'est une conséquence de la nature du mandat donné à ses magistrats. Ceux-ci, en effet, ont reçu le pouvoir général d'agir dans l'intérêt de la cité, de l'enrichir et non de l'appauvrir, d'où il résulte, que si un emprunt a été fait mal à propos, si les fonds en ont été mal employés, si, en un mot, la cité n'a retiré aucun profit du contrat, l'administrateur a excédé ses pouvoirs et la cité ne saurait être tenue par ses actes. Les tiers n'auront d'autres ressources que d'agir contre les administrateurs avec lesquels ils ont traité (2).

La cité acquérait le bénéfice de tous les contrats re formés par ses esclaves ; elle répond aussi de toutes les obligations contractées par eux, par l'action donnée *quod jussu* si c'est en vertu de ses ordres exprès qu'ils ont agi, soit par l'action *institoria*, *exercitoria* ou *de peculio*. Du reste, comme ces actions étaient la conséquence d'un ordre exprès ou tacite donné, non par la ville elle-même,

---

(1) L. 33, § 1. D., de usuris.
(2) Huj. Donelli. Comm., *ad legem civitas*. D., *de rebus creditis*.

mais par ses magistrats, la cité n'était tenue que dans les limites de son enrichissement. Les administrateurs négligents qui avaient employé des esclaves incapables restaient obligés vis-à-vis des tiers, de tout ce dont elle n'avait pas profité.

L'esclave de la cité peut stipuler pour elle ; en effet, que l'esclave stipule en son nom propre ou au nom de son maître, c'est toujours de son maître qu'il tire sa capacité ; le maître, en quelque sorte, parle par sa voix et acquiert l'action résultant de la stipulation. Nous voyons les stipulations des esclaves de la cité formellement validées (1 . Mais il ne semble pas qu'un administrateur puisse valablement stipuler pour la ville. la stipulation est un contrat solennel, le fonctionnaire est pour la cité une *extranea persona* et *inutilis est stipulatio, si ei dari stipulemur cujus juri subjecti non sumus ;* le fonctionnaire était comme le tuteur du pupille *infans,* qui pouvait faire pour son pupille tous les actes du droit des gens, mais ne pouvait accomplir ceux qui exigeaient des solennités civiles, la stipulation par exemple. La cité ne pouvait être obligée par la promesse sur stipulation, ni de ses esclaves, ni à plus forte raison des administrateurs.

La cité, au contraire, pouvait bénéficier du pacte intervenu entre l'*actor* et un tiers, la cité aura une action utile contre ce tiers ; la raison de cette différence, c'est que la stipulation était soumise aux règles rigoureuses du droit civil, tandis que le constitut d'origine prétorienne admettait les tempéraments du droit honoraire (2).

La ville achetait par l'intermédiaire de ses fonction-

---

(1) L. 3. D., *de stipul. servor.*
(2) L. 3, § 5, 6, 7. D., *de constit. pecun.*

naires, l'action *empti* se donnait contre elle et le contrat de vente produisait ses effets comme à l'égard de tout autre acheteur (1). Nous avons vu les règles spéciales à l'aliénation des biens des cités et les particularités que présentait le louage de ces mêmes biens.

Dans tout contrat, l'accord de deux volontés est nécessaire, et la *pollicitatio*, c'est-à-dire l'offre simple, sans acceptation, en droit commun, n'a pas d'effet. Pour les cités, on avait admis une disposition de faveur, la simple pollicitation obligeait envers elle lorsqu'il s'agissait d'un ouvrage promis et commencé, ou lorsque la promesse avait une juste cause; cette juste cause est le plus souvent l'obtention d'une dignité : *ob honorem decretum vel decernendum*, mais il pouvait y en avoir d'autres. L'exécution de la promesse était rigoureusement poursuivie, la chose promise devait être faite ou livrée, on n'admettait pas d'équivalent. Pourtant les héritiers du promettant pouvaient se décharger de l'exécution de la promesse en abandonnant une part déterminée des biens trouvés dans la succession.

Non-seulement la cité pouvait être obligée *contractu*, elle pouvait l'être par suite de l'acceptation d'une succession qui comprenait des dettes, elle pouvait l'être *quasi ex contractu*; la cité pouvait se trouver obligée par une gestion d'affaires, par le payement de l'indu : nous la voyons soumise aux actions *familiæ erciscundæ* et *finium regundorum* (2).

---

(1) L. 2, § 6. D., de a-lmin. rerum.
(2) L. 9. D., quod cujusc.

Délits.

Les délits étaient pour les villes une source de créances. Le vol des deniers municipaux avait un caractère particulier ; Trajan l'avait assimilé au crime de péculat, qui donnait ouverture à une action publique. Cette action publique, qui entraînait la peine de mort ou la déportation, était indépendante de l'action *furti*, dont l'objet était tout pécuniaire et qui appartenait exclusivement à la cité.

Mais les cités peuvent-elles s'obliger *ex delicto* et subir une peine ? Cette question est vivement controversée et donne lieu à deux systèmes. Au moyen âge, durant lequel la vie de la société a été principalement une vie de corporations, d'associations distinctes avec une personnification bien plus vive qu'aujourd'hui, rien n'avait semblé plus naturel que d'étendre cette personnalité jusqu'au fait de la pénalité. Les jurisconsultes citaient des textes de droit romain à l'appui : ils rendaient la cité tout entière responsable de la faute commise par ses administrateurs ou quelques-uns de ses habitants, car : *quod major pars curiæ effecit, pro eo habetur ac si omnes egerint* (1). Une ville, peut-on dire, dans ce système, est une personne juridique, ayant la capacité absolue de droits et d'action ; elle peut s'enrichir par l'intermédiaire de ses magistrats ; elle doit être responsable des délits commis par eux, puisque c'est elle qui les a choisis. Les villes peuvent être poursuivies en justice, et il n'y a pas de raison pour refuser contre elles une action pénale.

---

(1) L. 1. D., ad munic.

Ulpien, du reste, assimile la ville à une *singularis persona* et donne l'action *quod metus causa* contre elle : *sive singularis sit persona quæ metum intulit, vel populus, vel curia, vel collegium, vel corpus, huic edicto locus erit* (1).

Dans un second système, les villes ne peuvent ni commettre de délit, ni encourir de peine. La cité n'est véritablement qu'une personne fictive, une création métaphysique du droit ; les déterminations d'un certain nombre de représentants sont, il est vrai, considérées fictivement comme ses déterminations propres, mais cette fiction n'a été établie que parce qu'elle était nécessaire pour faire participer les villes aux droits des biens ; elle n'a pu, cette fiction, leur donner le discernement, la liberté morale, indispensable pour toute imputabilité pénale. La cité, personne morale, n'a pas de volonté propre, et, dès lors, n'est pas *doli capax*. Ulpien formule ainsi son opinion : *An in municipes de dolo detur actio, dubitatur. Et puto, ex suo quidem dolo non posse dari : quid enim municipes dolo facere possunt* (2). Que les administrateurs, que les habitants de la cité, que plusieurs, que tous, si l'on veut, aient commis un délit : chacun de ceux qui y auront pris part répondra pénalement du fait incriminé ; mais en la personne morale cette idée de responsabilité ne peut trouver place. S'il en est autrement en droit civil, c'est qu'en fait de biens et d'intérêts pécuniaires, rien ne répugne à l'idée qu'on puisse acquérir ou aliéner, devenir créancier ou s'obliger par mandataire, par des administrateurs investis de pouvoirs suffisants à cet effet, idée inadmissible en fait

---

(1) L. 9, § 1, D., *quod metus causa.*
(2) L. 13, § 1. D., *de dolo malo.*

de pénalité (1). Dire que les villes répondent des faits commis par leurs magistrats ou leurs habitants, ce serait méconnaître le grand principe du droit pénal qui exige l'identité du délinquant et du condamné. Si la cité a tiré quelque profit du délit de ses administrateurs, elle sera tenue de réparer le dommage causé, dans les limites de son enrichissement ; mais les seuls coupables, les seuls responsables, ce sont les administrateurs. Le point de départ de l'être juridique, dit M. Ortolan, est une fiction, laquelle se continue aussi loin que possible, tant qu'il ne s'agit que d'intérêts civils, mais que la raison se refuse à pousser jusqu'à la pénalité.

Lorsque les magistrats, les habitants ou quelques-uns d'entre eux se sont rendus coupables d'une faute grave envers l'État, le Gouvernement, il est vrai, peut frapper la ville, la ruiner, lui enlever ses priviléges, lui imposer des charges nouvelles ; mais c'est là une mesure d'utilité et non de droit pénal ; ce n'est pas une peine, car la peine émane d'un juge et est essentiellement personnelle ; c'est l'exercice d'un droit public qui appartient à l'État (2).

La loi d'Ulpien, qui assimile la cité à une *singularis persona* et donne contre elle l'action *quod metus causa* n'est pas contraire à cette dernière opinion. Ulpien ne se contredit point, et, après avoir décidé que l'action *de dolo* ne peut être donnée contre la cité, parce qu'elle n'est pas *doli capax*, il ne donne pas une solution opposée dans la loi 9 ; il ne fait qu'appliquer le principe en vertu duquel, pour accorder l'action *quod metus causa*, on n'a pas à rechercher quel est l'auteur de la violence. Si, dans l'espèce, l'action *quod metus causa* est donnée contre la cité, c'est qu'elle s'est enrichie par suite de la violence exercée par ses administrateurs ou ses habitants, et en cela elle subit le droit commun qui veut que l'*actio quod metus causa* soit donnée contre toute personne qui a profité de la violence, alors même que ce n'est pas elle qui en est l'auteur.

CHAPITRE VI.

Exercice des actions municipales.

La cité, investie de différents droits, pouvait agir en justice contre ceux qui les méconnaissaient; elle pouvait être demanderesse, ou défenderesse aux actions dirigées contre elle; mais, être fictif, ne pouvant figurer elle-même en justice, elle devait être représentée. — Les actions étaient exercées par un mandataire spécial, désigné sous le nom d'*actor* ou *syndicus*. — Jusqu'à l'époque des jurisconsultes, on devait, en principe, nommer un représentant pour chaque affaire; on le désignait plus particulièrement sous le nom d'*actor*. Paul nous apprend que, de son temps, la cité pouvait nommer un mandataire général chargé de représenter la ville dans tous les procès qui pourront la concerner, on lui réservait le nom de *syndicus* (1).

L'*actor* ou *syndicus* était nommé par un décret de la curie, ou tout au moins par les duumvirs auxquels les

____

(1) L. 6, § 1. D., liv. 3, tit. 4, *quod cujusc. unic.*

décurions déléguaient le droit de faire ce choix (1).
— Le syndic qui avait mandat pour agir était tenu de
défendre aux actions dirigées contre la cité. — Avant le
règne d'Alexandre-Sévère, l'*actor municipalis* était assimilé au *procurator* et devait nécessairement fournir la
caution *de rato*, il ne représentait pas le *dominus litis*, il
avait l'action *judicati*, et l'exception *rei judicatæ* lui était
opposable (2). — Après Alexandre-Sévère, une nouvelle
distinction se substitua à celle du *cognitor* et du *procurator;* le mandataire est constitué *apud acta*, il est dit
alors *procurator præsentis*, il est assimilé au *cognitor* et
représente le *dominus litis*, la caution n'est pas exigée :
ou bien le mandataire n'est pas constitué *apud acta*,
simple *procurator absentis*, il est assimilé à l'ancien *procurator* et doit donner caution. — Le *syndicus* était assimilé au *procurator præsentis*, on doit en conclure qu'il
représente le *dominus litis*, l'être moral appelé cité ; qu'il
n'est point tenu de donner la caution *rem ratam domi-
num habiturum.* Pourtant, s'il y avait incertitude sur la
validité du décret qui le nommait, si ce décret, par exemple, n'était pas consigné sur les registres de la curie, le
syndicus devrait donner la caution *de rato*. L'action *judicati* se donnait pour et contre la cité représentée, à moins
que l'*actor* n'eût été constitué *procurator in rem suam*, il
ne représente plus alors la cité, l'action est donnée directement contre lui.

Quand la ville est défenderesse, qui fournira la caution *judicatum solvi*, que doit donner tout défendeur,
est-ce la cité, sera-ce le *syndicus?* Même après le règne

----

(1) L. 3. L. 6. Cod.
(2) L. 3, § 8. D., liv. 3, tit. 4, *quod cujusc. univ.*

d'Alexandre-Sévère, alors qu'il était assimilé au *procurator præsentis* le *syndicus* défendeur dut toujours fournir la caution *judicatum solvi* (1), sans distinction —Au contraire, nous l'avons vu, le *syndicus* demandeur n'était point tenu de fournir la caution *de rato*, quand son mandat était certain ; cette différence tient à ce que l'on a toujours admis plus difficilement la représentation complète du *dominus litis* par le *procurator* pour la défense que pour la demande.

Si la curie ne constituait pas d'*actor municipalis* pour défendre la cité, le gouverneur pouvait autoriser un tiers à la défendre ; mais, simple *negotiorum gestor*, ce tiers devait donner la caution *de rato*.

Pour certains actes de juridiction volontaire qui se font devant le magistrat, comme la *denuntiatio operis novi*, les cautions en matière de *dammum infectum* ou *legatorum servandorum causa*, il était permis de nommer un *actor*, qui recevait la promesse ; mais il était plus avantageux pour la cité d'employer un esclave, car elle avait alors une action directe, au lieu d'une action utile.

Si la cité engagée dans un procès est condamnée, le jugement lui sera opposable et elle sera soumise à toutes les voies d'exécution ordinaires. La cité condamnée pouvait appeler par l'intermédiaire de son *actor* du jugement qui lui est contraire, le délai était de trois jours (2). Si la cité faisait défaut, ses créanciers, par un premier décret du proconsul, étaient envoyés en possession (3) ; si elle persiste dans son défaut, un second décret autorisera la

----

(1) Frag. *Vaticana*, § 317.
(2) L. 1, § 3. D., *quando appell.*
(3) L. 1, § 2. D., liv. 3, tit. 4, *quod cujusc. univ.*

mise en vente. En cas d'insuffisance des meubles et des immeubles, les créanciers se feront céder les créances municipales au moyen d'une *procuratio in rem suam* (1).

La cité, elle aussi, avait contre ses débiteurs les voies d'exécution du droit commun ; elle pouvait avoir hypothèques sur leurs biens, mais leur rang était soumis à la règle « *potior tempore potior jure.* » Le privilége du fisc n'avait pas été étendu aux cités, sauf les concessions expresses de l'empereur : *Simile privilegium fisco nulla civitas habet, in bonis debitoris, nisi nominatim id principe datum sit* (2). Il est bon d'ajouter que l'existence d'une hypothèque privilégiée, au profit du fisc depuis Caracalla, est fort contestable.

CHAPITRE VII.

Budget municipal.

La cité avait de nombreuses dépenses à sa charge : en première ligne se plaçaient les travaux publics, *opera publica*. Les travaux d'entretien ou de construction des murailles, ponts, aqueducs, greniers, portiques, prisons, auditoires, bains, constituaient une grande partie des dépenses des cités, qui y consacraient le tiers de leurs revenus. L'argent était employé aux réparations d'entretien, de préférence aux constructions nouvelles (3). Ces travaux étaient d'abord confiés aux soins des censeurs et

---

(1) L. 8. D., Cod.
(2) L. 10. D., liv. 50, tit. 1, *ad munic.*
(3) M. Béchard, *De municip.*, § 366.

des édiles.—Les empereurs les remirent à des *curatores* spéciaux, qui étaient chargés de les diriger d'après les ressources locales. Les travaux restaient quinze ans aux risques et périls du curateur des travaux publics et de ses héritiers (1). La curie n'était pas laissée seul juge de l'opportunité des travaux publics : « *Publico sumptu opus novum sine principis auctoritate fieri non licet* (2). » D'après un rescrit de Marc Aurèle, le président de la province devait être consulté et devait en référer au prince. Cette autorisation n'était pas nécessaire pour les réparations, sauf celles à faire aux murs de la cité (3). Les aqueducs, les ponts et les routes étaient les principaux objets des travaux publics des Romains.

Les villes avaient des écoles municipales, indépendantes des auditoires impériaux, établissements de hautes études, qui ne donnaient pas l'instruction moyenne convenant au plus grand nombre. Les professeurs des écoles municipales étaient nommés et destitués par l'ordre des décurions; chaque cité est libre de rétribuer comme elle l'entend ses maîtres et ses docteurs. L'ordre des décurions allouait aux professeurs, tantôt un traitement complet, tantôt un supplément seulement, *compendium;* les élèves payaient en outre un *minerval.* Les professeurs jouissaient de plus de nombreuses immunités.

L'hospitalité n'était pas érigée, chez les Romains, en institution publique; toutefois, on trouve les premiers germes de nos hôpitaux dans ces salles garnies de lits, placées près du temple d'Esculape, où les étrangers qui

---

(1) L. 8. C., *de oper. public.*
(2) L. 3, § 1. D., *de oper. public.*
(3) L. 9, § 4. D., *de div. rerum.*

tombaient malades se réfugiaient et recevaient les secours de l'art. En outre, les décurions entretenaient,
dans chaque cité, des médecins publics chargés de traiter gratuitement les pauvres à domicile (1).

Une autre source de dépenses pour les villes était les
approvisionnements de diverses denrées, notamment de
blé, d'huile; nous avons vu que des curateurs étaient
préposés à ces achats; l'édile en faisait la distribution.

Les jeux publics, pour lesquels les Romains avaient
une si grande passion, étaient à la charge des cités; les
revenus de propriétés appelées *aganotheticæ* étaient même
spécialement affectés aux dépenses des jeux. — En cas
d'insuffisance des deniers publics, les décurions et les
édiles s'imposaient des sacrifices ruineux pour pourvoir
aux plaisirs des municipes.

Enfin, il faut compter, parmi les charges des cités,
les secours que pouvaient réclamer les décurions tombés
dans le besoin et les impôts levés par les empereurs.

Pour subvenir à ces charges nombreuses, les cités
avaient d'abord les produits des héritages urbains ou ruraux; les cités romaines, nous l'avons vu, donnaient à
baux perpétuels ou à longs termes leurs champs et leurs
maisons, moyennant un canon appelé *vectigal*. — A ces
canons ou prix de ferme, se réunissaient les produits
des exploitations des carrières et mines, les intérêts des
sommes d'argent placées, les travaux des esclaves municipaux, que la cité pouvait louer moyennant un prix annuel; enfin les legs, les donations, les emprunts, constituaient les ressources extraordinaires des cités. — Mais
la branche la plus importante des ressources municipales

---

(1) M. Béchard, *Dr. municip.*

était l'impôt. — Des droits de péage considérables étaient affermés à des publicains et recueillis par eux au profit de la ville. — Ces droits se composaient de droits de douane perçus sur les importations étrangères et d'impôts indirects analogues à nos droits d'octroi, portant sur certains objets de consommation qui se vendaient dans les marchés (1). La perception de ces droits était mise en ferme ; l'adjudication s'en faisait à la chaleur des enchères ; nul ne pouvait enchérir s'il était débiteur de la ville ; les décurions étaient exclus. — Les *publicani* pouvaient se former en sociétés dites *vectigalia* qui présentaient certaines particularités. Ainsi, contrairement au droit commun, les *publicani* associés pouvaient convenir que la société continuerait avec les héritiers de l'un des associés. — Des droits de péage étaient aussi établis sur les routes et les ponts, et payés pour les personnes, pour les voitures et les marchandises. — On n'exceptait que les choses destinées au fisc ou affectées aux besoins de l'agriculture (2).

Enfin certaines redevances, certaines prestations en nature étaient exigées de ceux qui possédaient des héritages le long d'un chemin ou dans le voisinage d'un aqueduc ; ils étaient tenus de contribuer à son entretien et allégeaient, par leur concours, les charges de la cité.

----

(1) M. Béchard.
(2) L. 5. C., *de vectigal. et commiss.*

CHAPITRE VIII.

Garanties des cités contre les fonctionnaires chargés du maniement de leurs fonds.

Les lois romaines avaient puissamment protégé la fortune municipale contre les dilapidations possibles ; elles donnaient de nombreuses garanties aux cités contre les officiers chargés du maniement de leurs fonds.

Bien que les fonctionnaires fussent obligés d'accepter et de gérer les charges qui leur étaient déférées, ils étaient responsables de leur gestion. En principe, les fonctionnaires ne faisaient qu'exécuter les décisions prises par le sénat municipal dans l'intérêt commun ; mais les décrets de la curie n'intervenaient pas à tout instant, sur tous les points de détails, une certaine initiative était laissée aux administrateurs : cette initiative explique la responsabilité étendue dont ils étaient frappés. — Les magistrats étaient responsables, comme les tuteurs, des fautes même légères qu'ils commettaient dans l'accomplissement de leur mandat (1). Ainsi la cité pouvait réclamer d'eux tout capital qu'ils avaient reçu et perdu, même sans aucune faute. — Quant aux intérêts, ils ne les devaient qu'en cas de faute prouvée contre eux. — Cette faute était présumée toutes les fois qu'un fonctionnaire avait retenu une somme sans qu'il pût donner quelque motif plausible du retard qu'il avait mis à la verser dans la caisse municipale (2). D'après la table

____

(1) L. 6. D., *de administ. rer.*, 50, 8.
(2) L. 9, § 9 et 10. D., liv. 50, tit. 8, *de administ. rer.*

de Malaga, le magistrat a un délai de trente jours pour verser l'argent qu'il a reçu dans la caisse municipale. Tant qu'il sera dans ce délai, il n'y aura pas faute de sa part (1). Le *curator prædiorum* qui avait affermé, sans exiger des garanties, les immeubles de la cité, était responsable de l'insolvabilité du fermier (2). Celui qui avait emprunté pour le compte de la cité, ne pouvait faire retomber sur elle la charge de l'emprunt qu'autant que les deniers empruntés avaient tourné à l'utilité publique (3). Si un *curator*, dans une vente de biens municipaux, n'a pas apporté tous les soins désirables, il est puni de sa négligence *in simplum*; s'il est coupable de fraude, de dol, la condamnation sera *in duplum*.

Chaque administrateur, en quittant ses fonctions, devait rendre ses comptes de gestion. Ces comptes, d'après la table de Malaga, étaient rendus à la curie ou à trois commissaires qu'elle pouvait commettre pour les recevoir.— L'administrateur doit justifier du capital des sommes qu'il avait à faire valoir ainsi que des intérêts qu'elles ont dû produire. Le compte de gestion, une fois vérifié et opéré, devient inattaquable, quand un délai de vingt ans s'est écoulé, si c'est l'administrateur lui-même qui a rendu ses comptes; et après un délai de dix ans, si ce sont ses héritiers qui les ont rendus. L'obligation de rendre compte, en effet, et la responsabilité de la gestion passaient aux héritiers de l'administrateur, après sa mort, comme toute autre obligation, sauf les peines, lesquelles étaient personnelles au coupable (4).

----

(1) Table de Malaga, LXVII.
(2) L. 3, § 1. D., liv. 50, tit. 8, *de administ.*
(3) L. 27. D., *de rebus creditis.*
(4) L. 13, § 1. D., liv. 11, tit. 3.

Même après le délai de dix ou vingt ans, le compte pouvait être réformé pour erreur de calcul.

Le fonctionnaire devait payer sur son patrimoine toutes les sommes qu'il avait fait perdre à la cité par sa faute ou sa négligence, et celles dont il pouvait être constitué reliquataire après la reddition de ses comptes ; aussi. les lois veillaient à la conservation de ce patrimoine, garantie du trésor municipal ; le fonctionnaire se trouvait soumis à certaines incapacités, et nous avons vu, dans la seconde période de l'empire, les décurions frappés de la prohibition de vendre leurs immeubles, à moins de l'autorisation du pouvoir supérieur, et atteints. même dans leur droit, de disposer par testament.

Mais la loi ne trouvait pas encore ces garanties suffisantes ; trop souvent la fortune du fonctionnaire fut insuffisante pour couvrir les pertes causées par sa mauvaise administration. La responsabilité des magistrats n'atteignait pas seulement celui qui avait la gestion, elle s'étendait à d'autres personnes qui, soit expressément, soit tacitement, étaient tenues comme cautions. Comme les tuteurs et curateurs nommés sans enquête, les fonctionnaires sont obligés de donner caution ; les fidéjusseurs qu'ils fournissent outre leur promesse verbale peuvent avoir même à donner des gages.

Indépendamment des fidéjusseurs qui promettent expressément, *rempublicam salvam fore*, on trouve plusieurs personnes qui, à raison de certaines circonstances, sont obligées tacitement. C'est d'abord le magistrat sortant de fonctions qui a désigné son successeur ; le *nominator* répond de la gestion de celui qu'il a désigné aux suffrages de la curie, comme remplissant toutes les conditions voulues pour lui succéder. Les *nominato-*

res sont assimilés par les textes aux fidéjusseurs ; comme eux ils ne sont point soumis aux actions pénales encourues par celui dont ils répondent.

Une autre sorte de fidéjussion est celle du père de l'administrateur qui a consenti à ce que le fils, placé sous sa puissance, fût investi de fonctions municipales. Par ce consentement, il se porte garant de la bonne gestion de son fils ; il est même traité plus durement que les fidéjusseurs, car il répond lui, de la nomination des *curatores* faite par son fils. Le consentement du père est toujours présumé, *si præsens nominationi non contradixit;* s'il ne veut pas être tenu, il devra donc manifester formellement son opinion contraire. Le père n'était garant qu'autant que le fils administrateur était *in potestate,* soit par un lien naturel et civil, soit par le lien purement civil de l'adoption ; l'émancipation faisait cesser toute responsabilité du père, à moins qu'elle n'ait été faite dans un but frauduleux (1).

Pour la plupart des magistratures, nous l'avons vu, le système romain avait établi l'annalité et la dualité, deux garanties contre l'arbitraire. Le fonctionnaire municipal est responsable des actes de son collègue ; cette responsabilité du collègue est logique, car devant agir ensemble, *communi consilio et labore,* pourquoi n'a-t-il pas empêché son collègue de mal faire en usant de son droit de *veto,* ou pourquoi n'a-t-il pas agi lui-même (2) ? La communauté de gestion *individuum officium* devait amener une responsabilité commune, et cela, quand bien même les magistrats municipaux se seraient par-

(1) L. 38, § 4. D., liv. 50, tit. 1, *ad munic.*
(2) L. 9, § 8. D., *de administ. rer.,* liv. 50, tit. 8.

tagé l'administration, car on ne peut par des conventions particulières compromettre l'intérêt public (1).

Les textes indiquent dans quel ordre la cité peut exercer ses recours ; elle doit agir d'abord contre chacun des magistrats à raison de son administration personnelle, ou contre les fidéjusseurs qui se sont portés expressément cautions. Si l'administrateur et ses cautions étaient insolvables, on discutait la solvabilité du *nominator*, et ce n'était qu'à la dernière extrémité qu'on pouvait inquiéter le collègue. La raison de cet ordre, c'est que le *nominator* était appelé à tenir sa parole ; le second avait simplement à subir la peine de sa négligence (2). Pourtant cet ordre à suivre dans l'exercice des recours soulève quelques difficultés; certains auteurs distinguent entre les *honores* et les *munera :* pour les *honores*, ils adoptent l'ordre que nous venons d'indiquer ; pour les *munera*, ils font une sous-distinction suivant que les fonctions ont été confiées divisément ou conjointement. Dans le premier cas, les recours s'exercent dans le même ordre que pour les *honores ;* dans le second, la solvabilité du collègue doit être discutée en second lieu avant celle de tous autres fidéjusseurs.

Du reste, les fonctionnaires soumis à l'égard de la cité à cette garantie mutuelle restaient, dans leurs rapports entre eux, responsables chacun de ses actes; celui qui a payé pour son collègue a un recours à exercer contre lui au moyen d'une action utile de gestion d'affaire (3). Les différents garants, fidéjusseurs exprès, fidéjusseurs

---

(1) L. 3 pr. D., *de administ. rer.*, liv. 50, tit. 8.
(2) L. 11 et 13. D., *ad munic.*
(3) L. 2, § 9 et 10. D., liv. 50, tit. 8, *de administ.*

tacites, peuvent invoquer les bénéfices de discussion, de division, de cession d'actions ; ils pourront, après avoir payé, recourir par une action de mandat ou de gestion d'affaires contre le fonctionnaire municipal dont ils ont garanti la gestion (1).

A toutes ces garanties données aux cités contre les malversations ou l'impéritie de ses magistrats, il faut ajouter une garantie toute morale ; chaque fonctionnaire, avant d'entrer en fonctions, devait prêter le serment solennel de prendre pour règle de son administration les lois du municipe et l'intérêt commun de leurs concitoyens. Ce serment dont la formule nous est donnée par les tables de Salpenza et de Malaga était encore une garantie qui augmentait les chances d'une bonne administration.

CHAPITRE IX.

Tutelle administrative.

Malgré la responsabilité de ses fonctionnaires, malgré la série de recours qu'elle avait à exercer, il pouvait arriver encore que la cité se trouvât lésée. La ville, il est vrai, en matière d'obligations, ne se trouve jamais obligée que dans la limite de ce dont elle s'est enrichie, mais la mauvaise gestion de ses administrateurs pouvait la soumettre à des conséquences préjudiciables autres que des obligations. Supposons, en effet, que, par la négligence des magistrats, un bien du municipe ait été usucapé, ou

---

(1) L. 30. D., *negat. gest.*

qu'une action qui lui compétait ait été prescrite, ou encore qu'une hérédité onéreuse ait été acceptée ; dans tous ces cas, si les magistrats et leurs cautions ne pouvaient réparer sur leurs propres biens le dommage causé, la cité fût restée sans ressource. Aussi le municipe est assimilé à un mineur, et, par une *restitutio in integrum*, les lois le mettent à l'abri de toute lésion : *respublica jure minorum uti solet ideoque auxilium restitutionis implorare potest*. Les cités étaient considérées, jusqu'à un certain point, comme incapables, comme mineures vis-à-vis de l'État, et ces mêmes magistrats préteurs, proconsuls ou lieutenants, qui leur accordaient *extra ordinem* la *restitutio in integrum*, exerçaient sur les villes une haute tutelle administrative.

D'abord le *præses* avait la connaissance de certaines affaires municipales ; ainsi, s'il y a contestation sur le point de savoir si telle personne est *incola* de telle ville ou de telle autre, c'est lui qui jugera la difficulté. Le gouverneur a une haute surveillance sur les travaux des villes, il juge de leur opportunité, examine si les dépenses projetées sont en rapport avec les revenus des villes ; les travaux entrepris, il veille à ce qu'ils soient bien exécutés. Il contrôle la fixation des impôts et s'oppose à ce qu'il en soit établi de nouveaux. Le *præses* devait examiner les recettes et les dépenses, prendre connaissance des comptes et les faire approuver. Il intervenait dans les nominations aux *munera* et aux *honores*, il veillait à ce qu'il en fût fait une juste et rationnelle répartition, il désignait des candidats au choix de la curie, mais sans les imposer ; il annulait les décrets des curies entachés d'excès de pouvoir.

Ce droit d'intervention du pouvoir central, cette tutelle administrative, ne fut à l'origine pour les cités que la source d'une direction sage et utile ; le pouvoir central laissait aux administrations municipales une liberté d'action suffisante tout en sauvegardant l'intérêt général dont il est le gardien. Néanmoins il était le germe de grands dangers pour l'avenir des municipes ; cette influence qu'il exerçait sur les villes municipales, au moyen de ses agents, le gouvernement central chercha toujours à l'augmenter ; nous avons vu, à mesure que l'empire romain déclinait, que ses besoins augmentaient, comment, à une influence, une tutelle protectrice, se substitua un envahissement oppresseur, comment la vie propre des municipes fut étouffée sous la pression de la volonté impériale, à peu près souveraine, jusqu'au jour où l'empire même s'écroula.

DROIT FRANÇAIS.

DES

CONSEILS GÉNÉRAUX DE DÉPARTEMENTS

Commentaire des lois des 22 juin 1833, 10 mai 1838, 18 juillet 1866.

INTRODUCTION HISTORIQUE.

« Les cataclysmes politiques, si profonds qu'ils soient, détruisent moins qu'on ne le croit en général, disait M. le Ministre d'État à l'ouverture du Conseil général du Puy-de-Dôme, en 1866; ils embrouillent ou dénouent le fil conducteur des sociétés; bien rarement ils le rompent. Il y a toujours dans le présent bien plus de passé qu'on ne le suppose. » Cette réflexion, si juste et si vraie pour toutes les institutions sociales, est surtout frappante pour celle dont la nécessité se fait sentir chez tous les peuples, dont on retrouve la trace dans toutes les civilisations un peu avancées. Un peuple divisé par des intérêts communs en circonscriptions territoriales, que l'on appellera provinces ou départements, estimera toujours comme une de ses précieuses prérogatives le droit de nommer des délégués, qui, réunis en conseil, seront la garantie d'une répartition équitable de l'impôt demandé par le Chef de l'État, ou voté par le législateur ; ils seront aussi près du gouvernement les interprètes des populations, pour traduire leurs souffrances, exprimer leurs vœux, qu'eux seuls sont à même de bien connaître, parce que seuls ils sont en rapports directs avec ceux qui souffrent et demandent.

L'institution des Conseils généraux de départements n'est pas une création de la Révolution ; elle a son principe et son type dans les assemblées provinciales créées par l'édit de 1787. La Révolution devait nécessairement amener des modifications importantes dans la constitution et les attributions de ces assemblées dues à l'initiative de Turgot et de Necker ; mais néanmoins, si on compare les Conseils généraux après 1838 aux assemblées provinciales de 1787, on trouve de grandes analogies.

Du reste, en signant l'édit de 1787, Louis XVI ne faisait que rendre libéralement aux provinces les assemblées locales que ses prédécesseurs leur avaient enlevées. Au moyen âge, toutes les provinces de France avaient des États particuliers pour le vote et la répartition des impôts. Ces États que Richelieu, ce puissant créateur de la centralisation moderne, combattit de tous ses efforts, avaient presque tous disparu dans la première moitié du xviie siècle. Avant 1787, il n'y avait plus que quelques provinces, la Bretagne, le Languedoc, la Bourgogne, la Flandre, l'Artois, le Roussillon, qui eussent conservé un reste de leurs anciennes franchises ; on les appelait Pays d'États.

ASSEMBLÉES DES PAYS D'ÉTATS.

Courtépée, dans son *Histoire du duché de Bourgogne*, avance que les États de cette province ont leur origine, suivant Gollut et quelques auteurs dans les assemblées locales des anciens Germains (1). En effet, outre les *champs de mars*, les *placita generalia*, assemblées générales, où l'on discutait les intérêts communs de la nation, les Germains avaient des assemblées plus restreintes appelées *mals* ou *plaids*, composées de tous les hommes libres établis dans une certaine circonscription territoriale. Ces assemblées ont continué après l'invasion ; les textes des lois des Francs l'attestent à chaque pas. En voici quelques-uns : Que l'assemblée (*conventus*) se fasse, selon l'ancienne coutume, dans chaque centène devant le comte ou son envoyé, et devant le centenier (2). Que le plaid (*placitum*) ait lieu de samedi en samedi, ou tel jour qu'il plaira au comte ou au centenier, de sept en sept nuits, lorsqu'il y aura peu de tranquillité dans la province. Quand la tranquillité sera plus grande, que l'assemblée ait lieu de quatorze en quatorze nuits, dans chaque centène (3). Que tous les

----

(1) On peut trouver aussi le germe d'institutions libres et locales dans les assemblées délibérantes qui administraient, au dire de César, les districts ou *civitates* de la Gaule avant la conquête. Ces districts comprenaient souvent plusieurs villes importantes et prenaient le nom de leur ville capitale.

(2) Loi des Allem., t. XXXVI, c. 1.

(3) Loi des Allem., t. XXXVI, c. 2.

hommes libres se réunissent au lieu indiqué, et que personne n'ose dédaigner de venir au plaid. Que ceux qui demeurent dans le comté, soit vassaux du roi ou du duc, soit tous autres viennent au plaid ; et que celui qui négligera de venir soit condamné à payer 15 *solidi* (1). La principale affaire de ces assemblées locales était, il est vrai, de rendre la justice ; mais on y traitait également de tous les intérêts communs des hommes qui s'y rassemblaient. Elles tombèrent bientôt en désuétude, et Charlemagne réduisit à trois par an le nombre de ces plaids locaux, que les lois des Francs convoquaient tous les mois, tous les quinze jours, toutes les semaines même. Les assemblées locales disparurent sous les derniers Carlovingiens en même temps que les *placita generalia*, mais tandis que ces grandes assises de la nation ne reparaissent qu'en 1302 sous le nom d'*États-Généraux*, on retrouve presque immédiatement les plaids locaux reconstitués sous une forme nouvelle.

Sous le régime féodal, le haut seigneur est arrivé à se créer une position presque indépendante, vis-à-vis du roi qui n'est plus que le souverain fieffeux du royaume ; mais s'il veut obtenir les secours d'hommes et d'argent qui lui sont nécessaires pour une entreprise importante, il doit réunir ses vassaux en conseil. Le second service dû par le vassal à son suzerain, et qu'exprimait, suivant Brussel, le mot *fiducia*, *fiance*, était l'obligation d'assister le suzerain dans sa cour, dans ses plaids, toutes les fois qu'il convoquait ses fidèles soit pour leur demander des conseils, soit pour leur demander des *aides*.

Voilà l'origine vraie des États de provinces : ces con-

---

(1) Loi des Boiares, t. XV, c. 1.

seils composés de seigneurs et de dignitaires de l'Église se régularisèrent dans chaque grand fief, mais ils ne devinrent de véritables assemblées provinciales jouissant du droit d'intervenir dans le vote et la répartition des impôts et participant à l'administration d'une certaine circonscription territoriale, qu'au jour où le grand mouvement communal du xii° siècle eut introduit un élément nouveau dans leur sein, le Tiers-État.

Tous les documents historiques attestent l'existence simultanée des États-Généraux et des assemblées particulières des provinces vers le commencement du xiv° siècle, seulement ces dernières ont suivi le mouvement général; elles votent des aides demandées par le roi et non plus par le seigneur, elles sont un conseil du roi, un premier degré des États-Généraux de la nation et non plus seulement le conseil du suzerain.

Voici ce que l'on trouve dans Pasquier (1) : « Ni sous la première, ni sous la seconde lignée de nos rois, ni bien avant, sous la troisième, nous ne reconnaissions l'usage des aides, tailles et subsides. — Nos rois, pour leur entretenement, faisaient fonds de leurs domaines. ..... Ce n'est pas que de fois à autre ils ne tirassent quelques deniers; ce que le peuple ne pouvait goûter, les appelant *maletoutes*, comme deniers mal tollus et ostés... ce qui causait des émotions populaires; pour auxquelles obvier, on fut d'avis, pour faire avec plus de douceur avaler cette purgation au commun peuple, d'y apporter quelque beau respect; ce fut de faire mander par nos rois, à toutes leurs provinces, que l'on eust à s'assembler dans chaque bailliage, et que le clergé et la noblesse,

(1) L. 2, ch. VII.

et le demeurant du peuple qui fut appelé *tiers-état*, ad-
visassent d'apporter remède aux deffauts généraux de la
France, et tout d'une main aux moyens qui étaient requis pour subvenir à la nécessité des guerres qui se présentaient, et qu'après avoir pris langue entre eux, ils
députassent certains personnages de chaque ordre pour
conférer tous ensemble en la ville à ce destinée : en laquelle, après que le chancelier, en la présence du roi, a
remontré le désir que S. M. apportait à la réformation de
l'État, et les urgentes nécessités qui se présentaient pour
le fait de la guerre, il les adjure d'y apporter chacun son
talent, et de contribuer, d'un commun vœu, à ce qu'ils
trouveraient nécessaire pour le maintien de l'État. »

A l'époque où se réunissaient ces assemblées de bail-
lage s'appliquait, dans toute sa rigueur, cette maxime :
« Qui paie l'écot il soit à l'asseoir, » et l'impôt était réparti entre les habitants de chaque communauté par des
élus, délégués, nommés par eux. — Au commencement
du xv° siècle, alors que Charles VII demeurait à Bour-
ges, capitale de la France occupée en partie par les An-
glais, on voit les États des provinces et des villes restées
fidèles prendre une part active à l'administration; ils
s'assemblent au moins une fois par an et délibèrent sur
les demandes de finances qui leur sont adressées (1).

Ces détails historiques donnent une idée de la formation lente et progressive des États provinciaux ; mais on
ne peut prétendre formuler une règle générale de leur
organisation ; elle dut varier beaucoup dans chaque province, suivant les circonstances, ses privilèges ou les
clauses de réunion à la couronne. — Une diversité

____

(1) *Hist. de Charles VII*, M. Vallet de Viriville, t. I, p. 388.

extrême subsista entre les constitutions des différents États : la constitution de la Bourgogne était toute féodale, celle de la Provence toute démocratique. En Bretagne, les États se tenaient tous les deux ans, depuis 1630 ; avant cette époque, ils étaient annuels : le tiers-état n'y comptait que 48 députés, le clergé 9 évêques et 48 abbés ; mais ce qui donnait une physionomie toute particulière aux États de cette province, c'est que tous les gentilshommes, au nombre de 1,300, avaient droit de présence et droit de vote.

En Artois, les États se réunissaient tous les ans, le peuple y entre et se range debout derrière les bancs des trois ordres.

Saint-Julien de Balleure assure que les États de Bourgogne se trouvèrent fondés en titres et conventions faites avec Carloman, fils de Louis le Bègue ; et Robert, ajoute-t-il, en prenant solennellement possession du duché, en 1015, confirma avec serment ces « États et le pouvoir des élus d'iceux. »

Non-seulement la province de Bourgogne avait une assemblée générale, pour régler son administration économique et la répartition des impôts, les différents comtés de la province semblent avoir eu leurs États particuliers, qui furent réunis successivement aux États généraux. À l'époque où Courtépée écrivait, le comté de Mâcon était encore régi par des États particuliers, dont l'évêque prend le titre de président-né et perpétuel.

L'historien de la Bourgogne donne quelques détails sur la composition et les attributions des États du duché, d'après lesquels, malgré la diversité des constitutions, on peut se faire une idée du jeu de ces assemblées provinciales.

Les trois ordres du clergé, de la noblesse et du tiers-état composent les États de Bourgogne. — La chambre du clergé est composée d'évêques, d'abbés, des doyens et députés des chapitres. — Les députés de la noblesse doivent justifier d'une noblesse de quatre générations qui remplissent un siècle, encore ils n'ont voix délibérative que lorsqu'ils sont possesseurs de fiefs dans la province et qu'ils en ont justifié par la prestation de foi et hommage. — La chambre du tiers-état est composée des maires et députés des villes de la province. — Les États de Bourgogne, d'abord annuels, furent tenus tous les trois ans dès le règne de Louis XI; outre les assemblées ordinaires, les ducs et les rois en convoquaient quelquefois d'extraordinaires, soit pour des octrois particuliers, soit pour des événements imprévus. — Du reste, les États ne s'assemblaient jamais sans convocation. Le roi adresse des lettres de cachet à tous ceux qui ont le droit d'y assister, pour leur indiquer le jour de l'ouverture.

L'assemblée est ordinairement composée de quatre cents à quatre cent cinquante personnes. — Elle est présidée par le gouverneur, et, en son absence, par le commandant pour le roi, ou un des lieutenants généraux de la province. — Le gouverneur est placé dans un fauteuil de velours bleu, semé de fleurs de lis d'or, sous un dais à la pente duquel est le portrait du roi. — Le premier président et l'intendant sont à droite, les officiers des finances à gauche; plus bas sont les secrétaires en chef des États et le trésorier général. Le plus ancien du bureau des finances ouvre la séance par un discours qui a pour objet les lettres de convocation qu'il présente. — Le gouverneur parle ensuite pour assurer, en peu de mots, les États, qu'il rendra compte au roi de leur fidélité et de leur zèle. — La harangue du premier président re-

garde spécialement l'administration de la justice ; celle
de l'intendant explique les intentions du roi et les secours qu'il attend de la province. — Enfin l'évêque d'Au-
tun termine la séance par un discours en faveur des
peuples dont il expose les besoins et les intérêts.

Après cette réunion générale, les trois ordres se reti-
rent dans les salles qui leur sont destinées, vaquent aux
affaires générales et particulières, et délibèrent sur les
propositions de l'intendant.

La première opération de chacune des trois chambres
est la nomination des élus, qui n'entrent en fonction
qu'après la clôture des Etats. — Les élus des Etats, au
nombre de sept, forment une assemblée permanente,
qui, pendant l'intervalle des sessions, veille à l'exécution des décisions prises par les Etats. — Les élus répartissent les impositions arrêtées par l'assemblée générale ;
ils veillent à l'entretien des ponts, chaussées, édifices et
autres ouvrages à la charge des Etats ; ils ordonnent la
construction et les réparations des chemins, tant par
corvée qu'à prix d'argent.

On procède ensuite à la nomination de sept commissaires alcades, qui exercent les fonctions de censeurs ; ils
font des observations sur l'administration et sur tout ce
que les élus ont fait et ordonné pendant leur triennalité.
— Ils rédigent des remarques utiles pour la province dans
deux assemblées particulières qu'ils tiennent avant l'ouverture des Etats et les présentent à chaque chambre en
prononçant un discours relatif aux objets qu'ils ont
discuté.

Les chambres des trois ordres délibéraient séparément ; mais, quand il y avait quelque communication à
faire d'une chambre à l'autre, il se faisait des députa-
tions avec un cérémonial déterminé.

Lorsque les affaires sont épuisées et que les délibérations ont été prises dans les trois chambres, les députés se rassemblent en assemblée générale pour en faire la révision, c'est ce qu'on appelle *la conférence*. Si sur une même question les décisions des trois chambres se trouvent conformes, le président du clergé, l'élu de la triennalité précédente, prononce simplement qu'il y a *décret*; si l'avis de la noblesse ou celui du tiers-état est différent, il prononce qu'il y a décret au clergé; si au contraire le clergé seul diffère de l'avis des deux autres chambres, le président de la noblesse déclare qu'il y a décret à la noblesse. Les commissaires du roi n'assistent point à la conférence.

Chaque ordre était ainsi souverain dans sa sphère, même pour les affaires communes; la délibération de deux des ordres n'était pas obligatoire pour le troisième. Cette doctrine était précieuse pour l'indépendance du tiers-état et contribua singulièrement à l'extension de son autorité territoriale (1).

Dans les pays d'États, tels que la Bretagne, la Bourgogne et le Languedoc, les intendants n'étaient pour ainsi dire que les commissaires du roi chargés de solliciter des subventions, de veiller à l'entretien des troupes et d'exercer la haute police dans l'intérêt du gouvernement. Les provinces qui jouissaient de cette administration indépendante se distinguaient généralement par un plus haut degré de prospérité, les intérêts du pays étaient mieux entendus et mieux défendus, les travaux publics mieux dirigés, mieux surveillés.

Les attributions des assemblées de province ne con-

---

(1) Discours de M. Rouher.

sistaient pas seulement à voter des dépenses ou des
charges locales, à régler les intérêts du pays. Les États
votaient des subsides au roi ou bien lui adressaient des
remontrances sur des impôts dont il demandait l'établissement. Ils concouraient solennellement, en 1501, à la
publication et à la réformation des coutumes, enfin ils
dressaient, après de longs débats, les cahiers de la province pour les États généraux et députaient pour les
soutenir ses membres les plus distingués.

Voilà sommairement quelles étaient l'organisation et
les attributions des États de province. Certainement les
conseils généraux de département qui n'ont aucun rôle
politique diffèrent essentiellement des assemblées des
pays d'États; néanmoins ce rapprochement fait voir
comment on est arrivé à la création des assemblées provinciales et des conseils généraux, et peut-être peut-on
chercher dans ces États qui existaient primitivement dans
chaque province l'idée première des conseils de département. Ils répondent aux mêmes besoins locaux et doivent veiller aux mêmes intérêts; le contribuable paie
bien plus volontiers quand il peut voir le bénéfice immédiat de la taxe qui lui est imposée; il est persuadé
que ses intérêts seront mieux sauvegardés si une assemblée locale y veille, une assemblée composée d'hommes
éclairés, propriétaires et habitants de la province ou du
département, et par conséquent les premiers intéressés à
la bonne administration de cette circonscription territoriale.

ASSEMBLÉES PROVINCIALES.

Sauf quelques provinces appelées *pays d'États*, les assemblées provinciales avaient donc disparu depuis le

commencement du xviii° siècle, les autres provinces, appelées *pays d'élection*, étaient divisées en *généralités*, les généralités étaient divisées en *élections*, qui correspondaient à peu près à nos arrondissements d'aujourd'hui ; chaque généralité était administrée par un intendant investi d'un pouvoir sans limites ; les intendants relevaient directement du conseil du roi. Il n'y a qu'un cri dans tout le xviii° siècle contre l'administration arbitraire et dévorante des intendants : ils épuisaient d'hommes et d'argent les provinces qui leur étaient livrées. Dès les dernières années du règne de Louis XIV, tous les nobles cœurs signalent l'état déplorable de la France et dévoilent les souffrances du peuple ; ils demandent des réformes, ils cherchent des remèdes à cet état de choses ; ce fut Fénelon qui indiqua le plus sûr. Dans le plan de réforme qu'il écrivit secrètement pour le duc de Bourgogne, Fénelon propose comme première mesure devant contribuer à relever la France, le rétablissement d'États particuliers dans chaque province. Les États électifs seuls pouvaient changer le système financier qui écrasait le royaume. La mort du duc de Bourgogne mit à néant les projets de Fénelon ; le règne de Louis XV aggrava la situation de la France, sans aucun effort de la part du souverain pour le modifier, et il faut arriver jusqu'à Turgot pour trouver quelques tentatives faites dans la voie indiquée par Fénelon. Turgot conçut tout un plan d'assemblées électives, dans lesquelles il supprimait le principe des trois ordres.

Ce projet n'eut pas de suite ; mais il fut repris par Necker, en 1778. Necker s'occupe seulement des assemblées provinciales ; il conserve le principe des trois ordres, dont la suppression eût soulevé trop d'opposition, mais il y apporta une modification importante. Dans les

États généraux et dans la plupart des États provinciaux, les trois ordres votaient séparément ; dans les États du Languedoc seuls, les trois ordres, réunis en une seule assemblée, votaient par tête, et le tiers-état comptait autant de députés que les deux autres ordres réunis ; c'est cet exemple, indiqué par Fénelon, que Necker suivit pour la constitution des assemblées provinciales.

Le 12 juin 1778, la province du Berry, la plus pauvre du royaume, fut dotée d'une assemblée provinciale. Elle devait compter 48 députés, 12 du clergé, 12 de la noblesse, et 24 du tiers-état ; les suffrages devaient se compter par tête. L'année suivante, une assemblée de la *Haute-Guyenne* fut constituée dans la généralité de Montauban ; une autre le fut à Moulins, mais elle ne put se réunir, et cet échec fut une des causes déterminantes du départ de Necker.

En 1787, le roi convoqua l'assemblée des notables ; le premier projet qui leur fut soumis par de Calonne fut un édit sur l'organisation des assemblées provinciales dans tout le royaume. Les notables adoptèrent avec chaleur cet édit qui fut mis à exécution par M. de Brienne.

La première assemblée, constituée en vertu de cet édit, fut celle de Champagne. Les assemblées provinciales se composèrent des sujets des trois ordres payant les impositions foncières ou personnelles dans ces provinces. Le roi détermine le nombre des membres de l'assemblée d'après l'étendue de la province, mais le nombre des membres des deux premiers ordres ne peut dépasser le nombre des membres choisis pour le tiers-état.

Pour ménager bien des esprits qui eussent été blessés par le principe absolu d'élection, on suivit un système mixte pour la composition de l'assemblée. Six membres du clergé, six membres de la noblesse et douze membres du tiers-état sont nommés directement par le roi, les vingt-quatre autres membres sont choisis par leurs collègues qui observent les mêmes proportions entre les trois ordres. Le roi n'intervenai que pour la composition première de l'assemblée, le renouvellement ultérieur devait se faire d'après un système plus libéral. Chaque année, un quart des membres désignés par le sort devait sortir et était remplacé par des députés nommés par les assemblées d'élection. S'il y a des nominations irrégulières, la réformation en est poursuivie au conseil du roi par les procureurs syndics, ouï l'intendant en ses conclusions. L'assemblée, le jour même de sa réunion, délibère s'il y a lieu d'admettre provisoirement ou non la personne dont la nomination est contestée.

Les membres des assemblées d'élections ou d'arrondissements étaient eux-mêmes nommés par les assemblées municipales, composées du seigneur, du curé, d'un syndic ou maire, et de trois, six ou neuf membres élus par la généralité des habitants ; le droit électoral appartient à tous ceux qui paient dans la paroisse dix livres d'imposition foncière ou personnelle de quelqu'état ou condition qu'ils fussent : le curé et le seigneur, dont on redoutait l'influence, ne devaient pas assister à la réunion électorale qui devait se tenir le premier dimanche d'octobre pour procéder aux élections.

L'assemblée provinciale de Champagne eut une première réunion au mois d'août ; elle avait complété son établissement par le choix de vingt-quatre membres qui restaient à nommer ; puis elle avait nommé une commission intermédiaire chargée de se procurer les renseignements sur tous les objets que l'assemblée avait à traiter à la réunion générale du 17 novembre.

Le roi nomme le président, qui est l'organe de l'assemblée pendant le cours de ses séances; c'est par lui qu'elle correspondra avec le conseil de sa majesté (1). L'assemblée générale est ouverte par le *commissaire départi*, qui remplit les fonctions de commissaire du roi, il fait lire les lettres de convocation et prononce un discours pour faire connaître les intentions du roi et indiquer les points principaux sur lesquels les délibérations de l'assemblée doivent porter. Durant la session, le commissaire départi doit procurer à l'assemblée tous les éclaircissements qu'il jugera lui être nécessaires pour ses travaux; il est aussi informé par les procureurs syndics, de toutes les choses mises en délibération au sein de l'assemblée, toutes les pièces et états lui sont communiqués.

Le commissaire du roi peut entrer à l'assemblée pendant le cours de ses séances, toutes les fois qu'il le jugera utile pour le bien du service du roi, il y est reçu avec un cérémonial déterminé et s'assied à la droite du président. Le commissaire prononce la clôture de l'assemblée le trentième jour, ou même plus tôt si les ordres du roi le lui prescrivent, ou si, les affaires étant terminées, il en est requis par l'assemblée.

Pour faciliter les travaux de l'assemblée, les députés se divisent en bureaux dont chacun est chargé de l'étude de questions particulières. Le président propose la composition des bureaux; il sera de droit membre de tous les bureaux, et ils seront présidés par lui lorsqu'il y entrera; il distribue dans les bureaux tous les membres de l'assemblée en suivant les proportions établies entre les trois ordres.

(1) Instruc. interpret. du réglem.. du 5 août 1787.

D'après le règlement du 5 août 1787, le président de l'assemblée de Champagne forma quatre bureaux : le premier fut celui des fonds et de la comptabilité ; le second celui de l'impôt, il comprenait le régime de toutes les impositions, les projets d'abonnements et de modération ; le troisième bureau, celui des travaux publics, s'étendait à toutes les routes, aux chemins vicinaux, à la navigation, aux ateliers de charité, à l'exploitation des mines et autres ouvrages d'art ; le quatrième bureau était celui du bien public : sous cette dénomination on comprenait tout ce qui a rapport direct à l'éducation, aux mœurs, à la population, les enfants trouvés, les pauvres de chaque paroisse, les cours gratuits d'accouchement, les bureaux de charité et les autres établissements de même nature ; l'agriculture et le commerce avec toutes leurs dépendances, le produit des récoltes, les haras, les écoles vétérinaires, les pépinières ; la maréchaussée ; les biens communaux, les forêts. Outre ces quatre bureaux, quand il se présentait une affaire importante à étudier, le président pouvait la confier à un bureau particulier.

Chacun des bureaux étudiait les questions soumises à son examen, rédigeait le procès-verbal de ses travaux qui était lu en séance publique ; l'assemblée entière était appelée à voter sur ce rapport. Les voix sont recueillies par tête alternativement entre les membres des différents ordres.

Les assemblées provinciales sont chargées de la répartition et assiette de toutes les impositions foncières et personnelles, tant de celles dont le produit doit être porté dans le trésor royal, que celles qui doivent subvenir aux dépenses propres de la province, comme chemins, travaux publics, indemnités, enseignements, réparations d'églises et de presbytères. Toutes ces dépenses, suivant leur nature, doivent être délibérées ou surveillées par les assemblées provinciales. Les assemblées, pour faire cette répartition entre les électeurs, avaient sous les yeux une copie du brevet général de l'année suivante et différents états remis par l'intendant. Les assemblées d'électeurs, sur les mandements qui déterminaient la contribution respective de chacune d'elles, procédaient à la répartition entre les communautés. Les demandes en décharge ou indemnité formées par un contribuable sont portées à l'assemblée municipale, et pourront l'être ensuite à l'assemblée d'élection. Les demandes de cette nature formées *par les communes* peuvent, après avoir été portées aux assemblées d'élection, l'être une seconde fois à l'assemblée provinciale.

Les assemblées sont chargées, sous l'autorité et surveillance du roi et sous l'inspection de son conseil, de tout ce qui regarde la confection et les réparations des chemins royaux et des autres ouvrages publics. Toutes les sommes nécessaires pour les frais d'administration, pour la construction et l'entretien des routes, ouvrages d'art et canaux de navigation dans l'étendue de la province, et en général pour toute dépense à la charge soit de la province entière, soit de l'une de ses parties, doivent être délibérées chaque année par l'assemblée qui soumet sa délibération au Conseil d'État par la voie du commissaire du roi, en y joignant les plans et devis, afin de recevoir l'autorisation du roi s'il y a lieu. Lorsque les travaux auront été autorisés et l'état approuvé, les sommes auxquelles cet état se trouvera fixé seront réparties sans délai par la commission intermédiaire provinciale entre toutes les assemblées d'élection.

L'assemblée provinciale pendant la tenue de ses séances procède seule à l'adjudication et à la direction des travaux que l'assemblée aura proposés et qui s'exécuteront sur les fonds de la province. Les dépenses relatives à ces travaux sont acquittées sur les mandats donnés par la commission intermédiaire, d'après les certificats des ingénieurs; les autres charges et dépenses assises sur les fonds communs de la province sont réglées de la même manière.

Outre la répartition, l'assiette des impôts et l'administration économique de la province, l'assemblée pouvait faire toute représentation au roi, lui adresser des vœux et tous les projets qu'elle jugeait utiles au bien de la province. Toutefois, elle ne pouvait sous aucun prétexte mettre obstacle ou délai à l'assiette ou recouvrement des impositions établies. Aucun député ne peut personnellement proposer à l'assemblée un nouvel objet de délibération étranger à ceux qui sont ordinairement discutés, ni lire aucun mémoire qu'il n'en ait préalablement prévenu le président et n'ait communiqué sa proposition ou son mémoire à celui des bureaux qui se trouve chargé des objets auxquels serait analogue la proposition de ce député.

Les procès-verbaux des séances de l'assemblée sont jour par jour signés du président; celui de la dernière séance doit être signé de lui et de tous les membres de l'assemblée. Les procès-verbaux étaient livrés à l'imprimerie pendant la durée des séances de manière à ce qu'ils pussent être rendus publics immédiatement après la clôture de l'assemblée. Cette publicité des travaux de l'assemblée était un grand progrès à une époque où tout était encore arbitraire et obscurité dans les affaires publiques; elle assurait aux assemblées toutes les sympathies de la nation et la confiance si nécessaire à ceux qui on besoin pour faire le bien de heurter des préjugés, de contrarier des habitudes et même des intérêts mal entendus.

Dans l'intervalle des sessions, une commission intermédiaire composée du président, de sept membres, assistés de deux procureurs syndics, devait veiller à l'exécution des délibérations de l'assemblée, surveiller l'intendant, et préparer un rapport sur toutes les matières que l'assemblée aura à traiter dans sa session suivante. Cette commission intermédiaire avait beaucoup d'analogie avec ce qu'on appelle aujourd'hui en Belgique la *députation provinciale* chargée de représenter le Conseil provincial dans l'intervalle de ses sessions auprès des gouverneurs de province; peut-être pourrait on les comparer à nos conseils de préfecture.

L'organisation des assemblées provinciales embrasse la France entière à l'exception des pays d'États, qui possédaient des assemblées locales que l'on respecte. Elle ne rencontra d'opposition qu'au sein des parlements qui protestaient contre la fusion des trois ordres et le principe électif. Sous leur impulsion, quelques provinces refusèrent les assemblées provinciales, réclamant leurs anciens États dont la monarchie les avait privées. Mais, à part quelques exceptions, l'ensemble de l'organisation réussit parfaitement ; les assemblées provinciales se constituèrent et commencèrent leurs travaux, animées du meilleur esprit. Les procès-verbaux prouvent l'harmonie qui régna au sein de ces assemblées et toutes les grandes questions qui éveillèrent leur sollicitude.

Pour s'en faire une idée, il est curieux de parcourir les principaux rapports lus au nom des différents bureaux, devant l'assemblée de Champagne et sur lesquels elle a été appelée à délibérer. L'assemblée de Champagne

porta d'abord son attention sur le système financier ;
c'était, en effet, l'une des causes les plus directes des
souffrances du peuple et celle qui demandait le remède
le plus prompt. Trois rapports furent présentés par le
bureau de l'impôt, l'un sur la répartition de la capita-
tion, impôt personnel payé par les nobles, les officiers
de justice, les privilégiés ou employés sous les ordres
de l'administration et les roturiers dans les villes fran-
ches et les élections de taille réelle; l'autre, sur les
vingtièmes, l'assemblée sollicite du roi un abonnement
des vingtièmes. Un abonnement en matière d'impôt, dit
le rapporteur, est une convention réciproque entre la province et le souverain, en vertu de laquelle, moyennant
une somme fixe annuelle et représentative du produit de
l'impôt, elle acquiert le droit de le lever pour son propre compte. L'assemblée du Berry avait eu l'initiative
de ce grand progrès et le gouvernement lui-même pro.
posait aux provinces ces abonnements qui le délivraient
de tous les embarras de la perception.

Le troisième rapport du bureau de l'impôt concernait
la taille. La taille avait eu en Champagne, jusqu'en
1730, le même caractère d'arbitraire qu'en Berry; mais
depuis cette époque on l'avait tarifée, c'est-à-dire assise
sur une sorte de cadastre ou de tarif qui faisait connaître
l'étendue, la nature et la qualité des diverses propriétés
foncières et des facultés individuelles, il ne s'agissait
plus que de perfectionner ce mode de répartition.
L'assemblée trouve qu'elle n'a pas pour cela les instruc-
tions, les éléments nécessaires, et renvoie toute délibération sur ce point à la session suivante, chargeant les
membres de la commission intermédiaire de prendre
dans l'intervalle tous les renseignements désirables.

Les commissaires des travaux publics font un long

rapport sur l'état des routes dans la province. Les corvées ayant été supprimées par édit du 17 juin 1787, l'assemblée était chargée de veiller au bon emploi de l'impôt établi en échange. D'après les travaux de l'ingénieur en chef, elle classe les routes, en routes à l'entretien parfait, routes en réparations provisoires, et enfin routes à construire à neuf. L'assemblée fait un règlement sur les adjudications d'ouvrages à effectuer sur les routes, et organise tout un personnel préposé à l'entretien des chemins. Toutes les routes sont divisées en stationnement de douze cantonniers ; chaque stationnement est donné par adjudication à un entrepreneur ou chef cantonnier, lequel est tenu de payer les douze cantonniers et de surveiller leurs travaux dont il est responsable. Chaque cantonnier doit entretenir mille toises des routes les plus fatiguées, le double sur celles qui le sont moins. La haute surveillance des routes appartient aux sous-ingénieurs et à des commissaires nommés par chaque assemblée d'élection.

Les chemins vicinaux étaient en dehors de ce système : les travaux de création et d'entretien de ces chemins étaient ce qu'on appelait les *travaux de charité* payés par les contributions volontaires et la munificence royale ; ils étaient destinés à procurer aux manœuvres, aux vieillards, aux femmes, aux enfants, le moyen de subsister pendant l'hiver, qui suspend tous les travaux de la campagne. La province de Champagne comptait 145 de ces ateliers de charité dirigés par des conducteurs, surveillés par les sous-ingénieurs des ponts et chaussées.

Pour planter les routes, on avait pris le parti de former des pépinières établies par divers décrets dans les villes de Châlons, Troyes, Langres, Rethel, Joinville ; le prix des arbres était fixé à six sous, et chaque pépinière devait fournir un nombre d'arbres déterminé. L'assemblée se demande si les grandes routes à l'avenir cesseront ou non d'être plantées aux frais de la province, et renvoie à la session suivante toute décision sur ce point.

Le commerce et les manufactures de la province préoccupent l'assemblée ; les différentes industries de la Champagne, les fabriques d'étoffes de Rheims, de Rethel, les manufactures de coton de Troyes, les usines des élections de Vitry, Joinville, Chaumont, sont énumérées au rapport, mais c'est pour en signaler les souffrances. Il est prouvé, dit le rapporteur, que les manufactures étrangères ont inondé toute la France de leurs produits ; les trois quarts des métiers sont démontés, le commerçant a fait tous les sacrifices qui dépendaient de lui. Malgré l'impossibilité de se défaire de ses marchandises, il a achevé de remplir ses magasins, soutenu la main-d'œuvre ; mais ses fonds sont épuisés et l'entrée de l'hiver va livrer l'ouvrier à toutes les douleurs de la misère. Aussi l'assemblée sollicite de la bonté du roi une somme de soixante mille livres, pour servir au soulagement d'un très-grand nombre d'ouvriers que la situation des manufactures laisse sans ouvrage.

Le rapporteur du bureau du bien public trouvait, en 1787, que depuis longtemps la province de Champagne faisait des frais considérables pour ses haras sans en recueillir les avantages qu'ils devraient lui procurer (1). Les chevaux les plus chers viennent de l'étranger et le gouvernement est obligé de tirer d'Allemagne presque tous

---

(1) La dépense annuelle pour la province s'élevait à 12,800 fr.

les chevaux de remonte de sa cavalerie. La commission propose la réorganisation de l'administration des haras sur une autre base. L'assemblée ne se préoccupe pas seulement de l'amélioration de la race chevaline ; après deux rapports sur l'amélioration des bêtes à laine et des bêtes à cornes, l'assemblée demande au ministre des affaires étrangères de lui procurer quarante béliers et pareille quantité de brebis de l'Escurial ; elle décide aussi l'acquisition de taureaux et génisses de Suisse et de Franche-Comté.

L'instruction publique était bien négligée, surtout dans les campagnes, à la fin du xviii° siècle ; c'était une question qui éveillait peu alors les sollicitudes du gouvernement ; l'assemblée eut pourtant à s'en occuper ; le bureau du bien public fit lecture d'un mémoire sur l'éducation, qui lui avait été remis ; l'auteur y discutait avec assez d'étendue les moyens d'établir dans les paroisses de la campagne des maîtres d'école qui non-seulement donnassent aux enfants qui leur seraient confiés les premiers principes de religion et de mœurs, qui doivent être la base de toute éducation, mais encore des éléments d'agriculture qui les aidassent à se former quelques principes de raisonnements sur un objet si important pour eux. Le rapporteur demandait à ce que l'on prît en considération les vues sages et intéressantes de ce mémoire. Malheureusement les projets présentés supposaient des ressources que la province n'avait pas, et l'assemblée ajourna la discussion de cette question si importante.

Telles sont les principales questions sur lesquelles portèrent les travaux de l'assemblée de Champagne : ce qu'elle fit et, plus encore, ce qu'elle avait le projet d'entreprendre, donne une idée de tout le bien que pouvait faire à la France une telle institution organisée dans toutes les provinces ; créée plus tôt, elle l'eût sauvée peut-être et eût amené une réforme en la préservant d'une révolution. Malheureusement les assemblées provinciales n'eurent qu'une seule session. Revenu au ministère en août 1788, Necker vit qu'il était trop tard, et que les assemblées provinciales n'étaient plus un remède suffisant pour sauver la France ; il convoqua les États généraux. Au milieu de l'agitation universelle qui suivit cette convocation, personne ne perd de vue les assemblées provinciales ; les cahiers des États, surtout ceux du tiers, demandent des assemblées provinciales sur la base de celles de 1787. Chaque province, si petite qu'elle soit, demande une administration spéciale et cherche à se détacher du groupe dans lequel elle est comprise ; c'est à ces prétentions locales qui voient les inconvénients d'une division administrative trop étendue, que répondra la division en départements.

Dans la déclaration du 2 juin, ce dernier effort du parti de la cour, le roi confirmait l'institution des assemblées provinciales, y acceptait le vote par tête, qu'il ne voulait pas admettre au sein des États généraux, non plus que la réunion des trois ordres, et supprimait les intendants, les remplaçant par une commission intermédiaire choisie par les États, et seule responsable de l'administration de chaque province. Après les fameux décrets d'août 1789, qui supprimèrent les priviléges des provinces aussi bien que ceux des ordres, l'administration provinciale devait subir de profondes modifications : l'assemblée constituante n'avait plus à craindre les oppositions devant lesquelles avaient dû reculer deux ministres ; les discussions sur l'organisation administrative se prolongèrent jusqu'à la fin de décembre, et il en sortit le décret du 22 décembre 1789, qui, sauf quelques modifications, nous régit encore aujourd'hui.

ADMINISTRATION DÉPARTEMENTALE DE 1789 A LA CONSTITUTION DE L'AN III.

L'Assemblée constituante décrète, le 22 décembre, la division du royaume en départements. — Chaque département fut divisé en districts, dont le nombre ne pouvait être ni au-dessous de trois ni au-dessus de neuf. — Chaque district fut partagé en divisions appelées cantons ; cette dernière division seule était une innovation ; pour le reste, l'assemblée adoptait les même bases que Turgot et l'édit de 1787, en substituant le département à la province. — La France se trouva donc divisée en départements, districts, cantons et municipalités, division qui restera la même, malgré tous les changements que subira l'administration provinciale.

La nouvelle division du territoire nécessitait la création de nouveaux agents administratifs : l'Assemblée établit au chef-lieu de chaque département une administration supérieure sous le titre d'*administration de département*. Elle créa de même une assemblée administrative au chef-lieu du district sous le nom d'*administration de district*.

Pour la formation de ces conseils, l'assemblée adopta le principe électif pur, que Turgot et Necker n'avaient pas osé établir. Les électeurs, choisis par les assemblées primaires pour nommer les représentants à l'assemblée nationale, devaient élire dans chaque département les trente-six membres qui composaient l'administration départementale. — Les électeurs de chaque district nom-

maient les douze membres qui composaient l'administration du district.

Pour être éligible aux administrations de département, il suffisait d'être citoyen et de payer une contribution directe au moins égale à la valeur de dix journées
de travail. — Il y avait quelques incompatibités dont
celle-ci est à noter, parce qu'elle a, à bon droit, disparu ;
les membres des corps municipaux ne pouvaient être
en même temps membres des administrations de département et de district.

Chaque administration constituée était permanente,
non pas que leurs sessions fussent continues, mais les
membres conservaient leur caractère pendant tout le
temps pour lequel ils étaient élus, et chaque jour les affaires du département étaient gérées sous leur influence
et leur direction. Les membres de chaque corps étaient
renouvelés par moitié tous les deux ans.

Le même collége qui nommait les membres de l'administration de département ou de district choisissait un
procureur général-syndic, sorte de ministère public qui
devait imprimer aux affaires une marche régulière et
uniforme, mais qui, en fait, faisait naître des obstacles
à leur expédition. — Les procureurs généraux avaient
séance aux assemblées générales des administrations,
mais sans voix délibérative. Tout rapport devait leur être
communiqué et leurs conclusions sur ce rapport enten-
dues avant la mise en délibération.

Les administrateurs, soit du département, soit du district, nommaient leur président et leur secrétaire au
scrutin individuel et à la pluralité absolue des suffrages.

Un corps de trente-deux membres ne pouvait prendre
part à l'administration active ; aussi, chaque administration de département fut divisée en deux sections, dont

l'une serait le conseil et l'autre l'action, sous le nom de *directoire de département*.—Le directoire de département était composé de huit membres de l'administration de département, élus par leurs collègues à la fin de la première session. — Ces huit membres étaient élus pour quatre ans, renouvelés par moitié tous les deux ans, à tour d'ancienneté. — Le président de l'administration départementale présidait de droit les assemblées du directoire, qui pourtant pouvoit se choisir un vice-président dans son sein.

Le directoire devait toujours être en activité pour l'expédition des affaires. Chaque année, dans sa session qui devait durer un mois, le conseil de département fixait les règles de chaque partie de l'administration, ordonnait les travaux et les dépenses jugées nécessaires ; sur ces données, le directoire de département agissait et rendait les comptes de sa gestion au début de la session suivante ; ce compte était publié par la voie de l'impression.

Leurs comptes reçus, les membres du directoire se réunissaient à ceux du conseil, prenaient part aux séances, avec voix délibérative ; pendant toute la durée de la session, il n'y avait qu'une seule assemblée, la distinction entre le conseil et le directoire disparaissait. — Sans parler de son mode de formation dû au principe électif, mais à deux degrés et restreint dans une certaine mesure, ce système d'administration départementale avait deux vices principaux : le premier, dans le trop grand nombre des membres chargés du pouvoir exécutif, la responsabilité de l'administration, pesant collectivement sur huit membres et même sur trente-deux, n'atteignait en réalité aucun d'eux ; le second, que nous avons rencontré dans l'administration municipale chez les Romains, les magistrats municipaux étaient membres eux-mêmes de la curie chargée de contrôler leur administration. Les membres du directoire, chargés de l'administration proprement dite, prenaient séance au conseil après avoir rendu leur compte et participaient aux délibérations. — Or, leur présence au sein du conseil chargé de contrôler leurs actes était évidemment contraire au but de l'institution; plus au courant des affaires administratives, ils devaient exercer une grande influence sur les résolutions des conseils et faire adopter les mesures qu'ils désiraient mettre à exécution.

Les administrations du département sous la haute direction du roi sont chargées de répartir entre les districts toutes les contributions directes imposées à chaque département par le Corps législatif; les administrations de district les répartissaient entre les municipalités. Ces mêmes administrations doivent régler et surveiller tout ce qui concerne la perception et le versement du produit de ces contributions.

L'art. 2 du décret du 22 décembre 1789 porte que les administrations départementales doivent veiller au soulagement des pauvres et à la police des mendiants et vagabonds ; elles sont chargées de l'inspection et de l'amélioration du régime des hôpitaux, établissements de charité, prisons, maisons d'arrêt et de correction ; de la manutention et de l'emploi des fonds consacrés dans chaque département à encourager l'agriculture et l'industrie. La conservation des propriétés publiques, celle des forêts, rivières, chemins et autres choses communes ; la direction et confection des travaux pour l'entretien ou la création des routes, canaux et autres ouvrages publics autorisés par le département ; l'entretien, la reconstruction des églises et presbytères; le maintien de la salubrité, de la sûreté et de la tranquillité publiques, rentraient dans les attributions de l'administration départementale ; enfin, l'instruction publique, l'enseignement politique et moral devaient éveiller toute sa sollicitude.

Les pouvoirs du conseil départemental dans ce cercle d'attributions, les mêmes à peu près que celles des assemblées provinciales, étaient plus ou moins étendus ; toutes les fois qu'il ne s'agissait que de l'expédition des affaires particulières ou des détails de l'exécution à donner aux arrêtés déjà approuvés par le roi, la délibération du conseil était souveraine et n'avait point besoin d'être approuvée par le roi. Mais les arrêtés pris sur tous les objets qui intéressent l'administration générale du royaume ou des entreprises nouvelles, des travaux extraordinaires, doivent être approuvés par le roi. La nécessité de cette approbation prévenait les abus de pouvoir d'une assemblée qui, en quelque sorte, souveraine et indépendante dans l'exercice de ses fonctions, aurait pu entraver, par ses mouvements partiels, la marche générale du gouvernement.

Chargée de répartir les impôts votés par le Corps législatif, l'administration départementale ne peut ni dépasser le chiffre fixé par la loi, ni créer de nouveaux impôts, ni même faire aucun emprunt sans y être autorisée par le Corps législatif.

L'Assemblée constituante consacrait la division des pouvoirs judiciaires et administratifs ; les administrations départementales ne pouvaient être troublées dans l'exercice de leurs fonctions par aucun acte du pouvoir judiciaire ; le roi lui-même n'avait qu'une action indirecte sur elles, aussi elles jouissaient d'une indépendance que le législateur de 1791 trouva trop grande et dangereuse. La Constitution du 3 septembre 1791 qui, du reste, ne fit que confirmer le décret de 1789, sans apporter d'autres modifications, donna au roi le droit d'annuler les actes des administrateurs du département contraires aux lois ou aux ordres du roi ; il pouvait même les suspendre de leurs fonctions quand ils compromettaient par leurs actes la sûreté et la tranquillité publiques, sauf au Corps législatif instruit, de confirmer ou lever la suspension ou même de dissoudre l'assemblée coupable.

ADMINISTRATION DÉPARTEMENTALE DE L'AN III A LA LOI DE PLUVIOSE AN VIII.

Le système libéral d'administration départementale organisé par l'Assemblée constituante succomba avec la monarchie constitutionnelle ; en l'an iii et après la Révolution du 9 thermidor, la Convention nationale, maîtresse d'un pouvoir absolu, trouva les assemblées départementales trop indépendantes, et redoutant des oppositions partielles contre lesquelles ses membres avaient eu déjà à lutter, elle réorganisa les administrations départementales, de manière à avoir sur elles une action plus directe et plus absolue.

Affaiblir l'autorité des administrations de département au profit du pouvoir central, les mettre dans l'impossibilité de pouvoir jamais lutter avec lui, tel est le système de la Constitution du 5 fructidor an iii.

La France est divisée en départements ; chaque département fut divisé en cantons, le canton en communes ; la division en districts était supprimée comme inutile. Dans chaque département une administration composée de cinq membres gère seule les intérêts du département. Chaque commune de plus de 5,000 habitants avait pour elle seule une administration municipale. Les communes dont la population était inférieure à 5,000 âmes avaient un agent municipal et un adjoint. La réunion de ces agents municipaux formait la municipalité du canton.

Les cinq membres du directoire de département étaient élus par les électeurs choisis par les assemblées primaires de chaque canton. Le président de l'assemblée cantonnale et les officiers municipaux dans les communes au-dessus de 5,000 âmes, étaient nommés par les assemblées primaires de canton. Dans les communes de 5,000 âmes et au-dessous, les assemblées communales élisaient leurs officiers municipaux. Les administrations départementales furent subordonnées au pouvoir central qui pouvait les suspendre dans le cas où elles violaient les lois ou résistaient à sa direction. Le directoire pouvait aussi annuler immédiatement les actes des administrations municipales, il pouvait suspendre ou destituer les administrateurs de département ou de canton, sans qu'il fût besoin d'en référer au Corps législatif; il suffisait que les arrêtés du directoire fussent motivés.

Pour assurer mieux encore l'action du pouvoir central, il y avait près de chaque administration départementale un commissaire nommé par le directoire exécutif et chargé de requérir et surveiller l'exécution des lois.

Le système administratif de l'an III avait les mêmes inconvénients que celui de 1789 et était loin d'en présenter tous les avantages. La Convention supprimait les conseils départementaux, et l'action administrative du directoire de département restait ainsi sans contrôle ; le droit de délibérer et d'agir résidait en même temps entre les mains de cinq administrateurs : c'était violer doublement le principe connu des Romains et appliqué par

eux : délibérer est le fait de plusieurs, agir est le fait
d'un seul. Quelle unité, quelle rapidité dans l'expédition
des affaires à attendre de cinq administrateurs égaux par
le pouvoir et par l'ambition? Du reste, le but principal
de la Convention était de soumettre les administrateurs
de département à l'action immédiate des ministres et du
gouvernement central, elle l'avait atteint.

L'art. 27 de la Constitution de l'an III porte qu'en cas
de conflits d'attributions entre les autorités judiciaires et
administratives, il sera sursis, jusqu'à décision du ministre, confirmée par le Directoire exécutif, qui en réfé-
rerait, s'il était besoin, au Corps législatif. Cette disposition n'était que la conséquence du principe posé par
l'Assemblée constituante, principe qui séparait les pouvoirs judiciaires et administratifs et prévenait les empié-
tements de l'un ou de l'autre.

ADMINISTRATION DÉPARTEMENTALE DE L'AN VIII A 1833.

L'administration départementale organisée par la
Constitution de l'an III, fonctionna pendant quatre ans,
mais le 18 brumaire arriva, le Directoire exécutif fut
renversé et le premier Consul réorganisa une fois encore
le système d'administration provinciale : ce fut l'œuvre
de la Constitution de l'an VIII. L'expérience sollicitait
une nouvelle division du territoire de la République, disait M. Rœderer, conseiller d'État, exposant au Corps législatif les motifs de la loi proposée; les cantons étaient
trop multipliés, les administrateurs trop nombreux pour
que l'administration ne fût pas excessivement coûteuse.
La France fut divisée en départements et arrondissements; dans chaque département il y a un préfet, un
conseil de préfecture et un conseil général de départe-

ment. Le nombre des conseillers généraux fut fixé à 24, 20 ou 16, suivant la population de chaque département.

Le premier Consul nommait les membres du conseil général et d'arrondissement, comme il nommait les préfets et sous-préfets, mais il devait les choisir, suivant la Constitution, parmi un certain nombre de candidats, ainsi désignés : les citoyens de chaque arrondissement choisissaient ceux d'entre eux qu'ils jugeaient les plus aptes à gérer les affaires publiques ; il en résultait une première liste de noms formant le dixième des électeurs, sur laquelle devaient être pris les conseillers d'arrondissements. Les électeurs compris dans la première liste d'arrondissement désignaient à leur tour le dixième d'entre eux et composaient ainsi une liste départementale dans laquelle le premier Consul devait choisir les conseillers généraux. Ce mode de procéder ne fut employé qu'une fois par le premier Consul. D'après le sénatus-consulte du 10 thermidor an x, les colléges électoraux d'arrondissement et de département devaient présenter deux candidats pour chaque place vacante, soit au conseil général, soit au conseil d'arrondissement. Mais ces candidatures gênaient sa liberté d'action, devenu empereur, Napoléon nomma directement les conseillers d'arrondissement et de département, sans aucune participation du Corps électoral.

Les membres du conseil général étaient nommés pour trois ans et pouvaient être continués. Le conseil devait se réunir chaque année à l'époque déterminée par le gouvernement ; la durée de la session ne pouvait excéder quinze jours. Le préfet seul est chargé de l'administration, quant aux conseils d'arrondissement et de département, voici comment le conseiller d'État rapporteur

s'explique sur les attributions qui leur sont confiées :
« L'objet de ces conseils est essentiellement d'assurer
l'impartialité de la répartition des contributions entre les
arrondissements, villes, bourgs et villages du département, et de concilier la confiance publique à ces opérations, d'où dépend l'équité de l'assiette sur les particuliers. »

C'est accessoirement à ce service que le gouvernement
propose de leur attribuer l'audition du compte des deniers levés pour les besoins particuliers du département
et de l'arrondissement, convaincu que rien après la modération de l'impôt ne satisfait autant les citoyens que la
certitude du bon emploi des deniers qui en proviennent.

Le gouvernement a cru nécessaire de donner aux
conseils de départements et d'arrondissements la faculté
d'exprimer une opinion sur l'état et les besoins des habitants. « Il importe à un gouvernement ami de la liberté
et de la justice de connaître le vœu public et surtout de
le puiser à sa véritable source ; car l'ignorance est, à cet
égard, moins funeste que les méprises. — Où peut être
cette source, si ce n'est dans les réunions de propriétaires
choisis, sur toute la surface du territoire, entre les notables dont les listes auront été formées par le concours
de tous les citoyens? C'est là sans doute qu'est l'opinion
publique. »

Ces paroles de l'orateur du gouvernement font bien
connaître les intentions du législateur de l'an VIII ; il
créa les conseils de préfecture, chargés de tout le contentieux administratif ; mais l'institution des préfectures
peut être considérée comme une imitation des anciennes
intendances, et il avait trouvé l'idée première des conseils administratifs dans les assemblées provinciales et

dans le décret du **22 décembre 1789**; seulement, il en supprimait le principe électif.

La Restauration n'avait point intérêt à rétablir l'élection comme base de la représentation départementale et d'arrondissement; elle maintint l'état de choses établi.

En **1827**, M. de Martignac, pressé par l'opinion publique, qui sollicitait une organisation nouvelle des conseils, basée sur l'élection, présenta, mais sans succès, à la chambre des députés, un projet de loi d'organisation. Vint la révolution de **1830** : l'article 69 de la Charte avait décidé qu'il serait pourvu, dans le plus court délai possible, aux institutions départementales fondées sur un système électif. — C'est en exécution de cet article que fut présenté le projet de loi, qui fut définitivement adopté et promulgué le **22 juin 1833**. — Cette loi sur la réorganisation des conseils généraux de département rétablissait le principe d'élection, mais c'était un électorat restreint : un membre du conseil général est élu dans chaque canton par une assemblée électorale composée des électeurs et des citoyens portés sur la liste du jury; si leur nombre est au-dessous de cinquante, le complément sera formé par l'appel des citoyens les plus imposés. Pour être éligible, il faut payer, depuis un an, au moins deux cents francs de contributions directes dans le département.

La loi du **10 mai 1838** vint compléter celle du **22 juin 1833**, en déterminant les attributions des conseils généraux. La loi du **2 juillet 1848** respecta ces deux lois, mais elle substitua le suffrage universel à l'électorat restreint, excepté pour la ville de Paris. — La loi du **7 juillet 1852** donne à l'empereur la nomination des président, vice-président et secrétaire, choisis depuis la constitution de l'an VIII par les conseillers eux-mêmes.

Enfin la loi du 18 juillet 1866 vint augmenter les attributions des conseils généraux ou leur donner plus de
pouvoirs pour l'expédition de certaines affaires. — Il
serait à désirer que ces différentes lois fussent combi-
nées en une seule ; mais, comme elle n'existe pas, on
doit, pour faire l'étude de l'organisation des conseils
généraux et de leurs attributions, combiner ces lois en
prenant pour bases la loi du 22 juin 1833 et celle du 10
mai 1838.

ORGANISATION DES CONSEILS GÉNÉRAUX
(Loi du 22 juin 1833).

I. — PERSONNALITÉ DU DÉPARTEMENT.

La cité, la commune, a toujours eu, chez les peuples
civilisés, une existence à part dans l'Etat, des droits, des
intérêts distincts, tout ce qui constitue enfin un être
moral, une personne civile. — La force même des choses, la résidence dans les mêmes murs, les relations de
commerce et de voisinage, la nécessité d'une police et
d'une administration locales, obligeront toujours le législateur à reconnaître la personnalité de cette agglomera-
tion d'individus que l'on appelle une ville, une cité. —
Il n'en est pas de même de cette autre agglomération de
villes et de bourgs que l'on désigne sous le nom de provinces ou départements, ce sont de simples circonscriptions territoriales, tracées pour les besoins de l'administration, sans qu'il soit indispensable, pour leur existence
et la prospérité des éléments qui les composent, de les
considérer comme des êtres moraux ayant une existence
à part.

Sous l'ancien régime, parmi les provinces, les pays d'Etats, seuls, avaient une personnalité indépendante, trop indépendante même, car elle pouvait entraver, par son action individuelle, la marche du gouvernement. — Non-seulement les pays d'Etats étaient propriétaires et avaient une administration propre pour gérer leurs biens, mais le roi même n'avait pas d'action directe sur cette gestion d'intérêts provinciaux, et longtemps, dans ces provinces, l'impôt versé dans les caisses de l'État ne fut considéré que comme un tribut voté gracieusement par les assemblées de ces Etats.

L'édit de 1787, en constituant les assemblées provinciales, en reconnaissant aux provinces le droit de s'administrer par des conseils composés de membres choisis par elles, en admettant que la province peut avoir un budget particulier et des ressources particulières, dont elle seule a l'administration, en créant tout un personnel que la province doit payer avec ses seuls fonds et réunir dans des édifices lui appartenant, l'édit de 1787, dis-je, reconnaît la personnalité des provinces.

Quand l'Assemblée constituante changea la division territoriale de la France et divisa chaque province en départements, elle ne fit point de cette nouvelle circonscription territoriale une personne morale, elle n'y vit qu'une division artificielle, plus commode pour l'administration, « que des sections du même tout qu'une administration uniforme devait embrasser dans un régime commun (1). » Aussi, l'Assemblée déclara-t-elle que toutes les propriétés tant mobilières qu'immobilières appartenant aux ci-devant pays d'État à titre collectif,

______

(1) Instruct. du 12 janvier 1790.

étaient domaines nationaux, et que les dettes de ces pays étaient mises à la charge de la nation (1).

Pourtant, dans les travaux de la Constituante, on trouve les premiers germes de la propriété, et, par conséquent, de la personnalité départementale. L'Assemblée constituante distingue les dépenses du département de celles de l'État (2) ; parmi ces dépenses figuraient les frais de location et d'acquisition d'édifices spéciaux pour la tenue des séances des administrations départementales. Les édifices de cette nature qui avaient servi aux administrations du régime précédent ayant été déclarés propriétés de l'État, la loi d'avril 1791 imposa aux administrations de département ou de districts l'obligation d'acheter ou de louer chacune aux frais de leurs administrés les bâtiments nécessaires pour leur établissement.

Le Code civil et le Code de procédure qui reconnaissent dans la commune un être moral susceptible de posséder, d'acquérir par ventes, échanges et donations, ne reconnaissent pas aux départements de pareils droits et une pareille personnalité. C'est le décret du 9 avril 1811 qui est l'origine du droit de propriété des départements et par suite de leur personnalité. Par ce décret, pour dégrever le budget de l'État, l'Empereur concède gratuitement aux départements la propriété des bâtiments nationaux occupés par les préfectures et autres administrations, les tribunaux et les bâtiments destinés à l'instruction publique, aux prisons, à la charge de les entretenir et d'en payer les contributions avec leurs fonds

---

(1) Loi des 12-17 avril 1790.
(2) Décret du 22 décembre 1789, art. 1, n° 4, sect. 3.

spéciaux. Mais on n'aperçut point les conséquences de ce décret, et ce ne fut que plus tard que fut agitée la question de la personnalité des départements. Et pourtant, du moment que le département peut être propriétaire, il peut vendre, échanger, acquérir, intenter des actions et y défendre ; en un mot, il réunit tous les caractères qui constituent la personne morale, l'être de raison.

Comme conséquence du décret de 1811, les conseils généraux se trouvèrent donc investis de nombreuses attributions nouvelles dont l'exercice n'était réglé par aucune loi. De 1811 à 1833, pour les ventes, acquisitions, échanges faits par le département, on suivit les mêmes formes que pour les opérations de même nature faites par la commune ; la jurisprudence du Conseil d'État et des circulaires ministérielles réglaient les autres points. La loi du 10 mai 1838 a établi définitivement le principe de la propriété et de la personnalité du département.

II. — COMPOSITION DU CONSEIL GÉNÉRAL.

Le département, personne civile, ayant ses intérêts distincts, des charges et un patrimoine pour y subvenir, doit avoir, indépendamment du préfet qui l'administre, un corps délibérant appelé à se prononcer sur toutes les mesures qui affectent ses intérêts patrimoniaux ; ce corps délibérant, c'est le conseil général.

Dans chaque département, à côté du préfet, dont l'autorité est toute d'action, il y a un conseil général, corps indépendant de l'administration centrale et tenant son mandat des contribuables, qui délibère sur les charges du département, représente ses intérêts et défend ses droits.

Le conseil général se compose d'autant de membres qu'il y a de cantons dans le département. La loi du 22 juin 1833 avait limité à trente au plus le nombre des membres du conseil général de chaque département; mais un décret du 3 juillet 1848 a décidé que dans tout département, le nombre des membres du conseil serait égal à celui des cantons sans aucune limitation. Le système antérieur avait cet inconvénient, que le conseiller général nommé par deux cantons réunis soignait plus particulièrement les intérêts de celui dont il faisait partie (1).

III. — CONDITIONS D'ÉLIGIBILITÉ. — INCOMPATIBILITÉS.

Sont éligibles en conseil général de département les électeurs âgés de vingt-cinq ans au moins, domiciliés dans le département, et les citoyens ayant atteint le même âge, qui, sans y être domiciliés, y paient une contribution directe; mais, comme il importe aux intérêts du département que la proportion de ces étrangers ne soit pas trop grande au sein du conseil, leur nombre ne peut dépasser le quart des conseillers. — D'après la loi de 1833, le candidat devait payer, depuis un an au moins, deux cents francs de contributions directes dans le département, la loi de 1848 supprima cette condition d'éligibilité.

Pour être éligible à un conseil général, le candidat

____

(1) M. Vuatrin à son cours.

doit, de plus, ne pas se trouver dans un des cas d'incompatibilité prévus par l'article 5 de la loi du 22 juin 1833. — Les causes d'incompatibilité sont absolues ou relatives. — Il y a incompatibilité absolue entre les fonctions de conseiller général de département et les fonctions de préfet, sous-préfet, secrétaires généraux, conseillers de préfecture et celles des agents ou comptables employés à la recette, à la perception ou au recouvrement des contributions et au paiement des dépenses publiques de toute nature. — Ces fonctionnaires et agents ne peuvent faire partie d'aucun conseil de département qu'après s'être démis de leurs fonctions.

On s'explique facilement ces incompatibilités : le préfet ne peut faire partie d'un conseil auquel il doit rendre compte de son administration et sous le contrôle duquel il se trouve pour tout ce qui intéresse le département. Des motifs analogues existent pour les autres administrateurs ; ils ne peuvent non plus être conseillers généraux d'un département autre que celui où ils exercent leurs fonctions, l'exercice de ces fonctions exigeant continuellement leur présence et surtout pendant la tenue des sessions. — La loi aussi a voulu protéger les électeurs contre l'action trop considérable de certains fonctionnaires, candidats dans les élections qui ajoutent à leur influence personnelle l'influence qu'ils tirent de leurs fonctions ; elle a voulu que la lutte fût égale entre les candidats. Enfin le respect, l'autorité dus à ces mêmes fonctionnaires demandent qu'ils soient mis en dehors de toute lutte électorale.

Les mêmes motifs déterminaient la commission chargée de l'examen du projet de loi du 18 juillet 1866 de proposer l'amendement suivant : « Ne peuvent être élus conseillers généraux, les présidents et procureurs impériaux dans le ressort du tribunal auquel ils appartiennent et les juges de paix dans leur canton. »

L'incompatibilité proposée semblait justifiée surtout pour le juge de paix mêlé à tous les intérêts et à tous les droits. — Le juge de paix désireux de conserver son influence électorale, disait M. le garde des sceaux, dans sa circulaire officielle du 17 mars 1860, ne peut-il, dans une circonstance donnée, être soupçonné de partialité, d'indulgence et de tiédeur ? Néanmoins, deux fois présenté par la commission, cet amendement a été rejeté par le conseil d'Etat.

Quant aux comptables, ils sont absorbés par leurs fonctions d'une part, et, de l'autre, la nature même de ces fonctions ferait qu'ils n'apporteraient pas au conseil général des vues suffisamment larges et indépendantes. — L'article 5 exclut virtuellement les contrôleurs et directeurs des contributions, aussi bien que les percepteurs et receveurs; il exclut même les conservateurs des hypothèques, les receveurs d'enregistrement, les directeurs des postes; en un mot, tous les employés ou fonctionnaires entre les mains desquels passent les deniers de l'Etat. — Ces différentes incompatibilités sont inhérentes à la qualité même des fonctionnaires ou agents et s'étend à tous les départements, sans distinction de ceux dans lesquels ils n'exercent pas leur emploi.

Sont frappés, au contraire, d'une incompatibilité relative seulement, les ingénieurs des ponts et chaussées, les architectes employés par l'administration dans le département, les agents forestiers en fonction dans le département. — Ces fonctionnaires et ces agents ne sont inéligibles que dans le département où ils exercent leurs fonctions, contrôlées par le conseil général; ils peuvent être élus dans d'autres départements.

Après avoir parlé *des agents forestiers qui sont en fonctions dans le département*, l'article 5 dit : *et les employés des bureaux de préfectures et sous-préfectures*, sans ajouter la même restriction ; ces employés sont-ils frappés d'une incompatibilité absolue ou seulement relative? La loi ne s'explique pas nettement sur ce point. D'une part, on peut dire que si la loi avait entendu mettre les employés des bureaux des préfectures et sous-préfectures sur la même ligne que les ingénieurs, les architectes et les agents forestiers et n'établir pour eux qu'une incompatibilité relative, ces mots : *en fonctions dans le département*, eussent terminé le paragraphe. — De plus, la nature des fonctions des employés dont il est question ferait décider qu'il y a pour eux, comme pour les préfets et sous-préfets, incompatibilité absolue. — Le préfet, étant obligé de répondre aux interpellations des membres du conseil général, a besoin de ses auxiliaires, chacun d'eux connaît dans tous ses détails la branche d'administration qui lui est spécialement confiée, il y aurait inconvénient à ce que ces employés fussent dispersés dans d'autres départements au moment où leur concours est plus utile que jamais. — Si l'on a retenu les conseillers de préfecture et le secrétaire général au moment de la session, à plus forte raison doit-on conserver les employés des bureaux, qui changent peu de résidence et sont initiés de longue date aux affaires du département.

La jurisprudence du conseil d'État n'a cependant pas admis cette solution; elle a décidé que l'incompatibilité est seulement relative; en effet, les employés des préfectures et sous-préfectures sont mentionnés dans les deux derniers paragraphes de l'article 5, et toutes les autres incompatibilités mentionnées dans ces paragraphes ne sont que relatives ; la place matérielle de cette disposition peut faire supposer que l'incompatibilité de ces employés est de même nature que les incompatibilités au milieu desquelles elle se trouve, et comme une incapacité ne se présume pas et doit être formellement exprimée par la loi, le Conseil d'Etat a décidé que l'incompatibilité des employés des bureaux de préfectures et de sous-préfectus était seulement relative (1).

Toutes les causes d'exclusion sont de droit étroit et ne sauraient être suppléées et étendues par voie d'analogie quand la loi ne prononce pas. — La démission donnée après l'élection, par le candidat qui exerce des fonctions incompatibles avec celles de membre du conseil général, ne valide pas cette élection (2). Cependant, en matière d'élections municipales, le Conseil d'Etat a admis une solution différente (3).

Les questions d'incompatibilité, à la différence des cas d'incapacité, ne peuvent être jugées que par les conseils de préfecture.

IV. — DE L'ÉLECTION DES MEMBRES DE CONSEILS GÉNÉRAUX.

Le conseil général est un corps électif ; dans chaque canton, les membres du conseil général sont élus par les électeurs appelés à nommer les députés au Corps législatif, c'est-à-dire par tous les citoyens français domiciliés dans la commune depuis six mois, âgés de vingt et un

---

(1) Conseil d'Etat, 28 novembre 1834. Aff. Fleury.
(2) Conseil d'Etat, 26 janvier 1865. M. de Baulny rapp.
(3) Conseil d'Etat, 24 août 1849. Aff. Lepine. — 16 avril 1856. Elect. de Villard d'Auné.

ans, inscrits sur les listes électorales et jouissant de leurs droits civils et politiques (1). C'est sur les mêmes listes électorales que se font les élections législatives et celles des conseils généraux, des conseils d'arrondissements et des conseils municipaux, et les règles applicables aux élections législatives doivent être également appliquées aux élections de département.

Lorsque, dans un canton, un membre du conseil général est à nommer, les électeurs se réunissent au chef-lieu de leur commune (2), sur la convocation du préfet. L'arrêté de convocation rendu par le préfet doit être publié et affiché dans toutes les communes qui participent à l'élection. Cette publication est essentiellement obligatoire : on s'est demandé s'il devait s'écouler vingt jours entre l'arrêté préfectoral qui convoque les électeurs pour la nomination d'un membre du conseil général et la réunion où l'élection a lieu. L'art. 4 du décret organique du 2 février 1852 dispose que l'intervalle entre la convocation et l'ouverture des colléges électoraux doit être de vingt jours au moins, et tout porte à croire que cette disposition relative aux élections législatives doit être appliquée aux élections de département. En effet, la jurisprudence a, dans plusieurs circonstances, complété la matière des élections départementales par le décret du 2 février 1852. Ainsi, le Conseil d'État a décidé que les électeurs n'avaient pas, dans les élections départementales, le droit de renoncer au secret des votes, en votant à bulletin ouvert, et que le secret était prescrit dans un intérêt public supérieur aux volontés indivi-

. (1) Loi du 7 juillet 1852, art. 3.
(2) Décret organique du 2 février 1852.

duelles ; or, pour le décider ainsi, il s'est explicitement
et exclusivement fondé sur les art. 21 et 22 du décret
réglementaire du 2 février 1852, articles qui, cependant,
n'ont pas été formellement déclarés applicables aux élections départementales (1). Un autre décret a décidé que
les réclamations en matière d'élections départementales
étaient dispensées du timbre, par application de l'art. 24
du décret du 2 février (2). La Cour de cassation elle-
même est entrée dans cette voie, elle a jugé que les dispositions pénales du décret du 2 février 1852, bien que
ce décret soit spécial aux élections législatives, peuvent
et doivent être appliquées aux fraudes commises dans
les élections départementales (3).

En présence de cette jurisprudence, il est difficile
de s'expliquer pourquoi le Conseil d'État a décidé que
l'art. 4 du décret de 1852 était spécial aux élections
législatives et ne s'appliquait pas aux élections départementales. Des élections départementales ayant été
attaquées, sur le grief que le délai de vingt jours, nécessaire aux électeurs pour s'éclairer sur le mérite
des candidats, n'avait pas été observé, le Conseil d'État
a déclaré ce délai spécial aux élections législatives,
pour l'élection des membres des conseils généraux,
aucune disposition de loi ne prescrivant un intervalle de vingt jours entre la publication de l'arrêté de
convocation et la réunion des colléges électoraux ; le
Conseil d'État reconnaît, il est vrai, qu'il faut laisser
un délai entre la convocation et l'élection, mais ce

---

(1) Conseil d'État, 6 janvier 1859.
(2) Conseil d'État, 10 janvier 1861.
(3) C. cass., 11 mai 1861.

délai n'a rien de fixe, et c'est à la juridiction administrative de juger en fait s'il a été suffisant pour que les électeurs aient pu sérieusement se renseigner sur les candidats (1).

Ce choix entre les dispositions du décret de 1852 paraît arbitraire à M. Batbie; il pense que, sous peine de manquer de logique, il faut adopter ou repousser le décret en son entier. Si l'on veut que les dispositions pénales du décret soient applicables par extension, à plus forte raison le délai de vingt jours doit-il être suivi; à plus forte raison, car l'extension des dispositions pénales se heurte contre un principe qui se formule en ces termes : *Pœnalia non sunt extendenda* (2).

Nul n'est élu membre du conseil général au premier tour de scrutin, s'il n'a réuni la majorité absolue des suffrages exprimés et un nombre de suffrages égal au quart de celui des électeurs inscrits. Au deuxième tour, la majorité relative suffit, quel que soit le nombre des électeurs présents. Si plusieurs candidats obtiennent le même nombre de suffrages, l'élection est acquise au plus âgé.

Tout membre de l'assemblée électorale a le droit d'arguer les opérations de nullité. Si sa réclamation n'a pas été consignée au procès-verbal d'élection adressé au préfet, elle doit être déposée dans le délai de cinq jours, à partir du jour de l'élection, au secrétariat de la sous-préfecture. Que faut-il entendre par ces mots : tout membre de l'assemblée électorale? Dans un premier

---

(1) Conseil d'Etat, 16 août 1860 (D. P., 1862, III, 17). 6 juin 1861 (D. P., 1862, III, 18).

(2) M. Batbie, *Dr. publ. et administ.*, t. IV, p. 192.

système, on dit que ceux-là seulement qui ont pris part à l'élection peuvent l'attaquer. D'autres prétendent que tout électeur inscrit peut attaquer l'élection parce qu'il est membre de l'assemblée électorale; la loi du 5 mai 1855 sur les élections municipales fournit un argument d'analogie à l'appui de cette opinion.

Si c'est le préfet qui attaque l'élection, il a quinze jours pour faire sa réclamation, à partir de la réception du procès-verbal d'élection. Le préfet doit saisir le conseil de préfecture de toutes réclamations consignées dans le procès-verbal ou déposées depuis l'élection. Dans aucun cas, le conseil de préfecture, à défaut de réclamations par les électeurs, ou par le préfet, ne pourrait se saisir lui-même et annuler d'office l'élection. Le conseil de préfecture, saisi d'une réclamation électorale, doit juger cette réclamation dans le délai d'un mois, sauf recours au Conseil d'État (1). Si le conseil de préfecture a laissé passer ce délai, il ne peut plus statuer, l'arrêté qui statuerait après le délai légal serait annulé comme entaché d'excès de pouvoir, et, d'autre part, on ne peut pas se pourvoir au Conseil d'État, puisqu'il n'y a pas eu jugement en premier ressort (2). Ce système semble inadmissible; il permet au conseil de préfecture de rendre une élection inattaquable en refusant de statuer. Il vaut mieux décider comme l'a fait la loi du 5 mai 1855 pour les élections municipales, que le silence du conseil de préfecture dans le délai légal équivaut à un rejet de la réclamation et que dès lors le pourvoi

---

(1) Art. 51. L. du 22 juin 1833.
(2) Conseil d'État, 2 juin 1834, aff. Marlot. — 18 juin 1844, élect. de Verdun.

peut être porté au Conseil d'État. Si tout électeur a le droit d'attaquer une élection, tout électeur aussi a le droit d'en soutenir la validité. Le droit d'intervenir, soit devant le Conseil de préfecture, soit devant le Conseil d'État, appartient toujours au conseiller élu, fût-il membre d'une autre assemblée électorale.

L'art. 51 de la loi du 22 juin 1833 ne fait mention que du Conseil de préfecture pour l'appréciation des réclamations dirigées, soit par le préfet, soit par les électeurs, contre les opérations électorales ; mais l'art. 52 modifie singulièrement les dispositions précédentes. Aux termes de cet article, si la réclamation est fondée sur l'incapacité d'un ou de plusieurs membres élus, la question est portée devant le tribunal de l'arrondissement, qui statue sauf l'appel. L'acte d'appel devra, sous peine de nullité, être notifié dans les dix jours.

L'art. 52 établit ainsi un partage entre les Conseils de préfecture et les tribunaux civils, quelles seront les limites de compétence entre ces deux juridictions. L'expression *incapacité légale* laisse quelque ambiguïté sur leurs attributions respectives. On pourrait penser au premier abord, que toutes les questions d'éligibilité, quelles qu'elles soient, tout aussi bien les questions d'âge, de domicile ou d'incompatibilité que celles qui sont relatives à la jouissance ou à l'exercice des droits civils et politiques, sont de la compétence des tribunaux, en sorte que les Conseils de préfecture n'auraient à statuer que sur les formes de l'élection. Mais il s'est établi sur ce point une divergence entre la jurisprudence du Conseil d'État et celle de la Cour de cassation. D'après le Conseil d'État, les tribunaux ne connaîtraient que des questions relatives aux droits civils et politiques, et seraient incompétents pour tout ce qui concerne les questions d'âge, d'incompatibilité et d'inscription sur les listes électorales. Cette interprétation, fondée sur l'art. 42 de la loi municipale du 21 mars 1831, a été adoptée par une circulaire ministérielle du 11 août 1834. Si on observe, dit cette circulaire, que l'art. 51 charge les Conseils de préfecture de prononcer sur l'observation *des conditions légalement prescrites*, que la Commission chargée, en 1826, de l'examen du projet de loi primitif avait ainsi rédigé la disposition de l'art. 52 : *Si la réclamation est fondée sur l'incapacité civile et politique*, on reconnaîtra que les questions remises au jugement des tribunaux sont les questions de jouissance des droits civils et politiques, mais que les conditions prescrites par la loi et qui ne touchent pas à des questions de droit sont de la compétence des Conseils de préfecture : par exemple, les empêchements pour cause d'emplois incompatibles. Ainsi, toute question se rapportant à l'observation des conditions légalement prescrites, sans distinction entre celles qui ont trait à la forme des opérations et celles qui règlent les droits électoraux, tombe dans leur domaine, dès l'instant qu'elle n'a pas fait l'objet d'une exception expresse et formelle au profit des juges du droit commun (1).

Au contraire, la Cour de cassation donne aux mots *incapacité légale* le sens général qu'ils ont naturellement. Par incapacité légale, dit un arrêt de la Chambre civile (1), il ne faut pas entendre seulement l'absence des conditions

____

(1) Ord., 7 avril 1843. — Ord., 5 juin 1838. — Ord., 31 août 1847. — 6 juin 1834.

(2) C. cass., ch. c. an. 10 mars 1845. — C. cass., 4 mars 1844.

d'âge, de domicile, et de jouissance des droits civiques et de famille. mais encore des empêchements qui, créés par la loi, constituent pour l'élu une cause réelle d'incapacité ; ainsi et spécialement, c'est aux tribunaux et non aux Conseils de préfecture qu'il appartient de prononcer sur la question d'incompatibilité entre les fonctions dont l'élu se trouve revêtu et celles de conseiller général. Plusieurs auteurs (1) trouvent l'interprétation de la Cour suprême plus conforme aux termes et à l'esprit de la loi de 1833 ; la lettre de la loi n'étant ni claire ni positive, il faut nécessairement s'éclairer de l'intention qui a dû animer le législateur, pour dissiper l'obscurité qui couvre sa parole : or la volonté de placer les droits électoraux sous la garde des juges de droit commun. a été si clairement exprimée dans la loi du 19 avril 1831 sur les élections parlementaires et se trouve en si parfaite harmonie avec les idées libérales qui ont dominé la rédaction des lois municipales et départementales, que tout porte à croire que l'art. 52 de cette dernière loi a eu la même pensée.

Malgré ces puissantes considérations, nous croyons devoir adopter l'interprétation donnée par le Conseil d'État ; les questions d'incompatibité sont bien distinctes des questions d'incapacité, quelque généralité que l'on donne à cette dernière expression ; puis, les tribunaux administratifs seront bien mieux à même de trancher ces sortes de questions en connaissance de cause ; enfin, la loi de 1855 sur les élections municipales a adopté cette interprétation, car aux expresions *incapacité légale*, elle a substitué celles-ci : *question d'état*,

---

(1) M. Balbie, t. IV. — M. Dufour, t. V.

et borne *aux questions d'état préjudicielles* la compétence
des tribunaux, art. 47. Il s'agit, il est vrai, dans cet article, d'élections municipales et non d'élections départementales ; mais la même difficulté avait été soulevée
pour les unes et pour les autres, le législateur s'étant
expliqué pour les élections municipales, on est en droit
de résoudre, dans le même sens, la difficulté relative
aux élections départementales.

Du reste, quel que soit le motif de la nullité de l'élection, l'action doit toujours, selon nous, être portée devant le Conseil de préfecture, sauf le renvoi aux tribunaux civils pour les questions préjudicielles sur la capacité
légale. La preuve en est que la loi ne fixe qu'un seul
délai, le délai de cinq jours, pour attaquer l'élection, et
qu'elle n'établit pas un délai spécial pour les réclamations relatives à l'incapacité légale. Si on fait de ces réclamations, comme certains auteurs, une action principale dont les tribunaux civils seraient directement saisis,
on arrive nécessairement à perpétuer cette action. En
effet, par sa place comme par les termes qu'il emploie,
l'art. 51 de la loi du 22 juin 1833 ne s'applique qu'aux
réclamations fondées sur la nullité des opérations électorales, non à celles qui sont motivées sur l'incapacité
légale des candidats. Il y a une lacune regrettable dans
une loi, qui ne détermine aucun délai pour réclamer
du chef de l'incapacité légale, tandis qu'elle en fixe un
très-court pour le cas où il s'agit de l'irrégularité des
opérations; mais les déchéances sont de droit étroit, et
s'il est fâcheux de perpétuer l'action, il le serait plus
encore de suppléer, par voie d'interprétation, une fin
de non-recevoir qui n'est pas dans la loi : on évite ces
inconvénients en décidant que, dans tous les cas, pour
toutes réclamations, le Conseil de préfecture doit être

directement saisi, dans le délai légal, sauf à lui de soumettre aux tribunaux civils la question préjudicielle de capacité (1).

Le Conseil de préfecture juge de l'accomplissement des formalités légales et de la régularité de l'élection, annule si la formalité omise est essentielle ; si elle n'est pas essentielle, il examine son influence en fait sur l'élection.

Le recours au Conseil d'État est ouvert contre les arrêtés des Conseils de préfecture rendus en matière électorale. La loi voulant qu'il eût lieu sans frais, on en a même conclu qu'il pouvait être formé sans ministère d'avocat au Conseil. Le recours au Conseil doit être formé dans le délai de trois mois à partir du jour où le réclamant a eu connaissance de la décision du Conseil de préfecture (2). Le Conseil d'État n'étant qu'une juridiction d'appel, ne peut connaître pour la première fois des griefs qui n'auraient point été allégués devant le conseil de préfecture (3). Quand l'élection a été déclarée valable par la juridiction du premier degré, les électeurs qui ont déféré l'élection à cette juridiction sont les seuls qui puissent se pourvoir au Conseil d'État, l'abstention des autres fait présumer qu'ils admettent l'élection comme régulière et valable. Si, au contraire, l'élection est annulée, tout électeur, même ceux qui n'ont pas été parties devant les Conseils de préfecture, peuvent former le pourvoi ; tous les membres de l'assemblée électorale sont atteints dans leur droit qu'ils ont exercé, leur ré-

---

(1) M. Batbie, t. IV. — C. cass., 12 avril 1842.
(2) Art. 53, loi du 22 juin 1833.
(3) Conseil d'État, 6 juin 1834. Aff. Haget.

clamation a le caractère d'une action publique. A plus forte raison, le droit de se pourvoir contre la décision du Conseil de préfecture qui a annulé une élection appartient-il au candidat dont l'élection a été annulée (1).

Le recours devant le Conseil d'État n'est pas suspensif de sa nature, mais on a pensé qu'il était nécessaire de permettre au conseiller élu d'exercer ses fonctions malgré l'arrêté du Conseil de préfecture ou le jugement du tribunal qui aurait annulé son élection. Le recours devant le Conseil d'État sera suspensif lorsqu'il sera exercé par le conseiller élu. L'appel des jugements des tribunaux sur les questions d'incapacité légale ne sera pas suspensif lorsqu'il sera interjeté par le préfet (art. 54).

V. — DES VACANCES ET DU RENOUVELLEMENT TRIENNAL.

Les vacances et le renouvellement triennal constituent les deux causes susceptibles de donner lieu à la convocation des assemblées électorales par le préfet. Les membres des Conseils généraux sont nommés pour neuf ans, mais le législateur, afin de ménager au sein du conseil l'esprit de suite et de tradition, n'a pas voulu qu'il y eût un renouvellement intégral ; les conseillers sont renouvelés par tiers tous les trois ans, afin d'allier l'esprit nouveau à l'esprit ancien, et sont indéfiniment rééligibles. A la première session qui suivit la création des Conseils généraux, les Conseils divisèrent les cantons ou circonscriptions électorales du département en trois séries, répartissant dans une proportion égale les circonscrip-

---

(1) Conseil d'Etat, 30 mai 1834. Aff. Lagarde. — 30 août 1847. — 28 mars 1862.

tions électorales de chaque arrondissement; dans chacune des séries, il fut procédé à un tirage au sort pour régler l'ordre de renouvellement entre les séries. Le tirage doit être fait par le préfet en Conseil de préfecture et en séance publique. Cette disposition transitoire de la loi de 1833 pourrait encore s'appliquer en cas de dissolution d'un Conseil général (1).

Les vacances dans le sein du Conseil général proviennent de décès, d'option, de démission volontaire ou forcée ou de perte de droits civils ou politiques.

Nul ne peut être membre de plusieurs Conseils généraux. Il serait anormal qu'un même conseiller pût siéger alternativement dans deux conseils, ou pût représenter plusieurs cantons au sein du même conseil; il ne le pourrait qu'en violant les intérêts des contribuables qui lui ont conféré son mandat, et du reste les faits mêmes s'opposent à ce cumul. Le conseiller de département élu dans plusieurs cantons sera tenu de déclarer son option au préfet dans le mois qui suivra les élections entre lesquelles il doit opter. A défaut d'option dans ce délai, le préfet, en Conseil de préfecture et en séance publique, décide par la voie du sort à quel canton le conseiller appartiendra. On doit procéder de la même manière lorsqu'un citoyen aura été élu à la fois membre du Conseil général et d'un Conseil d'arrondissement.

La démission peut être expresse ou tacite, elle peut résulter de la volonté libre du conseiller ou d'un arrêté du préfet. La démission volontaire doit toujours se réaliser par écrit. Il est indispensable que la résolution calme et réfléchie du conseiller qui se démet de ses fonc-

---

(1) M. Vuatrin à son cours.

tions soit manifestée par une lettre ou autre pièce écrite.
Une simple déclération verbale, faite au sein du conseil
par un membre, en présence de ses collègues, ne suffirait pas, eût-elle été portée au procès-verbal, elle serait
considérée comme non avenue jusqu'à ce qu'elle eût été
confirmée par écrit.

C'est au préfet, représentant du pouvoir exécutif et
chargé de convoquer les assemblées électorales, en cas
de vacances, que doit être adressée la démission; la
démission adressée au président du conseil durant une
session doit être transmise par lui au préfet.

Une fois la démission parvenue à sa destination, le
conseiller ne peut plus la retirer; l'administration a dès
lors le droit rigoureux de considérer son auteur comme
démissionnaire. — Pourtant il arrive souvent que, par
suite d'observations amicales, faites par les préfets ou
sous-préfets, des démissions données sont ensuite reti-
rées; mais ce ne sont là que des arrangements de con-
venance.

La démission forcée résulte de la disposition qui veut
que le membre du Conseil général qui a manqué à deux
sessions consécutives, sans excuses légitimes ou empêchements admis par le conseil, soit considéré comme
démissionnaire, et qu'il soit procédé à une nouvelle élection (art. 7). — Au Conseil général, seul, appartient le
droit de constater l'absence de l'un de ses membres, de
juger du mérite des excuses et de la valeur des empêchements. — Sur le vu du procès-verbal qui constate l'absence et le défaut d'excuses légitimes, le préfet ne des-
titue pas le membre désigné, mais son éloignement
pendant deux sessions consécutives étant considéré
comme une démission tacite, il convoque les assemblées
électorales à l'effet de pourvoir à son remplacement.

Lorsqu'un conseiller général, en ce qui le concerne, conteste l'application de la présomption légale de démission résultant de ce qu'il a manqué à deux sessions consécutives, quelle sera la juridiction compétente pour statuer? Il faut écarter tout d'abord les tribunaux de l'ordre judiciaire; en effet, ceux-ci n'ont de compétence, d'après les lois de la matière, que lorsqu'il s'agit de prononcer sur des questions de capacité; or, dans l'espèce, il ne s'agit pas d'une question de cette nature : la difficulté dont il s'agit appartient par conséquent au contentieux administratif; mais, dans l'ordre administratif, devant qui la difficulté sera-t-elle portée? Il n'y a pas de règle de droit textuelle sur ce point; d'où cette conséquence : on s'adressera à l'autorité considérée comme juge de droit commun en matière de contentieux administratif. Or, comme les ministres sont les juges ordinaires en matière de contentieux administratif, selon nous, la question spéciale que nous nous sommes posée ne saurait être déférée aux Conseils de préfecture à raison d'une qualité de juge de droit commun dont ils ne se trouvent en aucune façon investis; pourtant, aux termes de l'article 20 de la loi de 1855, ce sont les Conseils de préfecture qui sont juges des difficultés de même nature qui peuvent naître au sujet des membres d'un conseil municipal (1).

On s'est demandé si les absences aux sessions extraordinaires doivent compter comme les absences aux sessions ordinaires. La loi n'ayant point distingué, et les intérêts débattus dans ces sessions extraordinaires ayant même souvent une plus grande importance, il y a même

---

(1) M. Vuatrin.

nécessité pour tout conseiller d'assister aux sessions extraordinaires qu'aux sessions ordinaires, et dès lors la disposition répressive de la loi doit recevoir son application dans les deux cas.

Pour l'éligibilité au Conseil général, la loi exigeant la jouissance des droits civils et politiques, attache à la perte de ces droits la perte de la qualité de conseiller de département. — La perte ou privation des droits civils et politiques est la conséquence de la perte de la qualité de Français ou de condamnations judiciaires. La qualité de Français se perd par la naturalisation acquise en pays étranger ; par tout établissement non commercial fait en pays étranger sans esprit de retour ; l'acceptation, sans autorisation du gouvernement, de fonctions publiques ou d'un service militaire à l'étranger. — La privation des droits civils et politiques résulte de la condamnation à des peines afflictives et infamantes et même à de simples peines correctionnelles. Les tribunaux jugeant correctionnellement peuvent, dans certains cas, interdire en tout ou en partie, l'exercice des droits civils et civiques suivants : droit de vote et d'élection, droit d'éligibilité, droit d'être appelé ou nommé aux fonctions de juré ou autres fonctions publiques (art. 42, C. pén.).

Dans les deux cas, il faut un jugement en dernier ressort ou passé en force de chose jugée, déclarant que tel Français a perdu la jouissance des droits civils ou politiques, pour qu'il soit incapable d'être membre du Conseil général. C'est une question qui intéresse l'État, le statut personnel du citoyen, et les tribunaux civils ordinaires sont seuls compétents pour la décider (1).

---

(1) Dumesnil, p. 77, t. I.

Dans tous ces cas de vacances, le préfet doit, dans le délai de deux mois, convoquer l'assemblée électorale qui procède au remplacement du membre sortant. — Enfin le Conseil général peut être renouvelé en entier dans le cas de dissolution prononcée par le chef de l'État (1).

II. — RÈGLES DE LA SESSION DES CONSEILS GÉNÉRAUX.

I. *Convocation.* — Les Conseils généraux ne peuvent se réunir sans être convoqués par le préfet ; cette convocation est faite en vertu d'un décret impérial fixant l'époque et la durée de la session annuelle et des sessions extraordinaires qui peuvent avoir lieu. La nature même des attributions du Conseil général, la répartition de l'impôt direct, indique que sa réunion doit être annuelle et suivre de près celle du Corps législatif ; autrement, la loi n'impose aucune règle ; elle ne fixe pas non plus la durée des sessions qui est ordinairement de huit jours.

II. *Composition du bureau.* — Le même décret de convocation nomme le président, le vice-président et le secrétaire du Conseil. C'est la loi du 7 juillet 1852 qui a donné au gouvernement le choix des membres composant le bureau du Conseil général, mais il doit les prendre dans son sein. Cette loi a voulu prévenir des compétitions qui pourraient être irritantes ou dégénérer en luttes politiques, et détourner ainsi les

____

(1) Loi du 7 juillet 1852, art. 6.

Conseils de département des affaires pour lesquelles ils sont seulement institués. Avant 1852, et depuis la loi de pluviôse an VIII, les Conseils généraux élisaient leurs bureaux ; sous le régime de la loi du 22 juin 1833, le Conseil se formait sous la présidence du doyen d'âge, le plus jeune des membres faisait les fonctions de secrétaire, puis le Conseil nommait au scrutin et à la majorité absolue des voix son président et son secrétaire, il n'y avait pas de vice-président. Lors de la discussion de la loi de 1852, la commission du Corps législatif avait présenté un amendement tendant à maintenir cet état de choses, mais il ne passa pas. Plusieurs amendements tendant à restituer aux Conseils généraux la nomination de son président et de son secrétaire furent aussi présentés, lors de la discussion du projet de loi du 18 juillet 1866 ; la commission assimilant les Conseils généraux aux autres assemblées délibérantes de l'Empire, proposa même un article additionnel tendant à investir le Conseil général du droit de nommer au scrutin secret son secrétaire ; cette proposition fut rejetée par le Conseil d'État.

Au jour indiqué par le décret impérial pour la réunion du Conseil général, le préfet donne lecture du décret de convocation et de celui qui, depuis la loi du 7 juillet 1852, porte nomination des président, vice-président et secrétaire du Conseil. Le bureau ainsi constitué, le préfet reçoit le serment des conseillers nouvellement élus. Le président communique au Conseil les excuses des membres absents et donne la parole au préfet pour la lecture de son rapport.

III. *Rôle du préfet.* — Le rapport est le document le plus substantiel de la session, c'est sur lui que pivote toute la discussion. Presque toutes les questions des sessions précédentes y sont traitées ; toutes les questions d'avenir y trouvent leur place ; toutes les pièces justificatives y sont citées ou produites. Ce document si essentiel n'était point communiqué avant la session aux conseillers, ils n'avaient que la ressource d'en extraire, à la volée et pendant la lecture, les chiffres et les points principaux. Mais une circulaire du Ministre de l'Intérieur a invité les préfets à adresser quelques jours avant la session un exemplaire de leurs rapports aux membres du Conseil, qui sont mis ainsi au courant des projets de l'administration et peuvent étudier les questions qui seront discutées.

Le rôle du préfet ne se borne pas à installer le Conseil général et à le mettre par la lecture de son rapport au courant des questions qui devront éveiller sa sollicitude pendant la session ; le préfet représente au sein du Conseil le pouvoir dont il est délégué ; il doit veiller à ce que le Conseil se renferme dans la limite de ses attributions ; il doit fournir toutes les explications, tous les documents propres à éclairer la discussion sur les matières soumises à la délibération du Conseil. Le préfet a donc entrée au Conseil ; il est entendu quand il le demande et assiste aux délibérations. Mais doit-il quitter la salle des sessions lorsqu'il est procédé à un vote ? La présence du préfet n'exerce-t-elle pas une certaine influence sur le résultat du vote ? Les débats de la Chambre des députés et de la Chambre des pairs laissent cette question incertaine, et le texte de la loi lui-même n'est pas fort clair. Mais on a toujours admis en fait que le préfet n'était pas obligé de se retirer lors du vote. Pourquoi serait-il exclu, lorsqu'on recueille les voix ? Si son influence était à redouter, ce serait bien plutôt pendant la discussion où toutes les opinions doivent librement se produire. Puis, cette influence serait-elle à redouter, il suffit que quatre membres présents réclament le scrutin secret pour que les votes soient recueillis secrètement. Enfin, il arrive souvent que dans une séance le Conseil général prend plus de vingt délibérations ; condamner le préfet à se retirer autant de fois pour revenir ensuite, serait lui faire une position que ne comportent ni son caractère, ni l'importance de ses fonctions (1).

Mais le préfet, on le comprend, n'assiste pas aux séances où il s'agit de l'apurement de ses comptes ; les convenances et sa dignité ne lui permettent pas d'assister aux séances où sa comptabilité est vérifiée et débattue.

IV. *Des Commissions.* — Pour faciliter ses travaux, le Conseil se divise en plusieurs commissions, selon la nature et le nombre des affaires sur lesquelles il a à délibérer. Le Conseil, sur la proposition du bureau, arrête les attributions et la composition de chacune des commissions. Chaque commission nomme un rapporteur qui prépare pour l'assemblée générale un rapport sur lequel elle délibère et vote. Le Conseil général ne peut délibérer que si la moitié plus un des conseillers sont présents. — Les délibérations sont prises à la majorité des voix ; on vote ordinairement par assis et levés ; mais les votes sont recueillis au scrutin secret toutes les fois que quatre des conseillers présents le demandent. Le président du Conseil général a seul la police des séances ; il donne et re-

---

(1) Dufour, t. V, 588.

tire la parole à ceux des membres qui prennent part à
la discussion; sa voix est prépondérante en cas de partage.

Les séances du Conseil général ne sont pas publiques.
D'après le décret du 3 juillet 1848, art. 18, la publicité
des séances des Conseils généraux était de droit; mais
la majorité des membres du Conseil pouvait demander
le comité secret. — Le décret de 1852 a supprimé cette
publicité qui peut avoir de graves inconvénients.

` V. — *Procès-verbaux des séances.* — Les procès-ver-
baux sont rédigés par le conseiller secrétaire du Conseil
et arrêtés au commencement de chaque séance qui suit;
ils contiennent l'analyse de la discussion. — La loi du
18 mai 1838 donne aux Conseils généraux la faculté
d'autoriser la publication de ses procès-verbaux ; mais,
par les mêmes motifs qui ont fait rejeter la publicité des
séances, la loi a écarté tout ce qui ne serait porté à la
connaissance du public que pour satisfaire l'amour-pro-
pre et l'esprit de parti. — Les noms des membres qui
ont pris part aux discussions ne peuvent être insérés au
procès-verbal. — Mais l'une des énonciations les plus
importantes de ce document est la relation des noms
des membres présents à l'ouverture de chaque séance,
afin de constater que les délibérations ont été prises par
le nombre de membres exigé par la loi, c'est-à-dire la
moitié plus un des membres du Conseil.

Come il est de principe que l'autorité du Conseil ou
de ses membres cesse en même temps que finit la session, les procès-verbaux sont remis, après la clôture, au
préfet, et c'est à lui seul ou à son secrétaire, qu'il appartient d'en surveiller l'impression.

Il était possible que le Conseil général ainsi constitué

ne dépassât les limites de ses attributions; la loi donne au chef de l'Etat des garanties contre les écarts possibles et les excès de pouvoir de ces Conseils administratifs.

VI. — *Dispositions prévenant tout excès de pouvoirs, tout empiétement de la part des Conseils généraux.* — Il pourrait arriver qu'un Conseil général, légalement assemblé, prît une délibération entachée d'excès de pouvoir; aussi, suivant l'article 14 de la loi du 22 juin 1833, « tout acte ou toute délibération d'un Conseil général, légalement réuni, relatifs à des objets qui ne sont pas compris dans ses attributions, sont nuls et de nul effet. La nullité en est prononcée par un décret impérial. » Mais, dans le cas où l'intérêt d'un particulier serait lésé par une délibération illégale du Conseil général, cette délibération pourrait-elle être cassée par l'Empereur, le Conseil d'Etat au contentieux entendu?

Pour refuser le recours contentieux, même en cas d'inpétence ou d'excès de pouvoir, on invoque deux considérations principales. — Les Conseils généraux, dit-on, sont le résultat de l'élection et ne tiennent pas leur pouvoir d'une nomination directe faite par le chef de l'Etat: ils exercent dans chaque département un pouvoir analogue à celui du Corps législatif dans le sein de l'Etat et agissent comme les délégués et les représentants du pouvoir législatif lui-même. — Puis l'article 14 de la loi du 22 juin 1833 a prévu et réglé les excès de pouvoir des Conseils généraux, et la seule voie qu'il ait ouverte, c'est la nullité prononcée par l'empereur sur le rapport du ministre, sans avis du Conseil d'Etat; tout cela, dit-on, est confirmé par la loi du 18 juillet 1866.

Mais on peut répondre que la loi des 7 et 14 octobre 1790 ouvre le recours contentieux contre tous les actes des corps administratifs par lesquels ceux-ci ont excédé les limites de leurs pouvoirs; or, à l'époque où cette loi a été promulguée, les corps administratifs étaient le produit de l'élection, parmi eux figuraient les administrations départementales, aux attributions desquelles ont succédé les Conseils généraux. — Si le principe électif n'était point un obstacle au recours contentieux sous l'empire de la loi de 1790, aucune loi ultérieure n'est venue changer cet état de choses. — En frappant de nullité les actes excessifs des Conseils généraux et en donnant à l'Empereur la faculté de prononcer cette nullité, les lois de 1833 et de 1866 n'ont songé qu'à pourvoir à l'intérêt gouvernemental. Mais ces deux lois n'ont nullement songé à l'intérêt des particuliers qui peuvent avoir à se plaindre d'une délibération illégale du Conseil général; le législateur a pensé que les réclamations des particuliers se produiraient en la forme ordinaire.

Les sessions des Conseils généraux sont de deux sortes : il y a des sessions ordinaires, où le Conseil délibère sur toutes les affaires qui sont placées par la loi dans le cercle de ses attributions ordinaires, et des sessions extraordinaires dans lesquelles ce Conseil ne peut délibérer que sur l'affaire pour laquelle il a été spécialement convoqué. Toute délibération prise hors de ces réunions légales, provoquées par la convocation du gouvernement, est nulle de droit; la nullité existe sans qu'il soit nécessaire d'apprécier la valeur de l'acte en lui-même. La réunion spontanée d'un Conseil général et sans qu'un décret impérial l'eût ordonnée, présente un plus grand danger qu'un simple empiètement d'attributions qui peut n'avoir d'autre cause que l'ignorance; aussi cet excès de pouvoir est-il plus promptement et plus sévèrement réprimé. Non-seulement la nullité de l'acte est prononcée ; mais le préfet, sans attendre les ordres du pouvoir central, par un arrêté pris en Conseil de préfecture, déclare la réunion illégale, prend toutes mesures pour qu'elle se sépare immédiatement, et transmet un arrêté au procureur général du ressort pour l'application, *s'il y a lieu*, de l'article 258 du C. pén. qui prononce une peine de deux à cinq ans d'emprisonnement contre ceux qui se sont immiscés dans les fonctions publiques. En cas de condamnation, les membres condamnés sont exclus du Conseil et inéligibles aux Conseils de département et d'arrondissement, pendant les trois années qui suivront la condamnation.

D'après la discussion au Corps législatif, la loi, par ces mots restrictifs : *s'il y a lieu*, entend laisser aux tribunaux une large appréciation de l'intention des membres du conseil général qui auraient délibéré illégalement ; la loi pénale ne doit s'appliquer que si les conseillers accusés n'ont pu se dissimuler l'illégalité de leur réunion. Mais cette latitude d'appréciation est toujours sous-entendue lorsqu'il s'agit de l'application d'une loi pénale, et ces mots, *s'il y a lieu*, dont plusieurs députés demandaient la suppression lors de la discussion, sont tout au moins inutiles. Du reste, bien que la loi ne le dise point, la sévérité de la peine portée par l'art. 258 peut toujours être adoucie par l'art. 463 du même Code, qui permet d'abaisser la peine d'un ou plusieurs degrés, s'il existe des circonstances atténuantes.

D'après le décret du 25-28 février 1852, les conseillers généraux qui se sont réunis illégalement sont justiciables du tribunal correctionnel et non pas de la Cour d'assises, comme on le disait généralement avant ce décret.

Même pendant ses réunions légales, un conseil général ne peut se mettre en correspondance avec un ou plusieurs conseils d'arrondissement ou de département. Il est interdit à tout Conseil général de faire ou de publier aucune proclamation ou adresse. En cas d'infraction à ces deux dispositions, le préfet prend immédiatement un arrêté à l'effet de suspendre le Conseil général. Puis il en réfère au pouvoir central, qui statue définitivement. Le but de ces dispositions est de circonscrire chaque Conseil général dans les limites de son département, et d'empêcher toute coalition ; les Conseils généraux sont des assemblées essentiellement administratives, qui doivent par conséquent rester complétement étrangères à toute résolution, toute discussion politique. La loi n'empêche pas que les assemblées départementales s'adressent des communications officieuses sur les intérêts départementaux, mais les préfets doivent servir d'intermédiaires pour ces communications.

Il est de principe que l'autorité du Conseil ou de ses membres cesse en même temps que finit la session ; les Conseils généraux n'ont point de commission intermédiaire permanente comme les assemblées provinciales, ils ne peuvent même nommer une commission qui, en dehors de la session, étudierait une question présentant certaines difficultés et nécessitant de longues informations, ou qui surveillerait les travaux décidés par le Conseil. Une ordonnance royale du 10 décembre 1839 annule une délibération du Conseil général du Jura, qui nommait une commission de cette nature. Lors de la discussion du projet de loi du 18 juillet 1866, il fut proposé de donner aux Conseils généraux le droit de nommer pour trois ans une commission permanente, composée de cinq de ses membres, chargée de veiller à l'exécution de ses décisions et de lui en rendre compte. On répondit que cette institution existait, il est vrai, en Belgique où l'esprit provincial et municipal est puissamment développé, mais qu'elle présenterait en France plus d'inconvénients que d'avantages. Il serait difficile que cette commission ne cherchât pas à s'immiscer dans l'administration, et il pourrait en résulter des conflits regrettables. Le principe de notre organisation administrative donne la délibération aux assemblées et maintient l'action aux mains d'un administrateur; avant de conférer des pouvoirs, il convient de les peser mûrement; mais quand on les a remis, il faut en contrôler l'usage, non les contester et encore moins en entraver l'exercice.

VII. *Fonctions des conseillers généraux en dehors des sessions.* — Pourtant, en dehors des sessions, la qualité de membre du Conseil général confère quelques attributions personnelles au conseiller. Ainsi, un membre du conseil général peut être appelé à remplacer temporairement le sous préfet absent; les membres du Conseil général sont ordinairement appelés par le préfet à faire partie du Conseil de révision dans un canton autre que celui auquel ils appartiennent; ils peuvent être désignés par le ministre de l'instruction publique comme membres du Conseil départemental d'instruction publique; ils peuvent siéger dans les Conseils de préfecture comme suppléants; enfin, ils peuvent être nommés par le préfet membres de la commission chargée dans chaque arrondissement de l'examen des comptes des établissements charitables.

ATTRIBUTIONS DES CONSEILS GÉNÉRAUX.

Créées par le décret du **22** décembre **1780**, les attributions des Conseils généraux furent successivement étendues ou modifiées par les différentes constitutions qui suivirent; elles furent étendues surtout par le décret du 9 avril 1811, qui établit en fait le droit de propriété des départements, et par suite leur personnalité, en leur concédant gratuitement la propriété des bâtiments nationaux occupés par des services publics; par suite, de 1811 à 1838, les Conseils généraux furent investis d'attributions nombreuses, dont l'exercice n'était réglé que par des circulaires ministérielles et la jurisprudence du Conseil d'État : c'est cet état de fait que la loi du 10 mai 1838 devait régulariser. Cette loi a pour but de coordonner en une seule les dispositions éparses dans plusieurs lois, ordonnances ou décrets; de formuler avec plus de netteté les attributions des Conseils de département et d'arrondissement. Cette loi réalisa toutes les améliorations que comportaient alors la situation du pays, les besoins du temps et les enseignements d'une longue expérience. Cette loi ne fut modifiée ni en 1848 ni en 1852; aussi, elle avait vieilli; il fallait la rajeunir, en élargir les bases et l'approprier aux faits nouveaux qui se sont manifestés depuis sa promulgation, en conciliant le maintien de la centralisation des grands intérêts nationaux avec une plus large décentralisation des affaires locales : c'est ce que fit la loi de 1866.

L'esprit général de la loi du 10 mai 1838 est de placer le département en tutelle et de subordonner les attributions du Conseil de département à un pouvoir supérieur. D'après la loi de 1838, le Conseil général agit d'abord comme délégué du Pouvoir législatif pour la répartition des impôts entre les arrondissements et pour les réclamations du contingent des impositions. Ensuite, il agit comme représentant légal du département, quand

il prononce sur les intérêts, sur les dépenses relatives
au département et sur les ressources nécessaires pour
y faire face. Enfin, il agit comme conseil du gouvernement en émettant son avis sur les affaires qui touchent aux intérêts du département d'une manière moins
directe. Le Conseil général, dit M. Vivien, rapporteur,
prononce sur les questions qui lui sont soumises, tantôt comme délégué du Pouvoir législatif, tantôt comme
représentant légal du département, tantôt enfin comme
simple conseil du gouvernement ; l'étendue de ses pouvoirs se modifie selon le caractère de ses attributions
variées.

Ces attributions étaient les unes définitives, et alors
le Conseil général *statuait*, ses décisions étaient exécutoires par elles-mêmes sans l'approbation ni du préfet
ni du Chef de l'État ; mais, dans la plupart des cas,
le Conseil *délibérait*, et ses délibérations étaient subordonnées à l'approbation du préfet ou de l'administration supérieure. Enfin, considéré comme conseil du
pouvoir central, le Conseil de département, appelé à
prononcer sur des matières d'intérêt général, n'est plus
qu'une institution purement consultative émettant des
vœux, donnant des avis qui n'ont rien d'obligatoire.

On peut même dire qu'à tous les points de vue, le
Conseil général n'était guère qu'une assemblée consultative d'après la loi de 1838, car elle ne donne un
caractère définitif au vote des Conseils généraux que
dans bien peu de cas : la répartition des impôts directs,
le jugement des demandes en réduction de contingent,
l'imposition des centimes additionnels autorisés préalablement par le Corps législatif. De plus, d'après la loi
du 21 mai 1836, il appartient aux Conseils généraux,
après instruction et sur la proposition du préfet, de clas-

ser au rang de chemins de grande communication les chemins vicinaux ordinaires ; de déterminer la direction des chemins de grande communication et de désigner les communes appelées à concourir à la construction et à l'entretien de ces chemins. En dehors de ces affaires, les Conseils généraux pouvaient seulement délibérer, et leurs délibérations, pour être définitives, devaient être approuvées, suivant les cas, soit par l'Empereur, soit par le ministre, soit par le préfet.

Le gouvernement pensa que le moment était venu d'étendre les attributions des Conseils généraux et de leur donner, sous leur responsabilité, une liberté d'action plus grande, sans toutefois porter atteinte aux droits légitimes de l'État.

Il ne s'agit pas, dit M. Busson-Billaut, rapporteur de la commission chargée d'examiner le projet de loi, d'abandonner un système entré si profondément dans nos mœurs et consacré par une longue et décisive expérience, encore moins de toucher à cette organisation politique qui assure la grandeur et l'unité de la France. Mais à côté de cette centralisation des intérêts nationaux, il a paru opportun de diminuer la tutelle organisée par la loi de 1838 et de confier aux Conseils généraux la décision, et, par suite, la responsabilité des affaires départementales, sans toutefois leur laisser compromettre l'intérêt général du pays. Ce n'est pas changer les bases de notre législation, c'est les élargir, c'est simplifier et accélérer les affaires locales en les décentralisant ; c'est donner aux assemblées locales plus d'indépendance et d'autorité, tout en maintenant les grands principes constitutifs de l'administration française. Telle est la pensée de la loi du 14 juillet 1866.

On peut rattacher à trois ordres d'idées les innovations de la loi du 14 juillet 1866, les unes concernant les attributions proprement dites des Conseils généraux ; les autres se rapportant à l'établissement du budget et à l'organisation des ressources départementales, le vote des centimes, les emprunts, le fonds commun et ce qui est appelé à le remplacer ; les dernières dispositions de la loi se rattachent à l'ensemble de la législation sur les Conseils généraux.

Désormais, le Conseil général pourra statuer définitivement sur presque toutes les affaires importantes du département ; il n'y a guère d'exception que pour la gestion des locaux affectés à des services publics ; pour le classement, la direction et le déclassement des routes départementales dont le tracé se prolonge sur d'autres départements ; et, en ce qui concerne le déclassement des chemins vicinaux de grande communication ou d'intérêt commun, dont le tracé se prolonge sur le territoire d'un ou de plusieurs départements.

Mais le Conseil général statuera définitivement sur la gestion, l'acquisition, l'aliénation des propriétés départementales non affectées à des services publics ; sur l'acceptation ou le refus des dons et legs faits au département sans charge ni affectation immobilière, quand ces dons et legs ne donnent lieu à aucune réclamation ; désormais encore, il statuera sur la direction, le classement et le déclassement des routes départementales et des chemins vicinaux dont le tracé ne se prolonge pas sur le territoire d'un autre département. Enfin, le Conseil général statuera sur le service des enfants assistés, sur les dépenses et recettes des établissements d'aliénés appartenant au département, ou sur les traités passés avec les établissements privés ou publics pour le traitement des aliénés du département.

L'art. 1er de la loi du 18 juillet 1866 donne aux Conseils généraux le droit de statuer dans seize cas expressément déterminés. Dans ces mêmes cas, la loi du 10 mai 1838 ne leur donnait qu'un droit de délibération ; leurs délibérations ne devenaient définitives et ne prenaient force exécutoire que lorsqu'elles étaient revêtues de l'approbation du gouvernement. La loi nouvelle confère aux Conseils généraux un droit de décision absolue, définitive, dans douze cas ; dans quatre seulement le gouvernement conserve la possibilité de suspendre l'effet de la décision du Conseil.

Le Conseil général peut statuer sur le classement et la direction des routes départementales, sur le classement et la direction des chemins vicinaux de grande communication, sur le service des enfants assistés et celui des aliénés ; ces attributions étaient trop importantes pour que l'administration supérieure n'eût sur elles aucun contrôle, et dans ces quatre cas la loi réserve au gouvernement le droit de suspendre la délibération du Conseil général s'il la croit dangereuse pour le département, et alors même qu'aucune loi, décret ou règlement n'aurait été violé. « Dans les quatre cas déterminés par les nos 6, 7, 15 et 16 de l'art, 1er, les délibérations du Conseil général sont exécutoires si dans le délai de deux mois, à partir de la clôture de la session, un décret impérial n'en a pas suspendu l'exécution. » Quelles seront les conséquences de cette suspension ? S'il s'agit d'une délibération qui n'est pas nécessaire à la marche générale des affaires, si elle porte sur le classement, la direction d'une route départementale ou d'un chemin vicinal, délibération d'un grand intérêt, il est vrai, mais dont l'exécution immédiate n'est pas urgente ; ou même s'il s'agit d'une délibération de principe, d'un système nouveau à introduire dans le régime des enfants assistés ou dans celui des aliénés, et si ce système paraît dangereux au gouvernement : dans ces cas, tant qu'une nouvelle délibération n'est pas intervenue, la première subsiste avec l'effet suspensif attaché par le décret; à sa session suivante, le Conseil général trouvera la question en état et statuera. S'il s'agit au contraire d'une délibération urgente, d'une allocation de crédit, d'une dépense votée pour un service qui fonctionne; si, par exemple, le gouvernement trouve la somme attribuée au service des enfants assistés ou des aliénés insuffisante, il suspend la délibération. Comme on ne peut laisser sans ressources un service essentiel, et comme rien ne peut suppléer ou changer le vote du Conseil; car, d'après l'art. 10 de la loi nouvelle, aucun crédit ne peut être désormais inscrit au budget sans un vote du Conseil général, sauf trois exceptions dans lesquelles les dépenses des aliénés et des enfants assistés ne sont pas comprises; pour que ces services puissent être dotés des crédits qui leur sont nécessaires, le gouvernement devra convoquer le Conseil général en une session extraordinaire, avant le commencement de l'exercice, afin qu'il réfléchisse sur les inconvénients de la délibération suspendue et statue à nouveau.

L'administration supérieure, dans les quatre cas prévus par le dernier alinéa de l'art. 1er, peut *suspendre* la délibération du Conseil général alors même qu'aucune loi n'a été violée; mais la loi a dû prévoir l'hypothèse où un Conseil général prendrait une délibération contraire à une loi, un décret, à un règlement d'administration publique; pour ce cas la loi donne au gouvernement le pouvoir, dans le délai de deux mois, de provoquer l'*annulation* de la délibération. « Les délibérations par lesquelles les conseils généraux statuent définitivement sont exécutoires si dans un délai de deux mois, à partir de la clôture de la session, elles n'ont pas été annulées pour excès de pouvoir ou pour violation d'une disposition de loi ou d'un règlement d'administration publique. Cette annulation ne peut être prononcée que par un décret rendu dans la forme des règlements d'administration publique art. 3. »

Le Conseil général a des attributions importantes, et il ne fallait pas que l'incertitude pût planer longtemps sur ses délibérations ; aussi la loi a fixé un délai dans lequel le gouvernement est obligé d'en provoquer l'annulation : ce délai passé, les décisions du Conseil sont considérées comme exécutoires.

D'après l'art. 15 les dispositions des lois antérieures sont abrogées seulement en ce qu'elles ont de contraire à la loi nouvelle. Une des conséquences, c'est que dans les cas où le Conseil général n'a pas reçu le pouvoir de statuer définitivement, ses délibérations demeurent soumises à l'approbation du préfet ou du chef de l'État ; aussi même après la loi du 18 juillet 1866, les trois grandes divisions établies par la loi du 10 mai 1838 subsistent. C'est ainsi que les délibérations des Conseils généraux seront définitives sur certains points ; que sur d'autres elles conserveront le caractère d'un vœu ou d'un simple avis ; que sur certaines questions enfin, la décision continuera d'appartenir au gouvernement.

Les art. 1 et 2 de la loi du 18 juillet 1866 contenaient plusieurs fois ces mots : le Conseil général, *sur la proposition du préfet,* statue..... La commission chargée de l'examen du projet de loi demanda la suppression de ces mots, on pouvait craindre qu'ils ne fussent entendus comme subordonnant le vote du Conseil à l'initiative ex-

clusive du préfet. Telle n'était pas la pensée du projet de
loi ; il est évident, et par la nature même des matières
qui en font l'objet, que presque toujours les délibérations du Conseil général n'interviennent qu'après une
instruction préalable et sur la proposition du préfet ; mais
la loi accorde au Conseil général un droit d'initiative, il
peut aussi modifier les propositions qui lui sont soumises
par l'administration sans restreindre d'ailleurs l'initiative du préfet, qui a la faculté de préparer à l'avance
tels projets que lui suggéreront l'intérêt du département
et l'étude des affaires.

En résumé, la loi du 18 juillet 1866 a opéré une décentralisation plus grande que la loi du 25 mars 1852
sur la décentralisation administrative ; cette dernière loi
n'a fait que conférer aux préfets des pouvoirs que le ministre avait seul jusqu'alors : la loi du 18 juillet décen-
tralise véritablement en augmentant les pouvoirs d'un
conseil électif, en rendant exécutoires par elles-mêmes
un plus grand nombre de délibérations du Conseil général.

DES ATTRIBUTIONS DES CONSEILS GÉNÉRAUX COMME DÉLÉGUÉS DU POUVOIR LÉGISLATIF.

I. *Répartition des contributions.* — Le Conseil général
du département répartit chaque année les contributions
directes entre les arrondissements, conformément aux
règles établies par les lois. Les contributions directes
sont celles qui se perçoivent en vertu de rôles nomina-
tifs ; la loi s'adresse au contribuable pour lui demander
une partie de ses revenus en échange de la protection que
l'État lui donne. Les contributions indirectes atteignent

la richesse acquise à l'occasion de tel acte de production ou de consommation, et sont perçues conformément à un tarif, sans égard aux personnes. Les contributions directes se divisent elles-mêmes, quant au mode de perception, en impôts de répartition et impôts de quotité. L'impôt de répartition est ainsi nommé parce que le montant total fixé par le budget donne lieu à plusieurs répartitions successives; l'impôt de quotité est perçu immédiatement par l'État sur les contribuables. Parmi les contributions directes, l'impôt des patentes est le seul impôt de quotité; les trois autres, l'impôt foncier, l'impôt personnel et mobilier, l'impôt des portes et fenêtres, sont des impôts de répartition, les seuls dont le Conseil général ait à s'occuper.

Chaque année, le budget de l'État contient le vote de l'impôt de répartition, indique la somme totale qu'il devra produire et fait la répartition entre les différents départements. Chaque Conseil général répartit entre les différents arrondissements la part de l'impôt de répartition afférente au département d'après le budget voté par le Corps législatif. Le Conseil d'arrondissement, à son tour, fait une répartition analogue entre les communes. L'impôt de répartition rappelle les abonnements demandés par les assemblées provinciales de 1787 et pratiqués déjà dans certaines provinces pour l'impôt des vingtièmes; l'État traite à forfait avec les localités, en leur laissant le soin de répartir comme elles l'entendent la somme qu'on leur demande.

Pour opérer ou plutôt arrêter cette répartition des trois contributions, plusieurs documents doivent être soumis au Conseil; je cite les principaux : lettre du ministre des finances au préfet, contenant le chiffre assigné au département, dans les trois contributions foncière, personnelle et mobilière et des portes et fenêtres; rapport du directeur des contributions directes sur la répartition générale entre les arrondissements et les communes du département; rapport du même fonctionnaire sur chaque demande en dégrèvement, en décharge formée par les communes; délibération des Conseils d'arrondissement sur la répartition de l'arrondissement; délibérations spéciales des mêmes Conseils sur les demandes en dégrèvement et décharges présentées par les communes de leur circonscription ou sur les demandes en réduction du contingent assigné à l'arrondissement.

Avant d'effectuer la répartition, le Conseil doit statuer sur ces demandes, délibérées par les Conseils d'arrondissement, en réduction du contingent assigné à l'arrondissement. En effet, pour procéder à son travail de répartition, le Conseil général s'aide des bases d'évaluation qui ont servi à la répartition des années antérieures ; mais les circonstances ont pu faire changer ces bases d'évaluation et modifier la situation respective des arrondissements, quant à l'impôt. Les Conseils d'arrondissement, dans la première partie de leur session, qui précède toujours celle des Conseils généraux, signalent, par leurs délibérations, ces circonstances nouvelles, et les Conseils généraux doivent statuer sur les demandes en réduction basées sur ces changements, avant toute répartition, puisque la décision qu'ils prendront influera sur elle. Il est bon de dire que, dans la pratique, le travail du Conseil général, comme celui du Conseil d'arrondissement, n'est qu'une sorte d'homologation du travail de répartition présenté par le directeur des contributions directes, sauf les cas dans lesquels il y a quelque difficulté.

II. *Réclamations des communes et des arrondissements en matière de contributions.* — Le Conseil général prononce définitivement sur les demandes en réduction formées par les Conseils d'arrondissement ; il est juge souverain des demandes en réduction du contingent formées par les communes et préalablement soumises au Conseil d'arrondissement. Sa décision, dans ce second cas, pourra influer sur la répartition entre les communes faite par le Conseil d'arrondissement, mais est sans influence pour la répartition entre les arrondissements du département; aussi la loi n'exige-t-elle point que cette décision soit rendue avant le travail de répartition. Cette décision intervient sur une délibération du Conseil d'arrondissement, mais cette délibération n'a d'autre valeur que celle d'un acte d'instruction.

Les décisions du Conseil général soit sur les demandes en réduction formées par les Conseils d'arrondissement, soit sur les demandes formées par les communes, sont entièrement souveraines et à l'abri de tout recours; ni les Conseils de préfecture, ni les ministres, ni le Conseil d'État, ne peuvent les réformer. La question, néanmoins, a été soulevée lors de la discussion du projet de loi : on proposa à la chambre des pairs de porter le recours devant les chambres; on critiquait surtout la disposition qui laissait le Conseil général juge souverain des réclamations des Conseils d'arrondissement : c'est, disait-on, faire les Conseils généraux juges d'appel de leur propre décision; c'est même les faire juges dans leur propre cause, car chacun peut vouloir tendre à charger le moins possible l'arrondissement qu'il représente. Le recours au pouvoir législatif seul était possible dans ces questions, car dans la répartition des contributions le Conseil général ne fonctionne point sous l'autorité du gouvernement, il est le délégué du pouvoir législatif, il procède à des opérations que la loi a essentiellement confiées à des assemblées électives. Cette proposition d'admettre un recours aux chambres ne fut pas admise. On pensa que c'était exposer le Corps législatif à des plaintes sans nombre, détruire en réalité le pouvoir du Conseil général ; puis on fit remarquer que la solution de ces questions ne pourrait jamais arriver en temps opportun, le Corps législatif n'étant plus réuni après la session du Conseil général et avant l'ouverture de l'exercice.

M. Vivien, dans son rapport à la chambre des députés, reconnaît les inconvénients que peut avoir ce pouvoir suprême des Conseils généraux ; mais, ajoute-t-il, ces inconvénients ont leurs limites dans l'obligation de se soumettre aux règles établies par les lois, dans le droit qui appartiendrait au gouvernement de refuser l'exécution des actes par lesquels le Conseil général serait sorti de ses attributions et aurait excédé ses pouvoirs. Il est clair que si un Conseil général violait la loi dans sa décision rendue sur une demande en réduction formée par un Conseil d'arrondissement ou une commune, cette décision serait annulée par un décret impérial. Si, au contraire, il n'avait fait que mal apprécier les faits, si elle ne contenait qu'un mal jugé, quelque regrettable qu'il fût, elle échapperait à tout recours.

Il est à remarquer que les Conseils généraux ne peuvent pas statuer sur des réclamations individuelles. C'est au Conseil de préfecture, au préfet, au ministre des finances, au Conseil d'État, qu'il appartient de juger, suivant les cas, soit en premier, soit en dernier ressort, toutes les réclamations formées par les contribuables au sujet de leurs cotes individuelles.

Lorsque le Conseil général a statué sur toutes les réclamations et qu'il a réparti entre les différents arrondissements le contingent assigné au département pour l'année suivante, il porte le résultat de cette opération sur trois tableaux, l'un pour la contribution foncière, le second pour la contribution personnelle et mobilière, le troisième pour l'impôt des portes et fenêtres. Ces tableaux sont signés par tous les membres du Conseil et remis au préfet, qui les fait parvenir au Ministre des finances. De plus, le préfet envoie des copies de ces tableaux au directeur des contributions directes et expédie à chaque sous-préfet trois mandements présentant les contingents assignés à son arrondissement dans les trois contributions. D'après ces mandements, les Conseils d'arrondissements, dans la seconde partie de leur session qui suit celle du Conseil général, répartissent les contributions directes entre les communes. Enfin, dans chaque commune, la répartition par cote individuelle se fait par les commissaires répartiteurs assistés du contrôleur des contributions directes.

La loi a dû prévoir le cas où le Conseil général ne se réunirait pas, ou se séparerait sans avoir arrêté la répartition des contributions directes ; dans ce cas, les mandements des contingents assignés à chaque arrondissement seraient délivrés par le préfet, d'après les bases de la répartition précédente, sauf les modifications à apporter dans les contingents en exécution des lois. On appelle mandements les actes par lesquels le préfet rend exécutoire le travail de répartition du Conseil général.

II. — ATTRIBUTIONS DU CONSEIL GÉNÉRAL COMME REPRÉSENTANT LÉGAL DU DÉPARTEMENT.

I. — PROPRIÉTÉ DÉPARTEMENTALE.

Le département, comme nous l'avons vu, étant une personne morale, possède, acquiert, aliène; il a un patrimoine. Le domaine départemental comprend des immeubles, des meubles et même des droits incorporels.

L'origine de la propriété des immeubles appartenant aux départements est dans le décret du 9 avril 1811, qui concéda gratuitement aux départements, arrondissements ou communes, la pleine propriété des édifices et bâtiments nationaux, alors occupés pour le service de l'administration, des cours et tribunaux, et de l'instruction publique.

Le décret du 9 avril 1811 n'a concédé gratuitement aux départements que les édifices qui étaient alors consacrés à un service public. Il en résulte que les édifices ou les parties d'édifice qui, à l'époque de la promulgation du décret, n'avaient pas reçu cette affectation, sont restés la propriété de l'État. Du reste, par cela seul que certains bâtiments étaient occupés à la même époque par un des services déterminés par le décret, il y a présomption qu'ils ont été cédés et qu'ils appartiennent au département. S'il s'élève quelque contestation sur l'étendue et les effets du décret du 9 avril 1811, soit que la question à résoudre s'agite entre un département, une commune et l'État, soit qu'elle s'agite entre un département et un particulier, l'autorité judiciaire est incompétente; c'est au conseil d'État seul qu'il appartient de statuer.

Les édifices publics possédés par les départements, depuis 1811, ont été concédés à la condition qu'ils seraient, consacrés à des services publics, entretenus aux frais du département, et qu'ils ne pourraient être détournés de leur affectation à l'utilité générale.

Si les bâtiments concédés par le décret de 1811 sont insuffisants pour le placement de tous les services administratifs, un département peut prendre des bâtiments à loyer, la loi du 10 mai 1838 ne lui impose point l'obligation de faire des acquisitions d'immeubles, et même les loyers de préfecture et de sous-préfecture, des cours et tribunaux, etc., sont rangés, s'il y a lieu, parmi les dépenses obligatoires; mais l'intérêt public, bien entendu, conseille presque toujours aux conseils généraux d'installer les établissements et services départementaux dans des édifices appartenant en toute propriété au département.

Aujourd'hui, par suite de la concession générale du décret de 1811, et grâce aussi à des acquisitions successives, presque tous les départements possèdent en toute propriété les bâtiments occupés par les préfectures et sous-préfectures. Avant la loi du 10 mai 1838, les départements n'étaient pas obligés de pourvoir soit au logement personnel des sous-préfets, soit à l'installation des bureaux des sous-préfectures. Le département peut être propriétaire des bâtiments occupés par les tribunaux civils et les tribunaux de commerce. Ceux des Cours impériales sont restés la propriété de l'État; c'est ce qui a été décidé par un avis du Conseil d'État, en date du 9 décembre 1838. Mais comme ordinairement le même édifice est affecté à la fois aux services de la Cour impériale, de la Cour d'assises du département, des tribunaux civils et de commerce, il s'ensuit que la propriété en est indivise entre l'État et le département. Les casernes de gendarmerie, les maisons d'arrêt, la maison de justice et celle de correction appartiennent ordinairement au département. Les bâtiments destinés à l'École normale, les établissements specialement consacrés à recevoir et soigner les aliénés, sont des propriétés du département, qui peut être propriétaire aussi d'établissements thermaux, de pépinières et jardins modèles.

Le décret du 16 décembre 1811 a mis à la charge des départements la dépense des routes de troisième classe, dites routes départementales, et a autorisé les Conseils généraux à en créer de nouvelles. On s'est demandé alors, si le décret avait par là transporté au département la propriété de ces routes, ou si elles font partie du domaine public de l'État.

Trois opinions se sont formées sur cette question. La première donne la propriété des routes départementales à l'État ; la seconde opinion distingue entre les routes départementales antérieures au décret du 16 décembre 1811 et celles postérieures à ce décret ; la troisième donne indistinctement la propriété de ces routes aux départements.

Les partisans de la première opinion argumentent de l'origine des routes départementales, de leur destination et de la nature des centimes destinés à pourvoir à leur établissement et à leur entretien.

Avant le décret de 1811, les routes départementales étaient du domaine public de l'État, et elles ont continué à en faire partie, car, par leur destination, par leur usage, elles réunissent toutes les conditions de ce domaine. Le caractère essentiel et distinctif du domaine public, c'est de n'appartenir exclusivement, privativement à personne, mais d'être consacré au service de la société, et d'être possédé par l'être collectif qu'on appelle le public. Or, les routes départementales, après le décret de 1811 comme avant, sont affectées au service du public ; c'est le public qui en retire tous les avantages ; chacun peut en jouir, même les étrangers, sans pouvoir y prétendre exclusivement aucun droit de propriété privée. Cette destination est exactement celle du domaine public, et la similitude la plus complète existe entre l'usage d'une route impériale et l'usage d'une route départementale; il y a donc mêmes motifs pour les ranger l'une et l'autre dans le domaine public.

On objecte que l'article 538 du Code civil ne fait considérer comme des dépendances du domaine public que les chemins, routes et rues *à la charge de l'État*, et, comme le décret de 1811 a mis les routes départementales à la charge des départements, on en conclut que ces routes ne sauraient faire partie du domaine public. Mais on n'a pas remarqué que ce même article 538 considère aussi comme dépendances du domaine public toutes les portions du territoire français qui ne sont pas susceptibles d'une propriété privée.

Les routes départementales sont, il est vrai, mises à la charge du département et les dépenses qu'elles entraînent sont rangées au nombre de ses dépenses ordinaires. Mais les centimes destinés à y pourvoir sont de la même nature que les contributions publiques, l'État s'est déchargé de l'entretien d'un certain nombre de grandes routes et les a mises à la charge des départements; puis il a abandonné aux départements, pour faire face à cette dépense, une partie des contributions publiques qui étaient centralisées au trésor. Un simple déclassement de dépenses ne peut influer sur la propriété des routes (1).

La seconde opinion trouve ce raisonnement très-concluant, mais seulement pour les routes qui existaient avant le décret du 16 décembre 1811. Pour les routes départementales établies depuis ce décret, elles ont été créées avec les ressources départementales, elles sont à la charge du département, et, par conséquent, elles doivent être considérées comme la propriété exclusive du département qui les a établies (2).

La troisième opinion donne la propriété des routes départementales au département, sans distinction aucune. Non-seulement, dit-on, le département supporte les frais d'établissement et d'entretien de ces routes, mais, en cas de déclassement, il profite seul du prix des parcelles aliénées. D'après l'article 538 C. N., on voit que l'esprit de la loi est d'attribuer la propriété des routes et chemins à ceux qui en ont les charges : les routes impériales à l'État, les routes départementales aux départements, les chemins vicinaux aux communes. On veut que les routes départementales soient du domaine public de l'État, parce qu'elles en présentent tous les caractères et qu'elles servent à tout venant, comme les

____

(1) M. Dumesnil, *Organis. des C. génér.*, t. I, p. 330. — Proud'hon, *Traité du domaine public*, n° 529. — C. cass., 20 décembre 1842. Sir., 43, 1, 70. Ajoutez qu'aux termes du décret du 16 décembre 1811 le trésor doit contribuer annuellement à l'entretien des routes départementales pour une somme de 6 millions.

(2) M. Vuatrin à son cours. — MM. Macarel et Boulatignier, *De la fort. publ.*, t. II, p. 487. — Avis du C. d'État, du 27 août 1834.

autres grandes routes ; mais alors il faudrait admettre que les chemins vicinaux sont aussi dans le domaine public, puisque ces voies sont également ouvertes au public. Enfin, si l'argument que l'on tire de l'origine des routes départementales antérieures au décret du 11 décembre 1811 et de la nature des ressources destinées à les entretenir était juste, il faudrait admettre que tous les bâtiments occupés par les services publics sont aussi dans le domaine public ; car, comme les routes départementales, ils ont été concédés par un décret de 1811 et comme elles sont entretenus avec les centimes additionnels ordinaires (1).

Si le département est propriétaire des routes départementales et des bâtiments affectés aux services publics que nous avons énumérés, il faut reconnaître que cette propriété départementale est d'une nature particulière. Le département n'est pas libre de négliger l'entretien de ces routes puisque la loi en fait une dépense ordinaire ou obligatoire ; le département ne peut détourner ces édifices de leur affectation à l'utilité générale.

L'esprit du décret de 1811 n'était point de fonder un domaine départemental productif de revenus et analogue aux propriétés possédées patrimonialement par les communes. Pourtant le droit de propriété du département une fois admis, et sa personnalité, son existence civile reconnues, la force des choses n'a pas tardé à créer, au profit de quelques départements, un domaine productif de revenus que le département possède, gère et transforme comme pourrait le faire un simple particulier.

Le mobilier dont les départements sont propriétaires

---

(1) M. de Serrigny, *Quest. de dr. administ.*

comprend le mobilier des préfectures ; une ordonnance du 7 août 1841 met le mobilier des préfectures sous la surveillance spéciale des Conseils de département. Ces Conseils vérifient, par leurs commissaires délégués à cet effet, les inventaires et récolements faits chaque année et à chaque changement de préfet. Le Conseil vote le fonds d'entretien et les crédits reconnus nécessaires pour les réparations extraordinaires ou les acquisitions nouvelles. Le département est propriétaire du mobilier des sous-préfectures, des cours et tribunaux, des hospices et asiles départementaux, de l'école normale primaire ; enfin le département est propriétaire des archives départementales, dont le Conseil général doit vérifier l'état chaque année.

II. — RÈGLES D'ADMINISTRATION DES PROPRIÉTÉS DÉPARTEMENTALES.

D'après ce que nous avons vu, on peut distinguer deux natures de propriétés départementales : les unes destinées à un service public, les autres productives de revenus. Les premières sont placées sous la double autorité du département, comme propriétaire, et de l'État comme gardien des intérêts généraux. Les propriétés productives de revenus sont possédées par les départements au même titre que pourrait les posséder un particulier, et le département gère ces propriétés, d'après la loi du 18 juillet 1866, comme la commune gère son domaine patrimonial. Lors de la discussion de la loi de 1838, la proposition fut faite, il est vrai, de donner au Conseil général le droit de régler seul la gestion des propriétés départementales productives de revenus, mais cette proposition fut repoussée, et l'article 30 de la loi de 1838 soumettait à l'approbation du ministre les délibérations relatives au mode de gestion des propriétés départementales. Pour supprimer d'inévitables lenteurs, le décret du 25 mars 1852 déclara le préfet compétent ; l'attribution est aujourd'hui transférée au Conseil général qui statue définitivement sur le mode de gestion même des propriétés affectées à un service public, car le 2ᵉ paragraphe de l'article 1ᵉʳ ne fait pas de réserve.

I. *Baux des biens donnés ou pris à ferme ou à loyer.* — Il n'existait dans la loi de 1838 aucune règle sur les baux des propriétés départementales, ils n'étaient point compris parmi les actes sur lesquels le Conseil général était appelé à délibérer. D'après la loi de 1866, quels qu'en soient le prix et la durée, tous les baux de biens donnés ou pris en location devront être soumis aux délibérations du Conseil, qui seul aura qualité pour en ratifier les conditions.

Du droit de statuer sur le mode de gestion des propriétés départementales découle, pour le Conseil général, celui de s'occuper des actes de conservation et de préservation. A l'avenir, les Conseils généraux décideront dans quels cas les bâtiments départementaux devront être assurés, et ils régleront eux-mêmes les conditions du traité (art. 1ᵉʳ, nº 12).

II. *Acquisitions.* — *Aliénations.* — *Échanges de propriétés mobilières ou immobilières.* — Le département est un être moral, il possède, acquiert, aliène ; la loi appelle donc le Conseil général à délibérer sur les divers actes et contrats de la vie civile du département. Les délibérations du Conseil en matière d'acquisitions, d'aliénations ou d'échanges, devaient être approuvées par le préfet, d'après le décret du 25 mars 1852 ; qu'il s'agisse de propriétés mobilières ou immobilières, l'art. 1er, n° 1, de la loi de 1866, donne le droit de statuer à l'assemblée départementale dont la délibération revêt le caractère d'une décision définitive.

Mais le Conseil, toujours compétent lorsqu'il s'agit d'une acquisition faite à l'amiable, cesse de l'être s'il y a lieu de recourir à l'expropriation pour utilité publique départementale. Dans ce cas, la loi du 3 mai 1841 et les ordonnances qui la complètent conservent leur empire.

Un décret délibéré en Conseil d'État sera aussi nécessaire pour approuver les délibérations portant sur les acquisitions, aliénations, échanges des propriétés affectées à des services publics. La même approbation est nécessaire quand une délibération modifie la destination d'un immeuble départemental affecté aux services publics que la loi énumère; « les délibérations modifiant la destination d'un immeuble départemental autre que les hôtels de préfecture et de sous-préfecture et les locaux affectés aux Cours et tribunaux, au casernement de la gendarmerie et aux prisons, sont exécutoires de plein droit (art. 1er, n° 4). » La nature des choses exigeait ces restrictions pour les édifices affectés à des services publics. Il s'agit, en effet, d'un intérêt général auquel l'autorité supérieure ne peut rester étrangère.

III. *Acceptation ou refus des dons et legs faits au département.* — La loi de 1838 soumet à la délibération du Conseil général l'acceptation des dons et legs faits au département, cette délibération devait être approuvée par une ordonnance royale dans tous les cas. Le décret du 25 mars 1852 donna au préfet le droit d'autoriser l'acceptation des dons et legs faits au département, sans charge ni affectation immobilière, ou qui ne soulèvent aucune réclamation de la part des familles. La loi de 1866 donne au Conseil général le pouvoir de statuer définitivement sur l'acceptation ou le refus des dons et legs faits au département, mais elle n'abroge pas les réserves faites par le décret du 25 mars 1852. Si la libéralité implique des conditions onéreuses ou une affectation immobilière, si elle soulève des réclamations de la part des héritiers qui voudraient faire réduire les libéralités d'un testateur, dans ces cas un décret seul pourra statuer.

IV. *Actions à intenter ou à soutenir au nom du département.* — Le département, être moral, propriétaire et ayant des droits et des intérêts distincts, peut avoir des actions à exercer, des procès à soutenir. Les actions du département sont exercées par le préfet en vertu des délibérations du Conseil général; ces délibérations devaient être approuvées par une ordonnance, d'après la loi de 1838; le décret du 25 mars, sur la décentralisation administrative, donnait au préfet le contrôle de ces délibérations; la loi du 18 juillet dispense de toute approbation les délibérations prises par les Conseils généraux sur les actions à intenter ou à soutenir au nom du département en matière administrative ou judiciaire; elles constitueront des décisions définitives. En rendant sa délibération autorisant le préfet à intenter un procès au nom du département, le Conseil général peut prévoir l'appel, et une nouvelle délibération ne sera pas nécessaire pour autoriser à interjeter appel. Du reste, en cas d'urgence, le préfet peut intenter toute action ou y défendre sans délibération du conseil général, sauf à rendre compte au conseil de sa détermination. Des auteurs ont pensé que le préfet seul avait qualité pour voir s'il y a urgence ; dans une autre opinion préférable, c'est le tribunal judiciaire qui est compétent pour en décider (1). Si, au moment de la session, le procès n'était pas terminé, le droit du Conseil est resté entier, et une délibération suffirait pour qu'il n'y eût plus lieu à suivre (Circ. du 30 juill. 1856).

En cas de litige entre le département et l'État, l'État est représenté par le préfet, et le département par le conseiller de préfecture le plus ancien en fonctions. On a critiqué cette disposition de la loi de 1838 ; il arrivera, en effet, que, dans tous les cas d'urgence où il agira sans la délibération du Conseil général, le préfet représentera à la fois le département et l'État. On proposait de confier à un des membres du Conseil général, délégué à cet effet, le droit de suivre les actions du département contre l'État. Mais on a répondu que le pouvoir du Conseil général est limité par le temps de la session, et qu'il ne peut proroger sa mission par une délégation.

Par analogie avec les communes et les établissements publics, on décidera que les demandes qui intéressent le département, être collectif, sont dispensées du préliminaire de conciliation, et que le ministère public est tenu de donner ses conclusions dans ces sortes d'affaires. Aucune action judiciaire, autre que les actions possessoires, ne peut à peine de nullité être intentée contre un département, si le demandeur n'a préalablement adressé au préfet un mémoire exposant l'objet et les motifs de sa réclamation. L'action ne peut être portée devant les tribunaux que deux mois après la

____

(1) M. Vuatrin à son cours.

date du récépissé du mémoire. Mais, lors que le délai de deux mois accordé à l'administration départementale est écoulé, l'action peut être suivie sans autre justification que celle du récépissé. Le cours de toute prescription demeure suspendu durant l'intervalle des deux mois pendant lesquels le demandeur ne peut porter son action devant les tribunaux ; d'où il suit que le dépôt du mémoire aura toujours pour conséquence de suspendre la prescription. (Art. 37, loi du 10 mai 1838.)

V. *Transactions concernant les droits des départements.* — Les transactions délibérées par le Conseil général ne pouvaient être autorisées que par ordonnance du roi, d'après la loi du 10 mai 1838; le décret du 25 mars 1852 confère au préfet seul le droit d'autoriser ces transactions ; la loi du 18 juillet abroge ces dispositions, le Conseil général transige sur les difficultés relatives aux droits du département, et sa délibération sur ce point a un caractère définitif. Bien que la loi ne le dise pas, la délibération du Conseil général ayant pour objet une transaction doit être prise sur l'avis de trois jurisconsultes, comme le veut l'arrêté du 21 frimaire an XII, pour les transactions qui intéressent les communes.

III. — TRAVAUX D'UTILITÉ PUBLIQUE DÉPARTEMENTALE.

En abandonnant aux départements la propriété des édifices affectés aux services publics, le décret du 9 avril 1811 laissait à leur charge l'entretien et la reconstruction de ces édifices ; de plus, le décret du 16 décembre 1811, en mettant à la charge des départements les dépenses des routes départementales, les autorise à en créer de nouvelles ; le département se trouve donc appelé, par suite de ces décrets, à exécuter des travaux d'entretien ou de reconstruction sur lesquels le Conseil général est appelé à décider.

Il existe trois principales espèces de travaux d'utilité publique départementale : les travaux de construction, reconstruction et entretien des bâtiments départementaux ; les travaux de construction et d'entretien des routes départementales ; et ceux des chemins vicinaux de grande communication.

D'après la loi du 18 juillet 1866, le Conseil général a le droit de statuer définitivement sur tous les projets, plans et devis de travaux à exécuter sur les fonds départementaux. Tous les travaux dont la dépense doit être acquittée par le département ne peuvent être entrepris sans une décision du Conseil général. Cette décision intervient ordinairement sur la proposition du préfet, mais le Conseil a aussi le droit d'initiative. Le droit de voter les travaux à la charge du département et les ressources affectées à leur exécution, a pour conséquence logique le droit de déterminer les services chargés de cette exécution ; le paragraphe 10 de l'article 1er fait une réserve pour les routes départementales. Le Conseil général statue donc définitivement sur la concession à des associations, à des compagnies ou à des particuliers, de travaux d'intérêt départemental. L'État, les communes, des associations ou des particuliers peuvent offrir de concourir sous des formes diverses à des dépenses d'intérêt départemental ; pour les immeubles, l'acceptation formelle du Conseil général sera toujours nécessaire et suffisante ; pour les subventions en argent, l'inscription ultérieure au budget suffira. Les sommes ainsi offertes peuvent, en effet, n'avoir qu'une importance minime, et, dans tous les cas, il est de l'intérêt de n'en pas retarder la réalisation (1). Pourtant, si les offres sont accompagnées de conditions, et elles le seront presque toujours, il semble indispensable que le Conseil soit juge des conditions qui sont imposées au département; ainsi, une commune ou un particulier offrira de concourir aux dépenses d'une route, mais à la condition que son tracé sera modifié, ou que les travaux seront achevés dans un espace de temps déterminé. (§ 8, art. 1er.)

Les travaux de construction, de grosse réparation et de simple entretien des bâtiments et édifices départementaux, qu'ils soient ou non affectés à un service public, sont soumis à des règles uniformes. Le préfet propose au Conseil un projet de construction nouvelle ou d'entretien; il y joint un aperçu de la dépense d'après les plans, devis et détails estimatifs de l'architecte du département. Le Conseil, après avoir examiné toutes les pièces justificatives, entendu les explications du préfet, et s'être entouré de tous les renseignements qu'il juge nécessaires, approuve, rejette ou modifie par une délibération spéciale le projet présenté.

D'après la loi du 10 mai 1838, cette délibération du Conseil était approuvée par le préfet, quand le projet n'exigeait qu'une dépense de 50,000 fr. et au-dessous; quand la dépense prévue était supérieure, le ministre devait donner ou refuser son approbation après avoir pris l'avis du Conseil des bâtiments. La loi du 18 juillet, art. 1er, § 6, donne à cette délibération sur les projets, plans et devis des travaux à exécuter sur les fonds dé-

---

(1) Circul. minist. du 4 août 1866.

partementaux, un caractère définitif; ni l'autorisation du préfet, ni celle du ministre ne seront plus désormais nécessaires ; à défaut du Conseil général des bâtiments civils, dont l'examen ne sera plus obligatoire, la circuculaire ministérielle du 4 août conseille de recourir aux lumières d'un comité local composé de praticiens exercés.

Lorsque le projet est approuvé par le Conseil, on rédige le cahier des charges et on procède à l'adjudication des travaux. Cette adjudication peut avoir lieu au rabais et à l'extinction des feux, ou sur soumissions cachetées. La loi du 18 juillet maintient, pour les travaux de toute nature, le principe de l'adjudication publique. L'architecte désigné doit rigoureusement suivre, dans l'exécution des travaux, toutes les prescriptions des plans et devis adoptés par le Conseil général. Les travaux terminés, la réception en est faite par l'architecte du département, et le préfet ordonnera le payement pour solde. Les dépenses d'entretien et de grosses réparations sont comprises au nombre des dépenses ordinaires. Quant aux dépenses de constructions nouvelles, elles doivent être considérées comme purement facultatives ou extraordinaires. Malgré la réception définitive des travaux, l'entrepreneur n'en reste pas moins responsable pendant les dix années déterminées par l'art. 1792 du Code civil.

IV. — ROUTES DÉPARTEMENTALES.

Avant le décret du 16 décembre 1811, il n'y avait en France que des routes construites et entretenues aux frais de l'État et divisées en plusieurs classes, selon leur degré d'importance et d'utilité. L'art. 3 du décret mit à la charge des départements les routes impériales de

3ᵉ classe, c'est ainsi qu'elles sont entrées dans la 1ʳᵉ section du budget départemental et qu'on leur a donné le nom de routes départementales.

Le même décret autorisait les départements à créer, avec leurs ressources propres, de nouvelles routes; c'était revenir ainsi en partie au système en vigueur avant 1789, dans les pays d'États où les assemblées avaient conservé le droit de décider et de faire exécuter, sur leur budget particulier, tous les travaux de construction et d'entretien des routes ou grands chemins de la province.

Le préfet ou le Conseil général ont également le droit de proposer l'établissement de routes départementales, et les arrondissements, les communes, des associations de particuliers, des particuliers même, peuvent provoquer l'initiative du Conseil général à cet égard (art. 18, décr. du 16 déc. 1811). Le classement, la création d'une route est une mesure trop importante, eu égard aux intérêts qui s'y rattachent, pour qu'il soit possible de la voter sans appeler d'abord les intéressés à présenter leurs observations; la première formalité à remplir consiste en une enquête faite par l'administration.

Deux hypothèses peuvent se présenter, ou bien le projet est simplement de faire passer du domaine de la petite voirie dans celui de la grande voirie des chemins déjà établis, qui n'exigeront aucune acquisition de terrain pour leur élargissement ou leur amélioration, c'est un classement proprement dit ; ou bien la voie classée devra être ouverte ou rectifiée, c'est une création de route et des expropriations seront nécessaires. Dans ces deux hypothèses, on doit procéder à une enquête d'utilité publique dans les formes prescrites par l'ordonnance du 18 février 1834. Seulement dans le premier cas l'enquête servira simplement à constater, aux yeux du Conseil général, l'utilité et l'opportunité de la mesure ; dans le second cas, l'enquête sera le préliminaire du décret nécessaire pour que le département puisse poursuivre les expropriations. L'enquête terminée, ses résultats sont soumis à la délibération du Conseil général, qui rejette ou approuve le classement. Si le Conseil approuve le classement, il a à fixer la direction du chemin en indiquant les points principaux qu'il devra desservir et à délibérer sur la part qu'auront respectivement à supporter, dans les dépenses, les arrondissements et les communes, à raison de leur intérêt dans les travaux projetés, et sur les offres faites par des particuliers ou des communes (art. 18, décr. 26 déc. 1811).

Les délibérations qui concernent l'établissement des routes départementales devaient toujours être approuvées par un décret, d'après la loi du 10 mai 1838, que n'avait point modifiée le décret sur la décentralisation administrative ; la loi du 18 juillet 1866 fait une distinction entre les routes dont le tracé ne se prolonge pas sur le territoire d'un département autre et celles, au contraire, qui intéressent plusieurs départements.

L'article 1" de cette loi porte que les Conseils généraux statueront définitivement sur le classement et la direction des routes départementales, lorsque leur tracé ne se prolonge pas sur le territoire d'un autre département. Ils statueront également et d'une manière définitive sur les projets, plans et devis des travaux à exécuter pour la construction, la rectification ou l'entretien des routes départementales ; le tout, sauf l'exécution des lois et règlements sur l'expropriation pour cause d'utilité publique (art. 1", § 6). Les délibérations du Conseil sur ces différents points sont définitives, mais elles ne sont exécutoires que si, dans le délai de deux mois à partir de la clôture de la session, un décret impérial n'en a pas suspendu l'exécution. La loi a laissé au gouvernement le droit de suspendre ces délibérations quand il les croit contraires aux intérêts mêmes du département; nous avons vu quelles sont les conséquences d'une pareille suspension.

Si, au contraire, il s'agit d'une route dont le tracé se prolonge sur le territoire d'un autre département, soit par une voie de communication du même ordre, soit par un chemin de grande communication ou d'intérêt commun, le projet est communiqué aux Conseils généraux intéressés dont les délibérations ne sont plus définitives; elles devront être approuvées par un décret, comme sous le régime de la loi du 10 mai 1838. Il en sera de même pour les projets de rectifications qui intéressent deux ou plusieurs départements.

Si les Conseils généraux sont d'accord pour adopter ou rejeter un même projet, il n'y a pas de difficulté; mais il peut se faire que l'un des Conseils rejette le projet et n'arrête ainsi une route à la limite d'un département par un refus absolu, au grand préjudice de la viabilité. La loi du 25 juin 1851 a donné au gouvernement le moyen de vaincre une résistance inintelligente. Lorsqu'une route a été classée par un ou plusieurs départements, qu'elle est en voie d'exécution, mais qu'un département dont elle doit traverser le territoire se refuse à la classer ou à exécuter la portion qui l'intéresse, le classement ou l'exécution peut être ordonné par une loi précédée d'une enquête, et déterminant dans quelle proportion chacun des départements contribuera aux dépenses générales.

Le Conseil général, délibérant sur le classement, la

création d'une route, en indique la direction; il approuve les projets, plans et devis des travaux à exécuter, mais il ne peut pas, comme pour les autres travaux à la charge du département, désigner le mode d'exécution et les services auxquels cette exécution sera confiée. On a dit, il est vrai, lors de la discussion du projet de loi, que le droit de voter les travaux à la charge du département et les ressources affectées à leur exécution avait pour conséquence logique le droit de déterminer aussi les services chargés de cette exécution ; qu'il était juste que celui qui a la responsabilité eût le choix des agents chargés de l'exécution ; mais après une discussion très-animée au sein de la commission d'abord, au Corps législatif ensuite, les ingénieurs des ponts et chaussées restèrent exclusivement chargés du service des routes départementales.

Le Conseil général qui vote la création ou la rectification d'une route départementale, n'est donc pas appelé à choisir entre les ingénieurs des ponts et chaussées et les agents-voyers. C'est le corps des ponts et chaussées qui, directement saisi par l'administration, dresse les plans et devis approuvés par le Conseil général, et qui, le projet adopté, demeure seul chargé d'en diriger et surveiller l'exécution. Il en est de même pour les projets de rectification, de modification et de tous autres travaux d'entretien à exécuter sur les routes départementales ; leur approbation sera prononcée par le Conseil général, mais sans enquête, une simple modification intéressant moins le public ; pourtant, si la rectification exige des acquisitions de terrain, on devra procéder à l'enquête préliminaire de la déclaration d'utilité publique nécessaire, dans tous les cas, non-seulement pour vaincre la résistance des propriétaires opposants, mais aussi

pour obtenir la franchise des droits de timbre et d'enregistrement, qui peut être refusée aux départements lorsque les acquisitions n'ont pas lieu après l'accomplissement des formalités prévues par la loi du 3 mai 1841.

Lorsque le département est mis en possession du terrain nécessaire à l'exécution de la route, soit par un ar-
rangement amiable avec les propriétaires, soit par l'expropriation pour cause d'utilité publique, les ingénieurs
des ponts et chaussées rédigent les devis et détails estimatifs, dressent le cahier des charges, et les travaux sont
adjugés par voie de soumission cachetée. Les ingénieurs
surveillent les travaux de l'entrepreneur, et, après leur
achèvement, procèdent à la réception. Les difficultés qui
s'élèvent entre les ingénieurs et les entrepreneurs sur
l'interprétation du cahier des charges et l'exécution des
travaux, sont jugées par le Conseil de préfecture. Les
arrêtés de ce Conseil, en pareille matière, sont susceptibles d'être déférés au Conseil d'État par la voie contentieuse dans les trois mois de la signification qui en a
été faite.

Les travaux d'entretien des routes départementales
sont compris à la première section du budget départemental réservée aux dépenses ordinaires obligatoires ;
il en résulte que ces travaux doivent être acquittés avec
les fonds affectés à cette première section. Les travaux
de construction, de création, étant purement facultatifs,
sont acquittés soit au moyen du produit des centimes
facultatifs, soit à l'aide des centimes extraordinaires spécialement votés à cet effet (1).

---

(1) Voir pourtant les modifications apportées par la loi du 18 juillet 1866, dans l'organisation du budget départemental, page 302.

Une voie de communication peut perdre le caractère d'utilité générale qui l'avait fait classer parmi les routes départementales, soit par la création d'une communication nouvelle, d'une voie ferrée, soit pour toute autre cause. Il est évident, dans ce cas, que rien ne peut contraindre le département à entretenir une route reconnue inutile. Le Conseil général statue définitivement sur le déclassement des routes départementales, lorsque leur tracé ne se prolonge pas sur le territoire d'un autre département. Le Conseil général n'est plus compétent pour prononcer définitivement le déclassement des routes qui se prolongent sur le territoire d'un autre département, soit par une route départementale, soit par un chemin de grande communication ou d'intérêt commun. Dans ce cas, il faut un juge entre ces intérêts divers ; la délibération du Conseil reste subordonnée à l'approbation du Chef de l'État. (Art. 1er, § 0, loi du 18 juillet 1866.)

Quand il s'agit d'un déclassement, il importe que les localités en possession d'une route soient mises à même de présenter leurs observations avant que le Conseil général prenne une résolution définitive ; on devra donc procéder à une enquête dans les mêmes formes que lorsqu'il s'agit d'un classement. Il est à remarquer que la décision du Conseil prononçant définitivement le déclassement d'une route ne peut pas être suspendue.

Le déclassement d'une route peut être pur et simple ou soumis à des conditions. Il sera soumis à des conditions, si le Conseil général décide que l'ancienne route deviendra soit un chemin vicinal de grande communication, soit un simple chemin vicinal. Le déclassement sera pur et simple, si le Conseil décide que la route ou portion de route déclassée, sera vendue en la forme légale, au profit du département. (Loi du 24 mai 1842.) Dans ce cas, il y aura lieu à l'application de la loi du 16 septembre 1807 qui donne aux propriétaires riverains un droit de préemption sur les portions de route abandonnées.

V. — DES CHEMINS VICINAUX.

La petite voirie comprend trois catégories de chemins : les chemins vicinaux de grande communication, les chemins vicinaux d'intérêt commun, les chemins vicinaux ordinaires ; un caractère commun de ces trois sortes de chemins, c'est qu'ils sont plus ou moins exclusivement à la charge des communes. Les chemins vicinaux sont régis par la loi du 21 mai 1836; leur établissement, la fixation de leurs limites, leur entretien sont soumis à des règles spéciales, qui ne sont point applicables aux chemins ruraux. Les chemins vicinaux de grande communication sont destinés à compléter le système de la viabilité départementale et peuvent recevoir des subventions sur les fonds départementaux. Les chemins vicinaux d'intérêt commun à peine indiqués par l'art. 6 de la loi du 21 mai 1836 ont une utilité moins générale que les précédents; mais pourtant, comme ils intéressent plusieurs communes, l'administration désigne celles qui devront concourir à leur construction ou à leur entretien, et fixe la proportion dans laquelle chacune y contribuera. Enfin, les chemins vicinaux ordinaires sont exclusivement à la charge d'une commune. Les chemins vicinaux, autres que ceux de grande communication, peuvent recevoir des subventions départementales, mais dans des cas extraordinaires seulement. (Art. 8, loi du 21 mai 1836.) On voit tout l'intérêt du classement et du déclassement d'une voie de communication, soit comme chemin d'intérêt commun, soit comme chemin vicinal de grande communication.

Il résulte des termes de la loi du 21 mai 1836 qu'au Conseil général seul appartient le droit de statuer définitivement sur le classement, la direction des chemins de grande communication, et la désignation des communes qui doivent contribuer à la construction et à l'entretien de ces chemins. La loi du 18 juillet consacre ce pouvoir, mais avec cette différence essentielle qu'un droit d'initiative absolu lui est désormais attribué. Jusqu'alors, en effet, le préfet seul avait le droit de proposer le classement et la direction des chemins ; la loi de 1838 lui réservait formellement l'initiative de cette proposition, et, par conséquent, la refusait au Conseil. Le Conseil général adoptait ou rejetait le classement proposé par le préfet, mais sans pouvoir en proposer lui-même un autre. D'après la loi nouvelle, le Conseil général prendra spontanément une décision, sans porter atteinte à l'initiative du préfet qui peut toujours proposer les mesures qui lui paraîtront le mieux répondre aux besoins des localités.

Sous l'empire de la loi du 21 mai 1836, le classement des chemins vicinaux d'intérêt commun, ainsi que la désignation des communes qui doivent concourir à leur construction et à leur entretien, étaient faits par le préfet sans la participation du Conseil général. Mais depuis cette époque, ces voies de communication ont pris une grande importance ; la décision impériale du 18 août 1861 qui alloue une somme de 25 millions aux dépenses des chemins d'intérêt commun, a donné une nouvelle impulsion à leur développement, et la loi nouvelle confère aux Conseils généraux le droit de statuer sur le classement, la direction des chemins d'intérêt commun et la désignation des communes appelées à contribuer à la construction et à l'entretien de ces chemins. Attribution qui constitue l'une des innovations les plus importantes de la loi du 18 juillet.

Qu'il s'agisse du classement d'un chemin d'intérêt commun ou d'un chemin de grande communication, le Conseil général ne peut statuer que sur l'avis des Conseils municipaux et d'arrondissements ; les délibérations de ces Conseils administratifs, provoquées par le préfet, remplacent les enquêtes prescrites pour le classement des routes départementales. Puisque, par suite du classement, la construction et l'entretien des chemins deviennent en partie des charges communales, il est naturel, avant de grever les budgets municipaux de ces dépenses obligatoires, de consulter les représentants légaux de ces localités. (Art. 7, loi du 21 mai 1836.)

Le Conseil général est investi du droit de désigner les services auxquels sera confiée l'exécution des travaux sur les chemins vicinaux de grande communication et d'intérêt commun. Le Conseil a le choix entre les ingénieurs des ponts et chaussées et les agents-voyers. D'après l'art. 11 de la loi du 21 mai 1836, le préfet, il est vrai, peut nommer des agents-voyers, mais le Conseil seul vote le traitement de ces agents, et la loi nouvelle oblige le préfet à demander préalablement au Conseil général à quel ordre d'agents il veut confier l'exécution des travaux sur les chemins de grande communication et d'intérêt commun. (Art. 1er, § 10, loi du 18 juillet 1866.)

Les chemins vicinaux sont à la charge des communes, mais ils peuvent recevoir des subventions sur les fonds départementaux. Il est pourvu à ces subventions au moyen des centimes spéciaux votés annuellement par le Conseil général ; s'ils sont insuffisants, il y affecte une partie des centimes facultatifs ordinaires du département. L'art. 8 de la loi de 1836 conflait au préfet la distribution des subventions accordées sur les fonds départémentaux aux chemins de grande communication, et dans des cas extraordinaires aux chemins d'intérêt commun. Seulément, le préfet devait en rendre compte, et dans la pratique, lors de la présentation du budget, cet administrateur faisait connaître au Conseil général la distribution qu'il se proposait de faire. La loi de 1866 confie cette répartition aux soins du Conseil, qui aura égard aux ressources, aux sacrifices et aux besoins des communes; pour l'éclairer sur ce point, le préfet doit soumettre chaque année au Conseil général le compte de l'emploi des ressources municipales affectées aux chemins vicinaux de grande communition et d'intérêt commun.

Le département ne fait que subventionner les chemins vicinaux ordinaires, ils sont à la charge des communes ; le conseil général classe les chemins, en donne la direction et désigne les communes qui doivent contribuer aux dépenses de construction ou d'entretien, mais le préfet conserve la fixation de la proportion dans laquelle chaque commune doit concourir aux dépenses de la ligne vicinale dont elle dépend. L'immixtion du conseil général dans des questions où l'intérêt communal est seul directement engagé, pourrait soulever des difficultés (1). Les communes acquittent la portion des dépenses mises à leur charge au moyen de leurs revenus

---

(1) Rapp. de M. Husson Billaut.

ordinaires, et en cas d'insuffisance, à l'aide soit de prestations en nature, dont le maximum est fixé à trois journées de travail, soit de centimes spéciaux en addition au principal des quatre contributions directes, et dont le maximum est fixé à cinq. La prestation peut être acquittée en nature ou en argent, au gré du contribuable. Chaque année le Conseil général, sur les propositions des Conseils d'arrondissement, détermine le tarif de conversion de la journée de prestation. Si le Conseil municipal d'une commune, mis en demeure, n'a pas voté dans la session désignée à cet effet les prestations et centimes nécessaires, ou si la commune n'en a pas fait emploi dans les délais prescrits, le préfet pourra, d'office, soit imposer la commune dans les limites du maximum, soit faire exécuter les travaux. Chaque année le préfet communiquera au Conseil général l'état des impositions établies ainsi d'office.

La loi du 18 juillet laisse au préfet le droit de statuer sur les offres faites par les particuliers, les associations de particuliers ou de communes; on doit entendre par *offres*, les dons, souscriptions volontaires, sacrifices faits par des particuliers, des communes au profit d'une ligne vicinale qu'ils ont intérêt à voir achever plus promptement. Les chemins vicinaux restent sous l'autorité du préfet, c'est lui qui fixe la largeur et les limites des chemins que le Conseil général a classés et dont il a donné la direction.

Il peut être de l'intérêt du département de déclasser une voie de communication qui a perdu son caractère d'utilité générale. La loi de 1838 était muette sur le déclassement des chemins de grande communication, mais on suivait pour le déclassement les mêmes règles que pour les classements. Ces règles restent les mêmes sous l'em-

pire de la loi du 18 juillet, seulement désormais le Conseil
général pourra user de son initiative et statuer sans attendre les propositions du préfet sur un déclassement. De
plus la loi nouvelle, en donnant formellement au Conseil
le droit de statuer sur le déclassement des chemins vicinaux de grande communication, l'étend au déclassement
des chemins vicinaux d'intérêt commun. — Les délibérations du Conseil sur ces déclassements sont définitives,
excepté au cas où le tracé des voies à déclasser se prolonge
sur le territoire d'un ou de plusieurs départements
voisins.

Cette restriction a pour but de sauvegarder les intérêts
réciproques des départements, d'empêcher que, par
un déclassement précipité ou intempestif, on ne ré-
duise à l'état d'impasses des voies de communication qui
ont été ouvertes pour créer des débouchés vers des
marchés importants ou des grands centres industriels.
Aussi toutes les fois que le chemin à déclasser aura
pour prolongement, dans un département voisin, une
ligne vicinale de grande communication ou d'intérêt
commun, une route départementale, la délibération du
Conseil général devra être considérée comme un simple
avis. La loi n'a pas, il est vrai, désigné l'autorité chargée
de prononcer dans ce cas spécial; mais comme le déclassement des routes départementales et celui des chemins vicinaux de grande communication et d'intérêt
commun ont fait l'objet d'une seule et même disposition,
on peut en conclure par analogie que les mêmes règles
sont applicables à chacune de ces voies et qu'il y a lieu
d'étendre aux chemins vicinaux de grande communication et d'intérêt commun, dont le tracé se prolonge sur
le territoire d'un département voisin, les dispositions
afférentes aux routes départementales qui se trouvent

dans le même cas. Le déclassement sera donc prononcé par un décret. (1)

VI. — CHEMINS DE FER D'INTÉRÊT LOCAL.

A la question des chemins vicinaux se rattache directement celle des chemins de fer d'intérêt local, car les ressources créées pour les chemins vicinaux en vertu de la loi du 21 mai 1836 peuvent être affectées en partie par les communes et les départements à la dépense de ces chemins de fer.

En dehors des grandes lignes ferrées qui ont un caractère d'intérêt général, on comprend l'utilité de lignes secondaires qui doivent desservir des relations locales et rattacher successivement aux grandes artères les divers centres de population éloignés des voies principales. « Mais, dit la circulaire ministérielle du 12 août 1865, l'établissement de ces chemins ne saurait incomber au gouvernement seul ; cette tâche semble naturellement dévolue aux départements et aux communes avec le concours de l'État. C'est à eux qu'il appartient, par un sage emploi de leurs ressources, par un usage fécond du droit d'initiative et de la liberté d'action que les pouvoirs publics sont disposés à leur conférer, de compléter la grande œuvre dont le gouvernement de l'Empereur a doté le pays. »

Déjà plusieurs départements étaient entrés spontanément dans cette voie. M. Migneret, préfet du Bas-Rhin, auquel on doit l'initiative des chemins de fer d'intérêt local, laissa ce département doté de différentes lignes

---

1) Circul. ministér. du 4 août 1866.

dont le développement est de 79 kilomètres, construites avec les ressources données par la loi du 21 mai 1836 pour la construction des chemins vicinaux. C'est après cette expérience couronnée d'un plein succès que la loi du 12 juillet 1865 a déterminé le caractère des chemins de fer d'intérêt local, les règles auxquelles seront soumises leur construction et leur concession, la nature des ressources au moyen desquelles ces chemins seront exécutés, les conditions d'exécution et d'exploitation, le montant du concours de l'État, enfin les clauses relatives aux services publics.

Les chemins de fer d'intérêt local peuvent être établis, soit par les départements ou les communes, avec ou sans le concours des propriétaires intéressés, soit par des concessionnaires avec le concours des départements ou des communes.

Le préfet a le droit et le devoir de soumettre au Conseil général les projets de chemins de fer qu'il juge utiles aux intérêts du département; de son côté, le Conseil général conserve un droit d'initiative qui lui permet, dans tous les cas, de provoquer l'étude et la création des lignes dont l'utilité lui paraîtra démontrée. Le Conseil général arrête, après instruction préalable par le préfet, la direction des chemins de fer d'intérêt local, le mode et les conditions de leur construction, ainsi que les traités et les dispositions nécessaires pour en assurer l'exploitation (Art. 2.)

Le Conseil général examine avec le plus grand soin si les moyens d'exécution et d'exploitation du chemin projeté sont complétement assurés. Il ne suffit pas, pour donner cette certitude, que les ressources du département ou des communes, aidées du concours de l'État, puissent couvrir les frais de constructions du chemin de fer; il faut encore qu'une compagnie se charge de l'exploitation, la loi n'ayant pas prévu que cette exploitation puisse être faite directement par le département et à ses risques et périls. C'est là une condition essentielle, sans laquelle aucune suite ne peut être donnée au projet. C'est le préfet qui prépare les bases du traité passé avec la compagnie qui se charge de l'exploitation; ce traité est soumis au Conseil général, en même temps que les pièces de l'avant-projet, et les résultats de l'enquête qui doit être faite tout au début.

L'instruction terminée, le dossier comprenant la convention passée avec une compagnie exploitante devra être transmis au ministère de l'agriculture, du commerce et des travaux publics, qui se concertera avec le ministre de l'intérieur pour provoquer, s'il y a lieu, le décret délibéré en conseil d'État qui déclare l'utilité publique et autorise l'exécution.

Le Conseil général a le choix des agents auxquels sera confié le soin de faire les études et ultérieurement de diriger ou de surveiller la construction. L'utilité publique prononcée, le préfet approuve le projet définitif, et les agents choisis par le Conseil procèdent à l'acquisition des terrains et à l'exécution des travaux.

L'art. 3 de la loi du 12 juillet 1865 permet d'appliquer à l'exécution des chemins de fer d'intérêt local une partie des ressources créées en vertu de la loi du 21 mai 1836 pour les chemins vicinaux, c'est-à-dire les ressources ordinaires des communes, les prestations en nature, les centimes additionnels communaux, dont le maximum est fixé à cinq, enfin les subventions départementales. Il est évident, dit la circulaire ministérielle, que les Conseils municipaux et les Conseils généraux ne doivent consacrer à l'exécution des chemins de fer que l'excédant des ressources laissé disponible par l'état d'avancement de la vicinalité ; il serait très-regrettable que le service des chemins vicinaux vînt à être entravé par le changement de destination des fonds qui lui seraient nécessaires.

Le contingent des communes, comme celui des départements, doit être essentiellement volontaire. Le préfet ne pourrait imposer d'office les communes pour l'établissement d'un chemin de fer d'intérêt local, ainsi que l'art. 6 de la loi de 1836 lui donne le droit de le faire pour les chemins vicinaux d'intérêt commun.

Une somme de six millions est affectée chaque année sur les fonds du trésor au paiement de subventions accordées pour l'exécution des chemins de fer d'intérêt local. Ces subventions sont graduées, dans les divers départements, suivant l'importance du produit du centime additionnel au principal des quatre contributions directes. Le montant de ces subventions pourra s'élever jusqu'au tiers de la dépense, que le traité d'exploitation à intervenir laissera à la charge des départements, des communes et des intéressés. Il pourra être fixé à la moitié pour les départements dans lesquels le produit du centime additionnel est inférieur à 20,000 francs, et ne dépassera pas le quart pour ceux dans lesquels ce produit sera supérieur à 40,000 francs (art. 5).

Les chemins de fer d'intérêt local sont soumis aux dispositions de la loi du 15 juillet 1845 sur la police des chemins de fer ; ces chemins font donc partie de la grande voirie et sont soumis à toutes les dispositions de cette loi prescrites dans l'intérêt de la conservation des ouvrages, ainsi que de la sécurité publique.

VII. — ENFANTS ASSISTÉS.

La dépense des enfants assistés est une des charges les plus pesantes que les départements aient à supporter. L'abus grossit de jour en jour, disait Necker en 1784, et ses progrès embarrasseront un jour le gouvernement. Depuis 1784, cette parole s'est souvent réalisée, et, en 1863, la dépense relative aux enfants assistés s'élevait à 8 millions.

La disposition fondamentale en cette matière est le décret du 19 janvier 1811, qui réorganisa dans son ensemble le service des enfants assistés, dont le législateur s'était déjà préoccupé pendant la révolution : ce décret est encore le monument principal de la législation en vigueur sur ce sujet, tout au moins sur le service intérieur ; c'est ce qui résulte de la circulaire ministérielle du 4 août 1866.

Le décret de 1811 distingue les enfants trouvés, les enfants abandonnés, les orphelins pauvres. Aujourd'hui on comprend tous les enfants dont l'éducation est confiée à la charité publique sous la dénomination d'enfants assistés. Aux termes du décret de 1811, les enfants trouvés ou abandonnés sont recueillis dans les hospices ; il doit y avoir au plus, dans chaque arrondissement, un hospice où ils pourront être reçus. C'est au préfet à désigner les hospices qui, par leur situation, leurs ressources, sont les plus aptes à servir de dépôt. Ce droit résulte de la circulaire du 15 juillet 1811, de l'instruction ministérielle de 1823 et du décret du 25 mars sur la décentralisation administrative Bien que la loi du 18 juillet 1866 donne au Conseil général le droit de statuer définitivement sur le service des enfants assistés, l'autorité administrative semble avoir conservé son droit de déterminer, par arrêté préfectoral, quel sera dans chaque arrondissement l'hospice chargé de recevoir les enfants trouvés. Quant à présent, dit la circulaire ministérielle du 4 août, le service intérieur des enfants assistés reste soumis aux prescriptions du décret du 19 janvier 1811, le préfet continuera à régler sous l'autorité du ministre tout ce qui s'y rattache.

Dans chaque hospice destiné à recevoir des enfants trouvés, il y aura un tour où ils devront être déposés, dit le décret de 1811. L'admission des enfants trouvés a toujours été l'objet de vives controverses ; le mode d'admission par l'exposition au tour surtout a été combattu et a fini par tomber en désuétude ; dans la plupart des départements, les tours sont supprimés, et voici comment l'on procède ordinairement. Les tours sont remplacés par des bureaux d'admission , où sont adressées les demandes faites par les personnes qui ont trouvé l'enfant abandonné dans un lieu public, ou entre les mains desquelles il a été délaissé. Pour les enfants régulièrement reconnus par leurs mères, ils pourront, en cas d'indigence de celles-ci, obtenir des secours dont le taux et la durée varient suivant les ressources et les déterminations budgétaires des départements pour le service des enfants trouvés. Ces secours donnés *aux enfants nouveau-nés* et non *aux filles-mères* sont accordés sur un certificat délivré par la municipalité constatant l'indigence de la mère ; ils ont pour but de prévenir les abandons, délaissements et expositions d'enfants.

On peut donc, depuis la suppression des tours, diviser les enfants confiés à l'assistance publique en quatre catégories. La première est celle des *enfants trouvés ;* ce sont ceux qui ont été complétement délaissés par des parents inconnus; avec le système des tours, la presque totalité des pupilles appartenait à cette classe. La deuxième catégorie comprend les *enfants abandonnés;* ils ont une origine connue et un état civil certain, soit qu'ils aient été recueillis après la disparition ou l'incarcération de leurs parents, soit que la mère, hors d'état d'élever elle-même son enfant, ait été dans la nécessité de le confier à la charité publique. Avec le mode actuel d'admission, la mère présente ou fait présenter son enfant au bureau d'admission, avec les pièces exigées et notamment l'acte de naissance qui ne permet plus la suppression de son état civil. La troisième catégorie se compose des *orphelins pauvres;* la quatrième, des *enfants secourus* temporairement, et élevés par leur mère au moyen d'une allocation mensuelle dont la durée normale est de trois années seulement. La deuxième et la quatrième catégories s'augmentent ainsi de tous les enfants que la fermeture des tours a eu pour but d'enlever à la première. Effet précieux pour ces enfants, qui sont ainsi élevés par l'assistance publique, sans que les liens du sang soient rompus.

Les enfants trouvés, abandonnés, sont reçus dans les hospices déterminés par le préfet, après les formalités prescrites, ainsi que les enfants qui y sont déposés subrepticement, malgré la suppression des tours. Les nouveau-nés doivent être mis en nourrice aussitôt que faire se pourra. Il doit être remis à chaque nourrice une layette au moment où on lui confie un enfant nouveau-né. La composition des layettes et des vêtures données aux enfants d'année en année jusqu'à l'âge de six ans est fixée par le préfet.

Les enfants doivent rester en nourrice jusqu'à l'âge

de six ans. Ils sont ensuite, autant que faire se peut, mis en pension chez des cultivateurs et des artisans. Les enfants qui ne peuvent être mis en pension, les estropiés et les infirmes doivent être élevés dans l'hospice et occupés à des travaux en rapport avec leurs forces et leur âge. A douze ans, les enfants sont mis en apprentissage et restent sous la tutelle des commissions administratives jusqu'à leur majorité.

Ces détails étaient nécessaires pour faire comprendre l'étendue des dépenses relatives au service des enfants trouvés et abandonnés ; ces dépenses se divisent en deux classes qu'on peut désigner sous le nom de dépenses *intérieures* et dépenses *extérieures*. Les dépenses intérieures se composent des layettes et vêtures à fournir aux enfants assistés et des frais d'entretien de ces enfants dans les hospices, soit avant leur départ pour la campagne ou leur mise en apprentissage, soit lorsque, n'ayant pu rester en nourrice ou en apprentissage, ils reviennent dans les hospices.

Les hospices désignés pour recevoir les enfants trouvés sont chargés de la fourniture des layettes et de toutes les *dépenses intérieures* relatives à la nourriture et à l'éducation des enfants. (Art. 11, décret du 19 janvier 1811.) Si un hospice dépositaire ne possédait pas les ressources nécessaires pour faire face à ces dépenses, il pourrait s'adresser au Conseil général du département qui ne refuse pas ordinairement d'accorder des secours à cet effet sur les centimes facultatifs. L'hospice dépositaire a-t-il la faculté de réclamer des autres hospices du département une subvention proportionnée à leurs ressources, dans le cas où les siennes seraient insuffisantes ? La loi du 18 juillet ne résout point cette question qui est prévue par la circulaire ministérielle du 4 août, mais sans qu'une solution soit donnée.

Le décret de 1811 allouait une somme annuelle de quatre millions pour contribuer au payement des mois de nourrice et des pensions des enfants trouvés. S'il arrivait après la répartition de cette somme qu'il y eût insuffisance, il y était pourvu par les hospices au moyen de leurs revenus ou d'allocations sur les fonds des communes. La loi de finance du 25 mars 1817, la première, mit à la charge des départements une partie des dépenses *extérieures :* il est dit que sur les 14 centimes prélevés sur les centimes additionnels pour les dépenses départementales, il en sera alloué un certain nombre aux dépenses des enfants trouvés et abandonnés, sans préjudice du concours des communes.

Aujourd'hui il est pourvu aux dépenses extérieures au moyen du montant des amendes et confiscations affecté à la dépense des enfants trouvés ; de la portion des revenus des hospices spécialement consacrée à la même destination par les titres de fondation ; des allocations votées par le Conseil général sur le produit des centimes affectés aux dépenses départementales ; des contingents fournis par les communes.

Chaque année le préfet doit remettre au Conseil général, à l'ouverture de la session, un rapport détaillé sur la dépense présumée des enfants assistés et sur les moyens d'y pourvoir. Le Conseil vote la somme à allouer pour ce service, soit sur le produit des centimes affectés aux dépenses variables, soit sur le produit des centimes facultatifs ; il fixe la somme qui peut être rejetée sur les communes et indique les bases de la répartition de cette somme. Comme les départements tendaient trop à se décharger au préjudice des communes, des circulaires ministérielles du 21 août 1830 et 13 août 1840, portaient que : le Conseil général, dans le règlement du contingent des communes, ne doit pas perdre de vue que la dépense des enfants assistés est avant tout départementale. En faisant supporter au budget départemental les quatre cinquièmes au moins de la dépense, on exécute la loi dans son véritable esprit. Les Conseils généraux peuvent même dispenser les communes de tout concours. La répartition entre les communes du contingent mis à leur charge est faite par le préfet d'après les bases indiquées par le Conseil général. Cette répartition se fait ordinairement en prenant pour base le chiffre du revenu ordinaire de chaque commune, combiné avec celui de la population. La décision du Conseil général qui fixe la somme affectée au service des enfants assistés et le contingent des communes, est définitive, aucune approbation n'est nécessaire aux termes de la loi du 18 juillet, mais cette décision n'est exécutoire que si dans le délai de deux mois à partir de la clôture de la session, elle n'est suspendue par un décret impérial.

Les commissions administratives des hospices sont chargées de surveiller l'éducation morale et physique des enfants trouvés, placés en nourrice, en pension ou en apprentissage. Des inspecteurs départementaux, nommés par les préfets et payés par le budget départemental sur le fonds alloué pour les dépenses des enfants assistés, se rendent dans les lieux où les enfants ont été placés, et s'assurent que les commissions administratives remplissent à leur égard et jusqu'à leur majorité les devoirs que leur imposent les lois. L'inspecteur départemental rédige chaque année un rapport, sur le service soumis à son inspection ; ce rapport est communiqué au Conseil général.

VII. — ALIÉNÉS.

Avant 1789, on ne trouve dans la législation aucune disposition applicable aux aliénés indigents, et cette coupable indifférence s'est prolongée jusqu'à la loi du 30 juin 1838 qui a comblé une lacune importante dans notre législation administrative en réglant leur sort.

L'art. 1er de la loi porte : « Chaque département est tenu d'avoir un établissement public spécialement destiné à recevoir et soigner les aliénés, ou de traiter à cet effet avec un établissement public ou privé, soit de ce département, soit d'un autre département. » La loi n'oblige donc pas chaque département à posséder un établissement en propre ; certains départements renferment trop peu d'aliénés pour qu'il y ait lieu de leur consacrer une maison ; la dépense serait excessive, comparée aux besoins, et d'ailleurs, à tous les points de vue, les grands établissements sont préférables aux autres : la loi a donc laissé aux départements la faculté de traiter avec des établissements publics ou privés, sans les obliger d'en élever à leurs frais. L'un des objets des marchés passés avec les établissements privés est de déterminer le prix moyennant lequel les aliénés y seront reçus et traités. Dans les traités passés avec les établissements publics, il n'y a, au contraire, aucune stipulation de prix à faire, car la dépense de l'entretien, du séjour et du traitement des aliénés placés dans les asiles départementaux est réglée d'après un tarif arrêté par le Conseil général. Sous le régime du décret du 25 mars 1852, le préfet approuvait les traités passés entre le département et les établissements publics et privés ; aux termes de la loi du 18 juillet, les Conseils généraux statuent définitivement sur l'approbation des traités passés avec des établissements privés ou publics pour le traitement des aliénés du département. La circulaire ministérielle du 4 août recommande de limiter à une année la durée des traités ou d'y introduire une clause de résiliation, surtout lorsqu'il s'agit d'asiles privés faisant fonctions d'établissements publics.

Les établissements publics consacrés aux aliénés sont sous la direction de l'autorité publique, à la différence des établissements privés, qui ne sont soumis qu'à la surveillance de cette autorité. Les établissements publics sont administrés par un directeur salarié et une commission de surveillance qui, à la différence des commissions administratives des hospices ordinaires, lesquelles délibèrent et administrent en même temps, n'a qu'un rôle purement consultatif. Les asiles publics étant une propriété départementale, c'est le Conseil général qui autorise les aliénations, ventes, transactions, échanges relatifs à des biens appartenant à un établissement d'aliénés ; c'est lui qui approuve les projets, plans et devis des travaux de construction ou d'entretien à effectuer dans ces mêmes établissements.

La loi du 30 juin 1838 établit deux grandes divisions entre les diverses espèces d'aliénés. La loi distingue les aliénés placés volontairement par leur famille dans un établissement public, et ceux dont la séquestration est ordonnée par l'autorité publique. A Paris, le préfet de police, et dans les départements les préfets, ordonneront d'office le placement dans un établissement d'aliénés de tout individu dont l'état d'aliénation compromettrait l'ordre public ou la sûreté des personnes (art. 18, loi du 30 juin 1838). Ce droit de séquestration est entouré de certaines formalités qui garantissent la liberté individuelle et dans le détail desquelles nous n'entrerons pas. Les aliénés dont le placement aura été ordonné par le préfet et dont les familles n'auront pas demandé l'admission dans un établissement privé, seront conduits dans l'établissement, appartenant au département ou avec lequel il aura traité.

Les hospices et hôpitaux civils sont tenus de recevoir provisoirement les aliénés qui leur seront adressés, jusqu'à ce qu'ils soient dirigés sur l'établissement spécial destiné à les recevoir, ou pendant le trajet qu'ils feront pour s'y rendre. Dans les communes où il n'existe pas d'hospice, les maires doivent pourvoir au logement des aliénés. Les frais occasionnés ainsi aux hospices et aux communes, leur doivent être remboursés.

Tout aliéné dangereux, dont la séquestration sera ordonnée par l'autorité publique doit être reçu dans les établissements publics. C'est principalement en vue de cette classe qu'ils sont fondés ; mais, de plus, les aliénés dangereux ou non dangereux peuvent être admis valablement dans les établissements départementaux par suite de placement volontaire, dans les formes, dans les circonstances et aux conditions réglées par le Conseil général. Au nombre de ces conditions est le prix d'entretien de l'aliéné, dont le tarif est fixé par le Conseil général. Le Conseil peut établir un tarif différent pour les aliénés du département et ceux des départements voisins qui ont traité avec lui. Le Conseil général arrête également les frais de transport et ceux du séjour provisoire des aliénés qui doivent être remboursés aux hospices ou aux communes.

En réglant les conditions d'admission des aliénés non dangereux, le Conseil général doit prendre des mesures pour que cette admission ne soit pas abusivement accordée aux idiots et incurables ou aux indigents incapables de subvenir à leur existence, ou même aux aliénés dont le traitement pourrait être différé, lorsque leur présence serait un obstacle à l'admission de malades dont le traitement est plus urgent. Du reste, ces règlements d'admission des aliénés non dangereux restent soumis à l'approbation du ministre, car la rédaction de ce règlement ne constitue pas une attribution exclusivement financière, et sur celles-là seules le Conseil général statue définitivement, aux termes de la loi du 18 juillet 1866.

La dépense des aliénés comprend le montant des frais de transport; la dépense de séjour due à l'hospice, à la commune où l'aliéné a été provisoirement déposé, les frais ordinaires de traitement, d'entretien de l'aliéné placé dans un établissement public ou privé; ces différentes dépenses sont arrêtées par le Conseil général. En principe, la dépense de l'aliéné doit être exclusivement à sa charge, tant que ses ressources peuvent y suffire. Quand les biens personnels de l'aliéné sont insuffisants pour pourvoir aux frais de son entretien et de son traitement, ils restent à la charge des parents auxquels l'aliéné pourrait demander des aliments. Chaque année l'administration departementale se trouve dans la nécessité de faire remise à certains aliénés placés d'office, ou à leurs familles, de tout ou partie de la pension que leur mauvaise position de fortune ne leur permet pas d'acquitter intégralement. Depuis la loi du 18 juillet c'est le Conseil général qui est appelé à statuer sur ces remises totales ou partielles d'après les propositions motivées du préfet. Comme des placements analogues peuvent être faits dans l'intervalle des sessions, le Conseil autorise le préfet à décider provisoirement, s'il y a lieu, quelle somme devra être laissée à la charge de l'aliéné ou de sa famille, sauf à en rendre compte lors de la session suivante.

A défaut, où en cas d'insuffisance des ressources des aliénés et de leurs familles, la loi du 30 juin 1838 met la dépense de leur entretien à la charge des départements, sans préjudice du concours de la commune du domicile de l'aliéné. On peut aussi réclamer des hospices une indemnité proportionnée au nombre des aliénés dont le traitement et l'entretien étaient à leur charge, avant la création de l'asile départemental.

Les dépenses des aliénés à la charge des départements font partie du budget ordinaire, mais elles ne sont plus obligatoires. « Loi du 18 juillet art. 6. » Les communes sont tenues de concourir à la dépense de leurs aliénés indigents d'après les bases déterminées par le Conseil général, qui fixe la part proportionnelle laissée à la charge de la commune. La base du revenu communal est celle qui paraît la plus équitable et qui dans la pratique présente le moins de difficultés d'application. C'est la commune du domicile de secours de l'aliéné qui doit concourir à ses dépenses. Le lieu de naissance est le lieu naturel du domicile de secours; pour acquérir ce domicile de secours, il faut un séjour d'un an dans une commune.

En résumé, le Conseil général règle les frais de transport et de séjour provisoire des aliénés, le prix de la journée à l'asile et la part proportionnelle à la charge des communes et des familles. Par une conséquence nécessaire, c'est aux Conseils généraux qu'appartient le règlement des budgets et l'approbation des comptes des asiles départementaux; pour mettre le Conseil général en mesure d'exercer utilement ces attributions, le préfet doit communiquer à l'assemblée départementale toutes les pièces propres à l'éclairer. Sur ces différents points, les délibérations du Conseil général ont un caractère définitif, mais la loi réserve au gouvernement un droit de suspension qu'il peut exercer dans le délai de deux mois à partir de la clôture de la session.

Du reste, les attributions nouvelles que la loi du 18 juillet délègue aux Conseils généraux sont exclusivement financières, le vote du Conseil général est limité aux questions de recettes et de dépenses; l'administration conserve, à tous autres points de vue, la direction des asiles que lui confère la loi du 30 juin 1838. Il n'en pouvait être autrement, dit la circulaire ministérielle du 4 août, car à côté et au-dessus de ces questions budgétaires, le service des aliénés soulève des questions de police, d'ordre public et de liberté individuelle, qui pellent au premier chef l'action du ministre responsable et celle des agents placés sous son autorité.

IX. — INSTRUCTION PRIMAIRE.

La loi du 28 juin 1833 relative à l'instruction primaire et celle du 15 mars 1850 ont investi le Conseil général de plusieurs attributions surtout financières.

Toute commune est tenue soit par elle-même, soit en se réunissant à une ou plusieurs communes voisines, d'entretenir au moins une école primaire élémentaire. Les dépenses des écoles primaires communales sont à la charge des communes, mais en cas d'insuffisance de leurs revenus ordinaires et des centimes additionnels communaux à ce destinés, le département doit leur venir en aide.

Tout département est tenu d'entretenir une école normale primaire, soit par lui-même, soit en se réunissant à un ou plusieurs départements voisins. A la différence des écoles primaires qui sont des institutions communales, la loi a voulu que l'École normale fût une institution départementale. Autant que possible, la loi veut qu'il y en ait une dans chaque département. Pourtant, lorsqu'un département ne peut suffire seul à une dépense de cette nature, elle autorise la réunion de plusieurs départements voisins.

La loi met à la charge du département les dépenses de l'École normale, et le Conseil général délibère sur les moyens d'y pourvoir. Ce droit de voter les dépenses et d'arrêter le budget de l'École normale donne indirectement au Conseil une certaine influence sur la composition du personnel et l'organisation générale de l'École, mais toutes les questions d'administration intérieure sont réglées par une commission administrative et le préfet.

D'un autre côté le département doit compléter les dépenses des écoles primaires communales lorsqu'il y a insuffisance des ressources ordinaires et des centimes additionnels communaux.

Les départements pourvoient à ces dépenses d'abord avec leurs ressources ordinaires. Si les ressources provenant des deux centimes additionnels au principal des quatre contributions directes ne suffisent pas, il y est pourvu avec le produit de centimes facultatifs; comme ressources extraordinaires, le département peut avoir recours à des centimes extraordinaires dont l'imposition était autorisée par une loi spéciale.

Le préfet et le recteur préparent chaque année un aperçu des dépenses auxquelles donnera lieu l'École normale pendant l'année suivante. Cet aperçu doit être présenté aux Conseils généraux dans leur session ordinaire annuelle. Le budget de l'École normale est compris dans le budget des dépenses de l'instruction primaire, qui lui-même formait la cinquième section du budget départemental. Le budget des dépenses de l'instruction primaire se divise en deux chapitres. Le premier comprend les dépenses ordinaires : complément des dépenses ordinaires des écoles primaires : dépenses ordinaires de l'École normale. Le second chapitre comprend les dépenses extraordinaires : dépenses de construction, de réparation à l'École normale, subventions à des écoles spécialement désignées par le Conseil général. Les dépenses de bourses, que le Conseil est appelé a créer en faveur des aspirants à l'École normale qui n'auraient pas le moyen de payer soit en totalité, soit en partie leur pension, figurent au budget spécial de l'École normale.

Toutes ces dépenses sont discutées et votées par le Conseil général et définitivement approuvées par le ministre de l'instruction publique.

X. — BUDGET DÉPARTEMENTAL.

Le Conseil général vote le budget départemental, et c'est assurément la plus importante de ses attributions.

Dominée par le souvenir de l'organisation provinciale qu'elle venait de détruire, l'Assemblée constituante, en créant les départements, n'avait pas entendu leur donner une individualité distincte. Par le cours naturel des choses, nous l'avons vu, les départements

ont changé peu à peu de caractère; la loi du 22 décembre 1789 elle-même semble distinguer les dépenses
du département de celles de l'État; elle remet aux assemblées administratives le soin d'ordonner les dépenses
et de percevoir les contributions publiques dans chaque
département; mais ces dispositions ne donnaient point
lieu à un budget départemental proprement dit; ce
n'était qu'un mandat dont l'Assemblée constituante
investissait les assemblées départementales.

La loi du 19 fructidor an II, en supprimant les Conseils de département, supprima aussi la distinction entre
les dépenses de l'État et les dépenses départementales.
Elle fut rétablie par les lois du 28 messidor an IV, du
15 frimaire an VI, du 11 frimaire an VIII, qui posent les
premières bases du budget départemental. Il ne se composait guère alors que de dépenses constituant une véritable charge de l'État, remises au département avec des
ressources pour y faire face; le gouvernement conservait une entière autorité sur le règlement des dépenses
qui devaient y trouver place. Les lois du 12 ventôse
an XIII et 28 avril 1816 développant le principe inscrit
dans les lois précédentes, autorisèrent les Conseils généraux à établir des impositions facultatives dans les
limites fixées par les lois de finances et à les employer aux dépenses d'utilité départementale qu'ils ju-
geraient convenable de couvrir à l'aide de cette ressource. Le budget vraiment départemental était donc
fondé à côté de la première partie du budget qui n'était
à vrai dire qu'une annexe du budget de l'État.

Les dépenses qui figuraient dans le budget créé en
l'an IV avaient été divisées postérieurement en deux catégories, les dépenses *fixes*, communes à tous les départements, lesquelles étaient entièrement réglées et

soldées par le gouvernement, et les dépenses *variables* soumises au vote du Conseil général; elles tiraient leur nom de la mobilité de leur quotité.

Les centimes destinés à subvenir à ces deux catégories de dépenses étaient votés par la loi de finances. Ils s'appelaient eux-mêmes ou centimes fixes ou centimes variables.

La loi de finances de 1837 introduisit une utile simplification ; les dépenses et les centimes fixes sur lesquels le Conseil général n'avait pas à statuer furent rayés des budgets départementaux et transférés au budget de l'État, leur vraie place. Par suite de ce changement, la loi du 10 mai 1838 a donné aux dépenses variables, dont la qualification n'avait plus de sens, le titre de dépenses ordinaires, et les centimes qui y étaient affectés ont également cessé de s'appeler centimes variables. Il en est résulté que les dépenses départementales, aux termes de la loi de 1838, ne sont plus que de deux espèces : les dépenses ordinaires et les dépenses facultatives (1).

D'autres lois ont autorisé le Conseil général à créer des ressources spéciales pour des services spéciaux ; pour les dépenses du cadastre, aujourd'hui terminé (loi du 31 juillet 1821) ; de l'instruction primaire (loi du 28 juin 1833), et les subventions à accorder aux chemins vicinaux (loi du 21 mai 1836).

De toutes ees lois résultait une complication un peu confuse que la loi de 1838 s'est efforcée de simplifier ; elle a posé les bases du budget départemental et trace le cadre dans lequel il devait se mouvoir.

---

(1) Vivien, *Etudes administratives.*

Le budget départemental était divisé en sections : la première section comprenait les dépenses dites ordinaires ; la deuxième, les dépenses facultatives ; de plus, il était créé des sections spéciales pour les dépenses extraordinaires, pour les dépenses des chemins vicinaux ; enfin, pour celles de l'instruction primaire ; le cadastre étant terminé, la sixième section n'a plus de raison d'être.

I. *Recettes.* — Dans tout budget, il y a le chapitre des dépenses et celui des recettes ; avant la loi de 1838 les recettes et les dépenses départementales étaient même établies dans deux budgets distincts et séparés. Le projet de loi présenté par le gouvernement en 1838 conservait ce système de comptabilité qui a continué d'exister pour l'Etat et pour les communes jusqu'en 1857. C'est la commission de la chambre des députés qui a proposé de réunir en un seul budget, qui serait divisé en sections, les recettes et les dépenses départementales. Chaque section comprend donc les dépenses et les recettes destinées à pourvoir à ces dépenses.

La seule ressource véritablement importante des départements est le produit des centimes additionnels votés par le Conseil général ; ce vote est l'une des attributions dans lesquelles le Conseil exerce un pouvoir souverain. Les centimes additionnels sont les sommes successivement ajoutées au principal de la contribution directe et dans la proportion de cette contribution ; ils sont par conséquent de tant de centimes par franc. Les centimes additionnels sont généraux, départementaux ou communaux ; les premiers ont pour objet de pourvoir aux besoins extraordinaires de l'Etat, ils sont votés chaque année dans le budget de l'Etat quand les circonstances le requièrent.

Les centimes communaux sont votés par les Conseils municipaux : aux termes de la loi du 18 juillet 1866, art. 4, le Conseil général fixe chaque année le maximum du nombre des centimes extraordinaires que les Conseils municipaux sont autorisés à voter, pour en affecter le produit à des dépenses extraordinaires d'utilité communale. Si le Conseil général se sépare sans l'avoir fixé, le maximum arrêté pour l'année précédente est maintenu jusqu'à la session suivante. Le maximum ne peut dépasser vingt centimes. A part cela, les attributions du Conseil général n'ont trait qu'au vote des centimes additionnels départementaux. Ces centimes sont eux-mêmes, ordinaires, facultatifs, spéciaux et extraordinaires.

Les centimes additionnels ordinaires sont imposés dans l'intérêt du département chaque année par la loi de finance. Ils sont affectés en partie aux dépenses ordinaires, en partie à la formation d'un fonds commun destiné à subvenir aux dépenses de la première section que certains départements ne peuvent couvrir ni avec la part des centimes additionnels qui y est consacrée, ni avec les centimes facultatifs. Le vote du Conseil général ne porte donc même pas sur tous les centimes départementaux; il n'a lieu que pour les centimes additionnels, ou facultatifs, ou spéciaux, ou extraordinaires. Le Conseil général ne peut voter que les centimes additionnels dont la perception est autorisée par les lois.

Pour faire face aux dépenses de la première section du budget, le département a donc d'abord le produit des centimes additionnels ordinaires affectés à cet emploi par la loi annuelle de finances, 10 centimes 5 dixièmes : les fonds libres de l'année précédente, la part allouée au département dans le fonds commun, enfin certains produits éventuels figurent aussi dans cette première section. Ces produits éventuels se composent des produits des propriétés du département, tant mobilières qu'immobilières, affectées à des services publics (1) ; des droits de péage ou autres droits autorisés ou concédés au profit du département (2) ; contingents des communes pour le service des enfants assistés.

Il est pourvu aux dépenses de la deuxième section, dépenses facultatives d'utilité départementale au moyen des centimes facultatifs ; ces centimes facultatifs peuvent même servir à suppléer aux dépenses de la première section si le Conseil général le décide ainsi. La loi de finance détermine chaque année le maximum des centimes que le Conseil général a le droit de voter, 7 centimes 5 dixièmes ; ces centimes sont votés au principal de deux impôts seulement : l'impôt foncier et l'impôt personnel et mobilier. Au chapitre des recettes de la deuxième section figurent encore : les revenus et produits des propriétés immobilières du département, non affectées au service départemental ; différentes recettes qui par leur destination sont afférentes à des dépenses de la deuxième section ; ainsi les produits des propriétés mobilières du département : les dons, legs et fondations.

Le département fait face aux dépenses extraordinaires avec le produit des centimes extraordinaires et au moyen des emprunts. Les centimes extraordinaires

---

(1) Par exemple vente d'arbres abattus ou élagués, sur les routes départementales, vente de matériaux de rebut, vente de mobilier départemental hors de service.

(2) Droits établis sur les routes départementales, amendes pour contravention en matière de roulage, amendes et confiscations affectées au service des enfants trouvés.

votés par les Conseils généraux pour des besoins spéciaux sont une véritable contribution extraordinaire, qui aux termes de l'art. 33 de la loi du 10 mai 1838, ne peut être autorisée que par une loi. La loi du 18 juillet 1866 apporte une modification sur ce point, et donne aux départements une liberté nouvelle sans priver le Corps législatif d'aucun de ses pouvoirs. L'art. 2 autorise les Conseils généraux à voter des centimes extraordinaires dans les limites qui seront déterminées par la loi annuelle des finances : c'est-à-dire que le Corps législatif déléguera chaque année aux Conseils généraux le pouvoir d'imposer extraordinairement les départements jusqu'à concurrence d'un nombre de centimes déterminés. La loi enlève aux délibérations du Corps législatif une foule de lois qui n'ont jamais donné lieu à la moindre opposition et ne sont guère examinées qu'au sein des commissions. La loi de finances déterminera un maximum en rapport avec les besoins généraux ; les Conseils généraux exerceront leur action dans les limites de ce maximum ; mais si ce maximum même est insuffisant, si un Conseil vote des centimes excédant le maximum, la question sera soumise à l'examen du Corps législatif, qui restera ainsi le modérateur naturel des dépenses qui seraient exagérées. Le Conseil général ne peut voter de centimes que pour une seule année ; car il est de principe aussi bien pour les Conseils généraux que pour le Corps législatif, que le vote de l'impôt soit annuel.

Pour faire face à des dépenses extraordinaires, les départements peuvent aussi contracter des emprunts. Ces emprunts votés par les Conseils généraux ne pouvaient être contractés qu'en vertu d'une loi spéciale, aux termes de la loi de 1838 art. 34. D'après la loi du 18 juillet 1866, les Conseils généraux peuvent contracter des emprunts départementaux remboursables dans un délai qui ne pourra excéder douze années sur les centimes extraordinaires ou sur les ressources ordinaires. C'est une délégation donnée à l'avance par le pouvoir législatif, substituée à la délégation spéciale qu'il donnait par une loi sur chaque emprunt ; mais c'est une délégation pour douze années seulement; toute délibération qui tendrait à effectuer un emprunt dans des conditions plus larges, serait contraire aux dispositions de la loi, et dès lors, aux termes de l'art. 3 de la même loi, elle serait annulée par un décret.

Cet article 2 a soulevé une objection au sein du Corps législatif : Si le vote des centimes extraordinaires est annuel, a-t-on dit, comment concilier cette disposition avec le paragraphe 2 de l'art. 2 qui donne au Conseil général le droit de voter un emprunt remboursable en douze ans. Il résulte des explications données, qu'il n'y a pas de corrélation absolue entre les centimes votés et la durée de l'emprunt. Avant la loi de 1866 quand le Corps législatif autorisait un emprunt, il devait être remboursé en un certain nombre d'années, et la même loi spéciale autorisait le département à voter les centimes extraordinaires nécessaires pour assurer le service des intérêts et l'amortissement de l'emprunt dans l'espace déterminé. Mais c'était une simple autorisation; chaque année le Conseil général était obligé de voter les centimes. La loi de 1866 n'a pas changé la situation, l'article 2 autorise à l'avance le Conseil général à contracter un emprunt remboursable dans un délai qui ne pourra excéder douze années. Mais il faut toujours que chaque année le Conseil général vote les centimes; en contractant un emprunt, il contracte l'obligation morale de le rembourser dans l'espace de douze années, et alors il doit voter chaque année les centimes nécessaires à ce remboursement, mais l'art. 2 ne l'oblige pas à le faire. Toutefois si un Conseil général ne votait pas dans les limites du maximum fixé les centimes extraordinaires qui sont nécessaires pour acquitter un emprunt, il se trouverait sous le coup de l'art. 20 de la loi de 1838 : « Les dettes contractées pour pourvoir aux dépenses facultatives ou extraordinaires doivent être inscrites par le Conseil général dans la seconde section du budget ; dans le cas où le Conseil général aurait omis ou refusé de faire cette inscription, il y sera pourvu au moyen d'une contribution extraordinaire établie par une loi spéciale ; » le département a contracté une dette, il faut qu'il remplisse ses obligations.

On a encore objecté que les Conseils généraux seront toujours disposés à voter chaque année le maximum fixé, qu'on s'expose à épuiser les ressources auxquelles l'État doit pouvoir faire appel en cas de besoin. On a répondu que ce danger n'était pas à craindre, parce que les Conseillers généraux ont intérêt à ne pas multiplier les impôts pour ne pas compromettre leur popularité.

Les recettes de la quatrième section se composent du produit des centimes spéciaux votés chaque année par le Conseil général en vertu de la loi du 21 mai 1836 dans les limites du maximum déterminé annuellement par la loi de finance, 5 centimes. Il est encore pourvu aux dépenses des chemins vicinaux au moyen des contingents des communes, des souscriptions particulières, des prestations converties en argent, enfin du produit de certaines amendes.

Il est pourvu aux dépenses de l'instruction primaire, 5e section, au moyen des 2 centimes spéciaux votés annuellement en vertu de la loi du 28 juin 1833 et de celle du 15 mars 1850, autorisés chaque année par la loi de finance.

II. *Dépenses.* — Les dépenses ordinaires formant la première section avaient le caractère de dépenses obligatoires, non pas en ce sens absolu que le département pouvait être forcé de les supporter, mais en ce sens seulement que le département était obligé d'y employer la totalité des rentes destinées à y pourvoir, et que le décret qui règle le budget pouvait inscrire ou augmenter d'office, jusqu'à concurrence du montant de ces recettes, les dépenses qui doivent être portées dans cette première section. Payées avec les centimes additionnels ordinaires établis par les lois annuelles de finances, elles étaient plutôt réellement des charges de l'État que des charges départementales.

La première section du budget départemental comprenait : les travaux ordinaires des bâtiments départementaux, grosses réparations et travaux d'entretien des bâtiments de la préfecture, des sous-préfectures, tribunaux, prisons, casernes de gendarmerie et de l'asile départemental d'aliénés ; les contributions dues par les propriétés du département : le loyer s'il y a lieu des hôtels de préfecture, de sous-préfecture et de prisons ; l'ameublement et l'entretien des mobiliers des hôtels de préfecture et de sous-préfecture ; le casernement ordinaire de la gendarmerie ; les loyers, mobiliers et menues dépenses des cours, tribunaux, chambres d'agriculture et menues dépenses des justices de paix ; les travaux d'entretien des routes départementales, les dépenses des enfants assistés, ainsi que celles des aliénés ; dépenses de garde et conservation des archives du département ; dettes départementales contractées pour les dépenses ordinaires. Le Conseil général inscrit encore dans la première section du budget départemental diverses dépenses énumérées dans un même chapitre. Ainsi la loi du 10 mai 1838 met à la charge du département les frais de route des voyageurs indigents, c'est-à-dire quinze centimes par quatre kilomètres qui leur sont alloués dans chaque commune gîte d'étape. De plus, comme ces dispositions de la loi pour les voyageurs par terre sont inapplicables pour ceux voyageant par les chemins de fer, les compagnies, sur la réquisition du préfet, peuvent transporter les indigents aux frais du département, et le préfet qui aura adressé la réquisition remettra aux voyageurs, au moment du départ, la somme de 2 francs par 24 heures, à titre de secours de route. Ces secours de route et frais de transport des voyageurs indigents sont votés par le Conseil général et inscrits dans la première section du budget. (Circulaire du 8 décembre 1865.)

Les dépenses causées par les mesures prises contre les épidémies ou les épizooties; les primes fixées par les règlements d'administration publique pour la destruction des animaux nuisibles, sont toutes dépenses ordinaires de la première section.

Les dépenses ordinaires qui devaient être portées dans la première section pouvaient y être inscrites, ou être augmentées d'office jusqu'à concurrence du montant des recettes destinées à y pourvoir. Le préfet avait aussi la faculté de faire des virements pour les dépenses de cette section sous l'approbation du Ministre.

Les dépenses de la deuxième section étaient essentiellement facultatives; on ne peut les énumérer toutes, car elles peuvent être aussi nombreuses que les besoins. les intérêts qui éveillent la sollicitude du Conseil général et de l'administration; elles étaient classées au budget sous huit chapitres. Les dépenses les plus importantes de cette section étaient les suivantes : Travaux neufs des bâtiments départementaux ; acquisitions ; échanges ; supplément aux fonds portés dans la section première pour l'entretien des routes départementales ; travaux de constructions, de grosses réparations ou d'améliorations des routes départementales ; indemnités pour dépossessions d'immeubles ; indemnités aux ingénieurs et conducteurs ; personnel des conducteurs et agents secondaires ; subventions aux communes pour les chemins vicinaux ; les réparations, travaux d'églises ou autres édifices ; subventions aux communes pour les ateliers de charité destinés à donner de l'occupation aux ouvriers valides qui en manquent, dans la saison où le travail habituel n'offre plus de ressources. (Circulaire du 23 septembre 1816 et 7 novembre 1817.) Sous la rubrique *encouragements et secours*, figuraient les secours à d'anciens employés ; les encouragements à l'agriculture, subventions aux comices agricoles ; les encouragements pour l'amélioration de la race chevaline, courses de chevaux ; encouragements aux sciences, aux lettres et aux arts, subventions aux sociétés musicales ; entretien de bourses dans les lycées et différentes écoles ; encouragements pour la substitution des couvertures en tuiles à celles en chaume. Le Conseil général peut allouer des indemnités ou des secours aux membres du clergé des différents cultes reconnus. Au chapitre de l'assistance publique, nous trouvons les dépenses des enfants assistés et des aliénés pour la portion qui n'a pu trouver place à la première section ; secours aux malades indigents dans les établissements thermaux ; entretien de sourds-muets et de jeunes aveugles dans des institutions spéciales ; subventions pour concourir aux dépenses des dépôts de mendicité, maison de refuge, de secours ou hospice départemental. La loi du 5 juillet 1808, en défendant la mendicité dans tout le territoire de l'Empire, créait les dépôts de mendicité ; ces établissements sont à la charge concurremment du Trésor public, des départements et des villes. Comme il en existe dans très-peu de départements, les départements qui n'en ont pas peuvent prendre des arrangements avec ceux qui en possèdent. Parmi les dépenses diverses, on voit figurer la part contributoire du département dans les dépenses des travaux exécutés par l'État et qui intéressent le département; les frais de publication des procès-verbaux des séances du Conseil général ; les prélèvements en faveur de l'instruction primaire. Enfin, les dettes départementales pour dépenses autres que les dépenses ordinaires sont aussi portées dans la deuxième section.

Les dépenses de la seconde section étaient essentiellement facultatives. Le Conseil général pouvait y porter les dépenses ordinaires de la première section. Les allocations portées à la seconde section ne pouvaient être ni changées ni modifiées.

Les dépenses de la troisième section, dépenses extraordinaires, votées par le Conseil général, étaient par cela même facultatives; de ce nombre étaient les dépenses de construction d'édifices, d'acquisition, en général tous les travaux extraordinaires, puis le service des emprunts départementaux.

Les dépenses de la quatrième section pour les chemins vicinaux étaient facultatives (art. 8 de la loi du 21 mai 1836).

Les dépenses de la cinquième section, pour l'instruction primaire, sont obligatoires jusqu'à concurrence des deux centimes spéciaux (loi du 28 juin 1833, art. 13, et du 15 mars 1850, art 40). Cette dernière loi a conféré au pouvoir exécutif le droit d'imposer d'office par un décret impérial les centimes spéciaux afférents au service de l'instruction publique dans le cas où le Conseil général ne les voterait pas.

Ces différentes sections étaient indépendantes les unes des autres. Aucune dépense ne pouvait être inscrite d'office dans la seconde section. Pour les 3°, 4° et 5° sections, aucune dépense ne pouvait y être imputée que sur les centimes destinés par la loi à y pourvoir.

Les fonds qui n'auraient pu recevoir leur emploi dans le cours de l'exercice devaient être reportés, après clôture, sur l'exercice en cours d'exécution, avec l'affectation qu'ils avaient au budget voté par le Conseil général. Les fonds restés libres devaient être cumulés avec les ressources du budget nouveau, suivant la nature de leur origine.

Il n'y avait donc aucune solidarité entre les diverses sections du budget. Le Conseil général était étroitement resserré dans chaque section ; le seule latitude qu'il avait, si l'on peut appeler cette faculté une latitude, était de pouvoir inscrire à la seconde section des dépenses ordinaires de la première. Mais l'exercice de cette faculté dénotait une gêne dans la première section dont les ressources étaient insuffisantes, et en même temps diminuait les ressources de la seconde section pour les dépenses facultatives. Il en résultait que certains départements dont le centime est productif, étaient sans ressources et très-gênés pour suffire aux dépenses des deux premières sections, sans recourir à des emprunts et impositions extraordinaires, tandis que d'un autre côté les centimes spéciaux pour les chemins vicinaux et pour l'instruction primaire restaient en partie sans emploi et ne pouvaient recevoir une autre affectation.

Les dépenses ordinaires des départements augmentant progressivement, ces inconvénients et cette gène n'en devenaient que plus sensibles; les centimes ordinaires, en effet, ne portant que sur les contributions foncière et mobilière, qui varient fort peu, n'ont pas augmenté en raison des dépenses auxquelles ils doivent faire face. En 1857, pour remédier à cet état de choses, le gouvernement prit à sa charge les dépenses ordinaires des prisons. Cette résolution produisit un soulagement pour les départements, mais un soulagement qui dura peu; car devant la progression des dépenses, l'économie qui en était résultée fut bien vite absorbée et la même gène reparut.

La création des fonds communs avait été un premier remède à ces inconvénients. Le fonds commun était affecté exclusivement aux dépenses ordinaires, il devait servir à combler dans tous les départements, surtout dans les plus pauvres, la différence qui se rencontrerait entre leurs dépenses ordinaires et leurs ressources propres y afférentes. Le fonds commun se composait d'un certain nombre de centimes centralisés au ministère de l'intérieur, il fut successivement porté à cinq centimes par la loi du 15 mai 1818, et à sept centimes par les lois postérieures; il était réparti annuellement par le gouvernement.

Mais ce fonds commun avait lui-même de graves inconvénients et se composait d'un nombre de centimes additionnels égal pour tous les départements, mais les départements riches y versaient beaucoup plus que les départements pauvres; le centime produisant, l'on suppose, 40,000 francs dans les premiers et 20,000 francs dans les seconds. Les départements riches qui recevaient moins du fonds commun qu'ils n'y versaient, se plaignaient de voir leurs centimes servir aux départements pauvres, tandis qu'eux-mêmes étaient obligés d'avoir recours aux centimes extraordinaires ou de restreindre leurs dépenses, sans que d'un autre côté ce prélèvement fait sur eux au profit des départements pauvres procurât une satisfaction complète à ceux-ci.

Un autre inconvénient très-grave du fonds commun, c'est qu'il excitait les départements à faire des dépenses dont ils espéraient ainsi se couvrir sans s'imposer de nouvelles charges; certains départements même exagéraient leurs dépenses ordinaires pour recevoir une allocation plus forte dans le fonds commun. Par suite de ces combinaisons, le niveau des dépenses s'est constamment élevé au-dessus de celui des sommes que fournissait le fonds commun, et les Conseils généraux se sont vus dans la nécessité non-seulement de recourir aux ressources de la deuxième section, mais encore de voter des ressources extraordinaires pour subvenir aux dépenses de la première section.

La loi du 18 juillet 1866 a eu pour but de remédier à cet état de choses contre lequel on réclamait depuis quelques années. Elle change les conditions du budget départemental, et par là elle donne plus de latitude dans la combinaison des dépenses. Elle supprime le fonds commun sans supprimer les centimes qui le formaient, et elle crée un fonds annuel de 4 millions pour être répartis entre les départements suivant leurs besoins; par à elle augmente les ressources des départements, sans prendre sur les ressources de l'un pour venir au secours de l'autre.

III. *Système du budget actuel.* — D'après la loi du 18 juillet 1866, le budget départemental sera divisé en deux parties : le *budget ordinaire* et le *budget extraordinaire.*

Le budget ordinaire est formé des dépenses comprises aujourd'hui dans les première, deuxième, quatrième et cinquième sections des budgets départementaux. Il y est pourvu au moyen des recettes suivantes : 1° le produit des centimes additionnels portant sur les contributions foncière personnelle et mobilière, votés annuellement par le Conseil général dans les limites déterminées par les lois de finances, en y comprenant les 7 centimes qui forment aujourd'hui le fonds commun ; 2° les produits éventuels énoncés aux n°s 5, 6, 7 et 8 de l'art. 10 de la loi de 1838, et que nous avons énumérés plus haut ; 3° le produit des centimes autorisés pour les dépenses des chemins vicinaux et de l'instruction primaire dont l'affectation spéciale est maintenue.

Le budget extraordinaire comprend les dépenses portées aujourd'hui dans la troisième section. Les recettes du budget extraordinaire se composent : du produit des centimes extraordinaires votés annuellement par le Conseil général dans les limites déterminées par la loi de finances ou autorisées par des lois spéciales ; du produit des biens aliénés, des dons et legs, du remboursement des capitaux exigibles et des rentes rachetées ; du produit des emprunts, de toutes autres recettes accidentelles.

Il n'y a que trois natures de dépenses ayant le caraclère obligatoire : 1° le loyer et entretien des hôtels de préfecture et de sous-préfecture; 2° le casernement ordinaire des brigades de gendarmerie; 3° les loyer, mobilier et menues dépenses des cours et tribunaux, et menues dépenses des justices de paix. Si un Conseil général omet d'inscrire au budget un crédit suffisant pour l'acquittement de ces dépenses, il y est pourvu d'office par une contribution spéciale portant sur les quatre contributions directes et établie par un décret impérial dans les limites du maximum fixé annuellement par la loi de finances, ou par une loi spéciale, si la contribution doit excéder ce maximum.

Aucune dépense autre que les trois énoncées ci-dessus ne peut être inscrite d'office au budget ordinaire, et les allocations qui y sont portées par le Conseil général ne peuvent être ni changées, ni modifiées par le décret impérial qui règle le budget. Aux termes de la loi de 1838, les dépenses ordinaires, portées dans la première section, peuvent y être inscrites, ou être augmentées d'office jusqu'à concurrence du montant des recettes destinées à y pourvoir, par l'ordonnance qui règle le budget. Au contraire, d'après la loi de 1866, le gouvernement, s'il croit une délibération dangereuse, une allocation de fonds insuffisante, peut bien suspendre l'exécution de cette délibération dans certains cas, mais il ne peut rien inscrire au budget, car le vote de la dépense appartient au Conseil général seul, pas un centime des ressources départementales ne peut être dépensé sans son adhésion préalable.

Pourtant, outre les trois exceptions énumérées dans l'art. 10 de la loi de 1866, il faut en ajouter une encore pour les dettes départementales ; si un Conseil général, pour un motif quelconque, ne votait pas les ressources nécessaires pour acquitter les intérêts d'une dette départementale, l'amortissement d'un emprunt, les moyens d'exécution à cet égard sont régis par l'art. 20 de la loi du 10 mai 1838, auquel la loi de 1866 ne porte aucune atteinte. Cet article dit que si le département n'inscrit pas à son budget les sommes nécessaires pour payer ses dettes, il y est pourvu par une imposition extraordinaire établie par une loi spéciale.

L'art. 40 de la loi du 18 mars 1850 a conféré au pouvoir exécutif le droit d'imposer d'office par un décret impérial les centimes spéciaux afférents au service de l'instruction publique, dans le cas où le Conseil général ne les aurait pas votés, et que les ressources ordinaires du département n'y pourraient suffire. Tout porte à croire que la loi du 18 juillet n'a pas non plus abrogé cette disposition.

Les départements qui n'auront pas besoin d'employer la totalité des centimes spéciaux pour assurer le service des chemins vicinaux et de l'instruction primaire, pourront désormais en appliquer le surplus aux autres dépenses du budget ordinaire.

Les fonds qui n'auront pu recevoir leur emploi dans le cours de l'exercice seront reportés, après clôture, sur l'exercice en cours d'exécution, avec l'affectation qu'ils avaient au budget voté par le Conseil général. Les fonds restés libres sur un exercice seront cumulés, suivant la nature de leur origine, avec les ressources de l'exercice en cours d'exécution pour recevoir l'affectation nouvelle qui pourra leur être donnée par le Conseil général dans le budget rectificatif.

A l'avenir, les forêts et les bois de l'État acquitteront les centimes additionnels ordinaires et extraordinaires des départements dans la proportion de la moitié de leur valeur imposable, sans préjudice des dispositions des lois du 21 mai 1836 et de l'art. 3 de la loi du 12 juillet 1865 : les propriétés de l'État, productives de revenus, contribuent aux dépenses des chemins vicinaux et des chemins de fer d'intérêt local, dans les mêmes proportions que les propriétés privées et d'après un rôle spécial dressé par le préfet.

Tout centime additionnel, soit ordinaire, soit extraordinaire qui sera ultérieurement établi portera sur les quatre contributions directes. Enfin il est créé sur les ressources ordinaires du budget un fonds fixé à 4 millions, sur lequel les départements dont la situation financière l'exige recevront une allocation. La répartition en est réglée annuellement par un décret rendu en Conseil d'Etat. Les départements qui pouvant employer le surplus des centimes spéciaux pour les chemins vicinaux et pour l'instruction aux autres dépenses du budget ordinaire ne le feraient pas, ne pourront recevoir aucune allocation.

Il résulte de toutes ces dispositions nouvelles : d'abord une simplification du budget qui se divise simplement en budget ordinaire et budget extraordinaire à l'imitation du budget de l'État et des communes. Il en résulte aussi une plus grande latitude pour les Conseils généraux dans le jeu du budget et dans l'emploi de toutes les ressources du budget ordinaire qui seront groupées en une seule masse ; ils ne seront plus rigoureusement enfermés dans les cinq sections. La spécialité des ressources est détruite en ce sens que les services des chemins vicinaux et de l'instruction primaire étant remplis, le surplus des centimes spéciaux peut être affecté aux autres dépenses du budget ordinaire : les fonds restés libres sur les ressources, de quelque origine quelles soient, se cumulent avec les ressources de l'exercice en cours pour recevoir telle affectation que le Conseil général voudra leur donner.

L'ensemble des ressources départementales est augmenté : de la contribution demandée aux bois et forêts de l'Etat ; de la contribution imposée au principal des impôts des portes et fenêtres, et des patentes dans les centimes qui seront ultérieurement établis ; des fonds libres spéciaux dont les départements ne pouvaient disposer sans une loi. Les ressources des départements se trouvent encore augmentées de la subvention de 4 millions fournie par l'Etat, pour les départements dont la situation financière exigera une allocation, et pour 43 départements de la portion de leurs centimes pour fonds commun, dont ils étaient privés par la répartition. Chaque département profitera exclusivement et sans déduction de tous les centimes ordinaires, facultatifs, spéciaux et extraordinaires imposés aux contribuables du département. Les départements riches y gagneront le plus, en raison du produit plus élevé de leurs centimes ; mais ils n'auront droit à une allocation sur la subvention de l'Etat, qu'à la condition qu'ils auront employé la totalité de leurs centimes spéciaux. Les départements pauvres qui recevaient du fonds commun plus qu'ils n'y versaient, recevront une allocation sur les 4 millions, à la même condition toutefois de l'emploi de la totalité de leurs centimes spéciaux ; leurs ressources se trouvent accrues, car ils reçoivent d'un côté une subvention comme par le passé, et ne versent plus rien pour la formation du fonds commun.

IV. *Comptabilité départementale.* — Les départements tirent la plus grande partie de leurs revenus de centimes additionnels aux contributions directes. Il en résulte

que leurs recettes se lient étroitement à celles de l'État.
Aussi la perception et le versement en sont-ils confiés
aux mêmes mains. On a pu critiquer cette espèce de con-
fusion qui semble priver le département d'une existence
propre et l'identifier pour ainsi dire avec l'État : puis, autre
inconvénient plus réel de ce système de comptabilité,
c'est que les contribuables ne distinguent pas toujours
les impôts levés par l'État des impôts levés par les départements et sont disposés à accuser le premier des charges
qui sont créées par le second (1).

Le payeur général est chargé du recouvrement des
ressources du département, il produit, à cet effet, des
états que le préfet rend exécutoires, sauf opposition de
la part du redevable. Le payeur général ne peut payer
que dans les limites des crédits ouverts et sur un mandat
de l'ordonnateur qui est le préfet.

Présenté par le préfet, voté par le Conseil général, le
budget départemental est approuvé par le gouvernement.

III. — ATTRIBUTIONS DES CONSEILS GÉNÉRAUX COMME ASSEMBLÉES CONSULTATIVES.

La loi du 18 juillet 1866, dit la circulaire ministérielle du 4 août, maintient et consacre les trois grandes
divisions établies par la loi du 10 mai 1838 ; c'est ainsi
que les délibérations des Conseils généraux sont définitives sur certains points ; sur certaines questions la décision appartient au gouvernement ; enfin, sur d'autres,
les délibérations du conseil n'ont que le caractère d'un

---

(1) M. Vivien, *Étud. administ.*

vœu ou d'un simple avis. C'est de cette dernière nature
d'attributions qu'il nous reste à parler.

L'administration peut toujours recourir aux lumières
des Conseils généraux. Dans la pratique elle demande
leur avis sur toutes les grandes questions agricoles, in-
dustrielles, commerciales qui la préoccupent; mais, en
outre, il est des cas déterminés par la loi où l'administration doit nécessairement prendre cet avis du Conseil général. Il faut donc distinguer entre les avis facultatifs et les
avis obligés, les premiers sont demandés volontairement
et donnés de même; au contraire, lorsque les lois ou règlements exigent l'avis préalable du Conseil général, cet
avis devient un des éléments essentiels de l'instruction
de l'affaire et l'autorité supérieure, qui passerait outre
sans avoir pris cet avis, commettrait un excès de pouvoir, l'annulation de l'acte administratif pourrait être demandée et déférée au Conseil d'État par la voie contentieuse.

Aux termes de l'art. 6 de la loi du 10 mai 1838, le
Conseil général est appelé nécessairement à émettre son
avis : 1° sur les changements proposés à la circonscription du territoire du département, des arrondissements,
des communes et à la désignation des chefs-lieux; 2° sur
les difficultés élevées relativement à la répartition de la
dépense des travaux qui intéressent plusieurs communes; 3° sur l'établissement, la suppression ou le changement des foires et marchés; 4° et généralement sur
tous les objets sur lesquels il est appelé à donner son
avis en vertu des lois et règlements. Cet avis préalable
est particulièrement nécessaire en matière de chasse, de
pêche, d'irrigations, de création de tribunaux de commerce, de brigades de gendarmerie, d'écoles d'arts et
métiers, etc., etc. La création de ces établissements sera

pour le département la source de nouvelles dépenses, et il est de toute justice que le Conseil général soit consulté.

Il y a cette différence entre la délibération et l'avis, que la délibération même, n'ayant pas de caractère définitif, ne peut être scindée par l'autorité supérieure, le gouvernement ne peut approuver une partie de la délibération et rejeter le reste ; l'avis des Conseils généraux, au contraire, ne lie pas l'autorité supérieure, qui reste investie du droit souverain de prendre la décision qui lui paraît préférable. La délibération pour être efficace exige l'accord du gouvernement et du Conseil général, les délibérations, quand elles n'ont pas un caractère définitif, sont comme non avenues et n'ont ni force ni valeur si le gouvernement ne tombe pas d'accord avec le conseil général ; mais, de son côté, le gouvernement ne peut pas adopter d'autre parti que l'approbation ou le rejet de la délibération du Conseil.

Enfin, outre les avis, les Conseils généraux peuvent émettre des vœux et des réclamations dans l'intérêt chacun de leur département. L'art. 7 de la loi du 10 mai 1838 porte : Le Conseil général peut adresser directement au ministère chargé de l'administration départementale, par l'intermédiaire de son président, les réclamations qu'il aurait à présenter dans l'intérêt spécial du département, ainsi que son opinion sur l'état et les besoins des différents services publics, en ce qui touche le département. Les termes mêmes de cette disposition excluraient tout ce qui est du domaine de la politique générale, si déjà la loi du 22 juin 1833 n'interdisait aux Conseils généraux les discussions de cette nature. Le Conseil général émet spontanément des vœux et des réclamations sur les maux à réparer ou le bien à faire dans chaque département ; il présente aussi des vues étendues, des idées d'utilité publique, des éléments d'amélioration et de prospérité générale.

Les vœux et réclamations des Conseils généraux ont toujours été considérés comme une partie importante de leurs attributions, et toujours on leur a donné une certaine publicité. L'arrêté du 2 vendémiaire an II prescrivait que deux mois après la session des assemblées départementales le ministre de l'intérieur présentât le résumé de leurs vœux et ordonnât que cette analyse serait annuellement imprimée. Depuis cette époque, la publication des cahiers des Conseils généraux s'est toujours continuée jusqu'en 1851 ; l'usage en a été remis en vigueur en 1856. Cette publication constitue aujourd'hui un ensemble de documents précieux qui est communiqué au Corps législatif et que consultent avec soin tous les hommes qui s'occupent d'administration. Il importe à un gouvernement ami de la liberté et de la justice, disait l'exposé des motifs de la loi de 1838, de connaître le vœu public et surtout de le puiser à sa véritable source. Où peut être cette source, si ce n'est dans des réunions de propriétaires choisis sur toute la surface du territoire? C'est là sans doute qu'est l'opinion publique.

POSITIONS.

—

DROIT ROMAIN.

I. Les cités peuvent être obligées par les délits de leurs membres, non au point de vue de la peine, mais au point de vue de l'indemnité, et jusqu'à concurrence du profit qu'elles ont retiré. (L. 15, § 1 *de dolo malo* et L. 4 *de vi* nec obstat L. 9 § 1. *Quod metus causa.*)

II. Lorsque les cités purent recueillir l'hérédité de leurs affranchis, elles eurent droit aussi à la *bonorum possessio*, mais quant à la succession de leurs affranchis seulement.

III. Dans le droit des Pandectes, le mineur de 25 ans, pourvu d'un curateur, s'oblige valablement sans l'assistance de ce curateur sauf le recours de la *in integrum restitutio*. (L. 101, *de verborum obligationibus*.) Mais il y a eu sur ce point un changement de législation sous le Bas-Empire. (L. 3 au Code, *de in integrum restitutione minorum*.)

IV. L'action par laquelle le demandeur réclame une chose dont il a perdu la propriété par suite d'une usucapion accomplie au profit d'un tiers, comme si cette usucapion n'avait point eu lieu, n'est point une publicienne rescisoire.

V. L'hypothèque générale et tacite du fisc, sur les biens de ses débiteurs, n'était pas privilégiée sur les biens à venir ; elle était à cet égard soumise à la règle : *prior tempore, potior jure* (nec obstat l 28, *de jure fisci.*)

VI. Lorsqu'un esclave appartenant à un *peculium castrense*, avait fait une stipulation pendant la vacance, et qu'ensuite l'héritier institué par le *filiusfamilias* ne faisait pas addition, la stipulation était valable suivant Ulpien (L. 33, de *acq. rerum dominio*), elle était nulle suivant Papinien (L. 14, § 1 *de castr. peculio*). La considération tirée de la *verecundia paterna* était complétement étrangère à ce dernier jurisconsulte.

VII. Le débiteur solidaire qui, sur la poursuite du créancier, a payé la totalité, peut recourir contre les autres au moyen de l'action utile du créancier, quand il a omis d'invoquer le bénéfice de cession d'action. Cette doctrine avait même fini par être étendue aux correi.

DROIT CIVIL.

I. Les aliénations faites par un héritier apparent sont nulles.

II. Les actes que le tuteur a passés dans les limites de ses pouvoirs sont inattaquables.

III. Le donateur n'a pas d'action contre le donataire pour le contraindre à l'exécution des charges.

IV. Le dernier acquéreur est obligé de faire transcrire tous les contrats des vendeurs aux créanciers hypothécaires desquels il veut enlever le droit de s'inscrire.

V. Les héritiers du donateur ne peuvent pas se prévaloir du défaut de transcription.

VI. La possession d'état qui prouve la filiation légitime ne prouve la filiation naturelle ni à l'égard du père ni à l'égard de la mère.

VII. Les jugements rendus par un tribunal étranger ne peuvent pas être révisés au fond par les tribunaux français.

DROIT ADMINISTRATIF.

I. Lorsqu'un conseiller général conteste, en ce qui le concerne, la présomption légale de démission, qui résulterait de ce qu'il aurait manqué à deux sessions consécutives, c'est le Ministre de l'Intérieur qui est juge.

II. Les délibérations du Conseil général, entachées d'excès de pouvoir, peuvent être cassées par l'Empereur, le Conseil d'État au contentieux entendu.

III. Les Conseils de préfecture sont juges des questions d'incompatibilité en matière d'élections départementales.

IV. En matière d'élection départementale, les réclamations fondées sur l'incapacité légale de l'élu doivent être portées devant le Conseil de préfecture qui surscoit à statuer jusqu'au jugement à rendre par le tribunal compétent sur la question de capacité.

V. Les routes départementales appartiennent au domaine public, soit de l'État, soit du département, suivant une certaine distinction.

DROIT CRIMINEL.

I. L'art. 59 du Code pénal signifie que le complice doit être puni de la même peine qu'il aurait encourue, s'il avait été auteur principal.

II. L'accusé légalement acquitté par une Cour d'assises ne peut plus être recherché devant une autre juridiction pour le même fait qualifié d'une autre manière.

HISTOIRE DU DROIT.

I. L'existence de la Constitution municipale était indépendante de la jouissance du *jus italicum*.

II. Le *municipium* à l'origine était la participation aux *munera*, charges et prérogatives du citoyen romain, et non pas la concession d'un *munus*, jouissance des avantages, des ressources offerts par la cité romaine, sans aucune participation aux charges.

DROIT DES GENS.

I. Un État qui laisse construire des bâtiments et fabriquer des engins de guerre pour le compte de l'un des belligérants, viole la neutralité.

II. Le commerce avec les colonies de l'un des belligérants peut être fait par les neutres, pendant la guerre, alors même que ces derniers n'étaient pas en possession de cette faveur pendant la paix.

Vu par le Président de la Thèse,
  VUATRIN.

Vu par Nous, Inspecteur Général Délégué,
  Cʜ. GIRAUD.

Vu et permis d'imprimer :

Le Vice-Recteur de l'Académie de Paris,
  A. MOURIER.

TABLE DES MATIÈRES.

DROIT ROMAIN.

DU RÉGIME MUNICIPAL CHEZ LES ROMAINS.

PREMIÈRE PARTIE.

DROIT FRANÇAIS.

DES CONSEILS GÉNÉRAUX DE DÉPARTEMENTS.

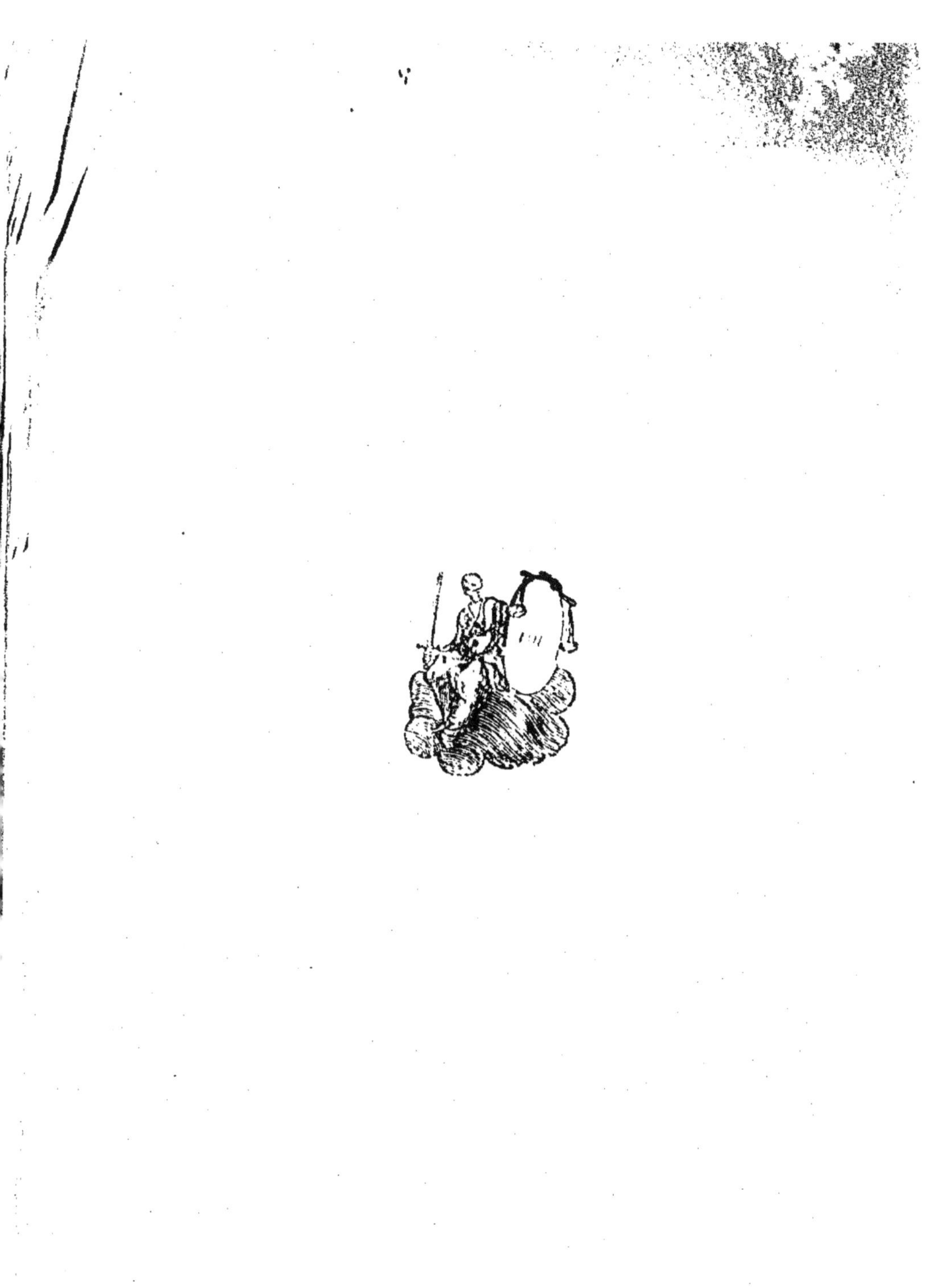